David Erlay

Vogeler im Zukunftsrausch

Reprint einer Erstbiografie

Dieses Buch ist bei der Deutschen Nationalbibliothek registriert. Die bibliografischen Daten können online angesehen werden:
http://dnb.d-nb.de

Bild Umschlagrückseite:
Das zauberhafte Muster, mit dem die Rückseite grundiert ist, entstammt einer Heizungsverkleidung, die Vogeler 1901 für die Münchener Wohnung des Verlegers und Lyrikers Alfred Walter Heymel geschaffen hat. Als dieser 1904 nach Bremen in die Riensberger Straße umzog, nahm er das kunstvolle Gitter mit, natürlich. Heute befindet es sich im Focke-Museum.
Foto: Focke-Museum, Bremer Landesmuseum für Kunst und Kulturgeschichte

IMPRESSUM

© 2020 Klaus Kellner Verlag, Bremen
Inhaber: Manuel Dotzauer e.K.

St.-Pauli-Deich 3 • 28199 Bremen
Tel. 04 21 77 8 66 • Fax 04 21 70 40 58
sachbuch@kellnerverlag.de
www.kellnerverlag.de

Nachdruck der Originalausgabe von 1972
mit freundlicher Genehmigung des
Schünemann-Verlags, Bremen

Satz: Johanna Fischer, Kim Konrad
Umschlag: Jennifer Chowanietz unter Verwendung
    der Zeichnung der Originalausgabe und eines
    Fotos des Focke-Museums Bremen
Gesamtherstellung: Der DruckKellner, Bremen

ISBN 978-3-95651-269-8

Wie es begann

1972: das Jahr, in dem, was Heinrich Vogeler betraf, die runde Zahl 100 anstand. Denn 1872 war der Maler in Bremen geboren worden. Festliche Würdigung schien also angebracht – festliche, gesellschaftlich respektable, wohlgemerkt. Seine Radikalität wollte keiner feiern, nur eine Minderheit wusste auch von ihr. Allenfalls als Nebenbemerkung zulässig. Okay, er hatte sich in die Sowjetunion abgesetzt, ärgerlicherweise, dennoch wölbte sich über ihm im allgemeinen Bewusstsein der Anschein einer eher samtenen Figur. Dass er viele Jahre ein menschlich Zerrissener, in der politischen Haltung ein glühend Vorwärtsstürmender gewesen war, es blieb im Halbdunkel. Dabei schrie alles aus ihm heraus, die neue Liebe, besonders jene, welche von der persönlichen Enge erlöste und dafür die Menschheit umarmte. Der einzelne Teil der Gemeinschaft, der rot, sprich sozialistisch angestrichenen war, jedenfalls was man damals unter Sozialismus und Kommunismus verstand. Schwierig und schmerzlich blieb, wenn die Ehefrau sich einen Geliebten leistete, man selbst mit einem flammenden Geschöpf das Bett teilte, aber nur auf Zeit, weil dieses dann aufs Lager eines anderen wechselte. Hehre Ziele, sehr menschliches Verhalten, sowohl im Umkreis von Vogeler, als auch bei ihm selbst. Er war jemand, der eine Schaukelexistenz zwischen Verlangen und Versagen führte. Sein Anwesen, das schaffte er, öffnete er für eine Gemeinschaft Gleichgesinnter, sah sich aber rasch zermürbt, angefeindet, musste Diffamierungen und Hausdurchsuchungen hinnehmen. Kollegen erwiesen sich als hämische Kandidaten – es nahm alles kein Ende mit den Stolpersteinen auf der Reise ins kosmische Paradies, teils persönlich, teils durch die Umstände bedingt. Ein Netz, das jeden Tag hundertmal riss. Schon diese wilde Ära meldete sich gelegentlich im Gespräch, nichts Genaues indes wusste man (mehr), das Ganze eine im Dunst dahindämmernde Epoche, besser, nicht daran rühren, viel besser. Vogeler, der Maler frühlingsheller Stimmungen, so mochte und liebte man ihn. Und doch gab es sie, die andere Seite, die des hellsichtigen Gegenwartsmenschen (»Die Leiden der Frau im Kriege«), die des revolutionär-sozialen Zeitgenossen (Barkenhoff-Fresken). Doch ließ man in nicht los vom kreativen Brot der frühen Jahre. Die blumenumkränzten »Träume«, das Selbstbildnis

»Die Lerche«, Titelblatt der Mappe »An den Frühling«. Das war es, dem die gepflegte Erinnerung galt. Da alle Welt zu ihm und seinem schönen Besitz kam, veredelte er das Dorf zu einem Weltdorf, sich selbst zu einem Weltbürger. Dessen Werk: viel Gebrauchskunst, vielleicht das Beste in seinem Regenbogen, der voll ist von Geschaffenem. Auf zu vielen Hochzeiten getanzt? Was hat er eigentlich nicht gemacht? Immer sollte Geld hereinkommen. Gut, dass es sie gab, die Kapitalisten, wenn man sie auch bekämpfen musste. Allzu oft verkümmerte der gute Wille, reichte nicht zur Tat, aber besser sich an ihn zu halten als sich herauszuhalten, das hätte den Maler krank gemacht. David Erlay, Journalist in Bremen, stieß dann endlich vor zum ganzen Menschen Heinrich Vogeler. Zugegebenermaßen mit zunehmender Betonung der Wende, die jener vermeintliche Worpswede-Prinz nach und nach – nicht zuletzt in der benachbarten Hansestadt – vollzog. Bremen sang ja, neben München, einige Wochen das Lied der Räterepublik, und Vogeler, obwohl nicht an vorderster Stelle, sang das Lied der Revolutionäre mit. Das fiel in den Kontoren des betuchten Bürgertums (sein Kundenstamm) auf keinen frohen Boden, man sah den Publikumsliebling aus der nahen Künstlerkolonie in verderbliche Zonen gezerrt. Doch es half nichts, Vogeler verließ die schöne Welt des Scheins, eine Schneise in die Biografie des Malers war geschlagen, und ein Journalist, eben David Erlay, machte sich Jahrzehnte später daran, den Spuren dieser Schneise nachzugehen. Aber das liegt nun auch schon wieder eine lange Zeit zurück. Kein Grund indes, diese früheren und ersten Recherchen verstauben zu lassen, sie sich nicht als Reprint vor Augen und ins Gemüt zu führen. Ein tolles Panorama lodert da auf, auch wenn die Vorgänge inzwischen eine dichtere, wahrhaftigere Färbung angenommen haben. Geschichte entblättert sich ja fortwährend. Doch weshalb nicht nachlesen, was die biografische, die journalistische Fahndung seinerzeit (schon) ergeben hat? Der quasi keuchende Versuch, ein Dasein mit all seinem Hellen, aber auch Dunklem darzustellen, eines, das lyrisch und politisch geprägt war, sich verausgabte in expressionistischem Aufruhr, immer wieder sich verschattete in schwermütigen Wellen. Auch aufgeben konnte, musste er. Künstler und Lebenskünstlers ist er gewesen, dieser Heinrich Vogeler. Ja, vor allem Lebenskünstler, einer auf Probe, dem der große Wurf verwehrt blieb. Nach dem Auftakt einer biografischen Aufarbeitung sind nicht wenige in den Zug eingestiegen, haben sich ihrerseits auf das Pferd Vogeler geschwungen und versucht, auf der Rennbahn der Wissenszufuhr und Vermarktung immer weiter nach vorn zu galoppieren. Und ein Ende der Ermittlungen ist nicht abzusehen. Das ist der Lauf der Dinge. Unverrückbar aber der Anfang, das pionierhafte Unterfangen jenes Journalisten, einen Menschen und Künstler namens Heinrich Vogeler ins (einigermaßen) rechte Licht zu rücken, solches, das keine seiner Höhen und Tiefen, Ziele und Sehnsüchte auslässt. Und weshalb tat dieser junge Mann das? Nun, er hatte etliche Wochen im »Haus im Schluh« gewohnt, dessen archivarische Seele seit 1946 der Kunsthistoriker Hans-Herman Rief war. Dieser ertrank geradezu im von ihm gesammelten Material über und von Heinrich Vogeler, der einst seiner Ex-Frau zu dieser Pension in schönster Worpsweder Muldenlage verholfen hatte. Und der Gast? Er folgte Rief, verfiel der Faszination, welche die Person des ihm bis dahin nur vage bekannten Malers ausstrahlte, doch je mehr der Archivar ihm vorlegte, desto mehr wucherte das Verlangen nach einer umfassenden Darstellung. Den Autor kannte er schon: er selbst. Und so ging er ans Werk, grub an noch hundert anderen Stellen, bis dann so etwas wie ein Gesamtbild entstand, rissig immer noch, aber doch mit aufschlussreichen Umrissen. 1972 lag das Buch vor, lang, lang ist's her, kann man inzwischen sagen, so dass ein Reprint der Erstveröffentlichung sich empfahl. Dankenswerterweise war der KellnerVerlag ebenfalls dieser Meinung, so dass die Collage (denn um eine solche handelt es sich: Eigenes mit Zeitgenössischem kombiniert) wieder zur Verfügung steht. Obwohl, während er recherchiert hatte, in einem wahren Fakten-Rausch, war der Journalist, wie er später in einem Interview bekannte, stets von einem Gefühl des Ungenügens begleitet gewesen: was sind schon die (vermeintlichen) Bausteine eines Lebens, Daten, Ereignisse – das Wahre bleibt trotzdem unsichtbar. Er belegte das gegenüber dem Reporter mit dem Spruch: 2 x 2 ist noch lange nicht 4. Um überhaupt wieder ins Gleichgewicht zu kommen, hatte er sich schließlich gesagt: sammle deine Früchte und behänge damit den Vogeler-Baum. Einen erhellenden Anblick wird der am Schluss allemal bieten. Zur Kenntnis hatte man das Buch nach Erscheinen ziemlich schnell genommen, etwa in der *FAZ*. Und eine so renommierte Stimme wie die *Süddeutschen Zeitung* bescheinigte: »David Erlay hat das Mosaik von Vogelers wirrem und doch konsequentem Leben in mühevoller Arbeit zusammengefügt. Dafür ist ihm zu danken, er hat damit ein Zeitdokument geschaffen.« Eine Rezension, die den Verfasser mit außerordentlicher Freude erfüllte. Sehr willkommen auch eine Besprechung der *Hessisch/Niedersächsischen Allgemeine*, bezogen auf einen nach besagtem »Zeitdokument« entstandenen ergänzenden Text mit dem Titel »Künstler, Kinder, Kommunarden/Heinrich Vogeler und sein Barkenhoff«. »Geschickt verbindet der Autor eigenen Text mit zeitgenössischen Dokumenten, Briefen, Zeitungsartikeln und Tagebuchauszügen. Seine glänzenden, fließenden Übergänge und nicht zuletzt Erlays herrlich ironische Distanz machen diese Biografie für den Leser spannend wie einen Roman.« Bereits zuvor war in der *Welt am Sonntag* zu lesen gewesen: »Erlay ... hat die künstlerischen Schwierigkeiten und privaten Querelen ... aufgezeigt, hat Briefe und Tagebücher ... durchforstet und ist damit den Künstlern so nah auf den Pelz gerückt wie niemand zuvor.« Das Boot hatte jedenfalls Fahrt aufgenommen. Wir beschränken uns auf die Ausfahrt, die Erstveröffentlichung, der Mutter all der Arbeiten, die Erlay zum Thema Vogeler und Worpswede vorgelegt hat. Ihr Titel: »Worpswede-Bremen-Moskau. Der Weg des Heinrich Vogeler«, erschienen seinerzeit im Schünemann Universitätsverlag. Wichtig war Erlay dort, wie in allen Folgeveröffentlichungen, den ganzen Vogeler im Auge zu behalten. Wie aber sagt Hermann Hesse? »Jedem Anfang wohnt ein Zauber inne.« Dem KellnerVerlag war es ein Bedürfnis, den Anfang in Sachen Vogeler in die Gegenwart zu holen, sprich: Erlays erstes Buch zum Maler aus Worpswede als Reprint wieder vorzulegen – als nachdrücklichen Nachdruck, wie es einer Mitarbeiterin nicht unzutreffend einfiel.

Das Buch von 1972

Vorbemerkung in der Erstveröffentlichung von 1972

Dieses Buch ist eine Biografie, keine Wertung des künstlerischen Werks von Heinrich Vogeler. Seine Kunst spielt insoweit eine Rolle, als sie zur Entwicklung der Person gehört. Es wurde versucht, durch Vorlegen von teilweise noch unbekanntem oder längst wieder vergessenem Material – dazu gehören sowohl eigene Bekenntnisse Vogelers als auch Äußerungen unmittelbar Beteiligter, zeitgenössische Quellen wie Zeitungen und geheime Berichte der Überwachungsbehörden – den künstlerischen, politischen und privaten Weg des Malers darzustellen, um so zur Urteilsfindung über eine in vielerlei Hinsicht ungewöhnliche und gerade in der Gegenwart wieder diskutierte Gestalt beizutragen. Um jedoch ein bloßes Aneinanderreihen von Dokumenten zu vermeiden, Authentizität mit Lesbarkeit zu koppeln und den Interessierten direkter in das Geschehen mit einzubeziehen, wurde als stilistisches Verfahren weitgehend die Montage von Zitat und verbindendem Text gewählt. Dem gleichen Zweck dient die gleichsam szenische Form der Auseinandersetzung Roselius-Vogeler: eine Zusammenstellung aus einem Briefwechsel, den beide 1918 geführt haben. Auch ist, um die kontrastreichen Stationen im Leben Vogelers zu beleuchten, hin und wieder mit dem filmischen Mittel des zeitlichen Schnitts gearbeitet worden. Die Herkunft des verwendeten Materials, zum Teil bereits aus dem Text ersichtlich, ist im Quellenverzeichnis am Schluß des Buches genannt.

All denen, die mir in so freundschaftlicher Weise zu diesem Material verholfen und dafür mitunter viel Zeit und Mühe aufgewandt haben, sage ich meinen herzlichen Dank.   D. E.

»Das Leben hat keinen Sinn mehr«

Es ist stille, dunkle Nacht. Vogeler fühlt sich »losgelöst von allem, grenzenlos, aber ohne ein Gefühl der Vereinsamung«. Er weiß: Etwas muss geschehen.

Und er beginnt zu schreiben:

»Schon lange, als das Jahr 1917 dem Ende zuging, sah man in Deutschland überall die seltsamsten Erscheinungen am Himmel und unter den Menschen. Das Merkwürdige aber war, dass am Spätnachmittag des 24. Dezember auf dem Potsdamer Platz von vielen Menschen der liebe Gott gesehen worden ist. Ein alter trauriger Mann verteilte Flugblätter. Oben stand: Friede auf Erden und den Menschen ein Wohlgefallen, und darunter in lapidarer Schrift die zehn Gebote. Der Mann wurde von Schutzleuten aufgegriffen, vorn Oberkommando der Marken wegen Landesverrat standrechtlich erschossen. Einige Aufnehmer des Flugblattes, die die Worte des alten Mannes verteidigten, kamen ins Irrenhaus.

Gott war tot.

Ein paar Tage darauf waren unsere großen Feldherrn nach Berlin gekommen, mit der festen Absicht, durch Wort und Tat die Welt von Elend und Blut zu erlösen. So kamen sie mit den Vertretern der Friedenskonferenz zusammen. Sie kamen überein, die Welt mit dem Schwerte in der Hand vor sich in die Knie zu zwingen, erhoben sich selber zum bluttriefenden Götzen, aus dessen selbstherrlicher Hand die Menschheit ihre Gesetze empfangen sollte. Da sahen sie plötzlich, wie der tot geglaubte Mann vom Potsdamer Platz mitten unter ihnen stand und stumm auf seine zehn Gebote wies. Aber niemand wollte die ärmliche Erscheinung kennen. Da gab er sich zu erkennen und war fast seines Triumphes froh, denn er glaubte ja an die Menschheit. Der Kaiser und die Feldherrn führten seinen Namen in ihren Telegrammen, die Krieger trugen ihn auf dem Bauche, die Feldprediger hatten die schwersten Verbrechen der Menschheit durch seinen Namen geheiligt. Da aber sah Gott, dass man ihn gar nicht kennen wollte, dass man von ihm sich nur eine prunkende Form, eine Uniform behalten hatte, und aus der glotzte das goldene Kalb und beherrschte die Welt.

Da verließ Gott die Friedensversammlung und machte den ordenbesternten Götzen Platz, denn Gott will nicht siegen,
Gott ist.

Die Götzen aber fühlten das Volk immer tiefer ins Elend und erweckten weiter Hass, Bitternis, Zerstörung und Tod, und wie sie nichts mehr hatten außer blechernen Schmucksternen und Kreuzen, verschenkten sie das gestohlene Gut ihren Völkern. Da ging Gott zu denen, die zusammengebrochen waren unter der Bürde der Leiden, unter Hass und Lüge: Es gibt über euren Götzen einen Gott, es gibt über eurem Fahneneid meine ewigen Gesetze. Es gibt über eurem Hass die
Liebe.

Da gaben die Krüppel ihre blutstinkenden grauen Kleider, ihre Orden und Ehrenzeichen zurück an den Gott des Mammons, gingen unter das Volk und entheiligten die Mordwaffen und vernichteten sie. Gott aber ging zum Kaiser: Du bist Sklave des Scheins. Werde Herr des Lichtes, indem du der Wahrheit dienst und die Lüge erkennst. Vernichte die Grenzen, sei der Menschheit Führer. Erkenne die Eitelkeit des Wirkens. Sei Friedensfürst, setze an die Stelle des Wortes die Tat, Demut an die Stelle der Siegereitelkeit, Wahrheit anstatt Lüge, Aufbau anstatt Zerstörung. In die Knie vor der Liebe Gottes, sei Erlöser, habe die Kraft des Dienens,
Kaiser!«

»Das Märchen vom lieben Gott« fließt ihm »ohne Unterbrechung oder Änderung eines Wortes aus der Feder«. »Nun schrieb ich noch eine Anrede über die Geschichte: An den Kaiser. Protest des Unteroffiziers Vogeler gegen den Brest Litowsker Gewaltfrieden. Auf den Umschlag kam die Adresse des Kaisers in Charleville. Dann ging ich noch nachts ins Dorf und warf den Brief in den Postkasten.«

Auf dem Rückweg zum Barkenhoff jedoch bestürmen ihn »tausend Gedanken«. Vor allem bewegt ihn die Frage, ob »der Mann« da in Charleville sein Protest-Märchen überhaupt erhalten wird. »Mensch, Unteroffizier, du hast ja den Instanzenweg nicht eingehalten.« Also »Zurück in die Bibliothek«. Er schreibt das Gleichnis noch einmal ab und verfasst einen Begleittext, gerichtet an das AOK (Armeeoberkommando), an Ludendorff. Dieser Brief beschäftigt sich aber außerdem noch »mit jener Anfrage des Feldherrn über die Stimmung der Truppen in Bezug auf die Rede von Kühlmanns in Brest-Litowsk«, Nachrichtenmann Vogeler weiß da nämlich bestens Bescheid, er kann sagen, was die Mannschaft »wirklich« denkt,

»was der Feldwebel davon dem Oberst mitteilte, was für Veränderungen des Textes in der Brigade vor sich gingen, wie die Redaktion der Division ausfällt und was die Armeegruppe für nötig hielt, in der Abendmeldung dem General Ludendorff auf den Tisch zu legen«. Ratschlag des Unteroffiziers an seinen obersten Chef: »Exzellenz, ziehen Sie Ihre roten Hosen aus und setzen Sie sich in den Dreck, nur dann werden Sie erfahren, was der Frontsoldat denkt.« Zusammen mit der Abschrift seiner Geschichte vom lieben Gott schickt er diese Zeilen an seinen Vorgesetzten »Zur Weiterbeförderung an das AOK«.

Das ist im Januar 1918, in Worpswede.

»Vogeler wird es noch einmal weit bringen«, prophezeit Fritz Overbeck am 26. September 1893 aus Düsseldorf seinem Freund Otto Modersohn. Davon ist er jetzt »mehr wie je« überzeugt, nachdem er Gelegenheit hatte, Vogelers Arbeiten – »ich male auf seinem Atelier« – zu sehen: »Sie sind wirklich famos.« Und am 24. März 1894: »Im Mai wird wahrscheinlich Vogeler nach Worpswede kommen. Ich glaube, der wird noch einmal sehr Bedeutendes leisten.« Overbeck verspricht sich für Modersohn mit dem Zuzug eine »sehr gute« Gesellschaft: »Es sind verwandte Züge da.«

»Außer einigen gelegentlichen Zeitungsnotizen, dass in Worpswede Maler wären, war fast nichts davon bekannt, ja sogar die tatsächliche Existenz einer ganzen Kolonie, die Jahr für Jahr wiederkehre, war in Bremen fast nur einzelnen Kunstfreunden bekannt«, berichten die »Bremer Nachrichten« im Dezember 1894.

Nachdem der Autor zunächst eine Schilderung des nordöstlich der Hansestadt gelegenen Dorfes gegeben hat – »Breite behagliche Strohdächer mit dicker grüner Moosdecke bergen unter sich ein malerisches Innere, wo das offene Feuer auf der Diele schwelt und der blaue Rauch das rußgeschwärzte Balkenwerk verschleiert« –, stellt er die Mitglieder der Kolonie vor: »Vor nunmehr zehn Jahren kam als erster der Maler Fritz Mackensen nach dort, eine Ferienreise brachte den angehenden jungen Künstler, der damals die Düsseldorfer Akademie besuchte, nach dem entlegenen Moordorf. Schon damals machte der Ort mit seinen eigenen Reizen einen tiefen Eindruck auf ihn. So zeichnete er vier Wochen lang dort, in der Folge verbrachte er stets seine Akademieferien hier. Im Sommer 1889 gesellten sich seine beiden Freunde, die Landschafter Otto Modersohn aus Soest in Westfalen und der Radierer Hans am Ende aus Trier zu ihm. Alle drei gewannen die Gegend von Tag zu Tag lieber, und als der Herbst kam, beschlossen sie aus künstlerischer Begeisterung heraus, nicht die Akademie wieder aufzusuchen, sondern den ganzen Winter über in Worpswede zu bleiben. Fern von den geistigen Genüssen, die eine Großstadt und gar erst eine Künstlerstadt bietet, haben sie unter der Landbevölkerung lebend (und ›in Holzschuhen gehend‹) den Winter zugebracht. Die Pariser Weltausstellung sah sie gemeinsam 14 Tage dort. Da studierten sie die Werke eines Corot, Rousseau und vor allem Millet. Dann ging's aus der Geistesmetropole der Welt direkt zurück ins einsame Moordorf. Es ward für sie selbstverständlich, dass sie sich mit den Frühlingsvögeln am Weyerberg einstellten und mit dem ersten Winterschnee den Rückzug in die Stadt antraten.

Im Sommer 1892 gesellten sich aus Düsseldorf Fritz Overbeck und Eduard Euler zu ihnen, ersterer ein Sohn unserer Stadt. Auch der bekannte Bremer Maler Carl Vinnen malte damals längere Zeit in Worpswede; Hendrich, der phantastische Berliner Maler und ein junger Landschafter Klein aus Odessa waren vorübergehend dort. Das kleine Häuflein wuchs beständig. Im Sommer 1893 kam als Gast Prof. Ludwig Bockelmann zu ihnen und malte in dem benachbarten Kirchdorfe Seisingen. In diesem Sommer erhielt die Kolonie neuen Zuwachs. Zunächst kam Heinrich Vogeler von der Düsseldorfer Akademie, auch ein Sohn unserer Stadt. Bisher hatten seine Studienreisen ihn nach Italien geführt. Nach einem jungen Königsberger Maler Erich Eichler kamen drei Künstler der Münchener Schule: Otto Ubbelohde aus Marburg, Hermann Gröber und Otto Thaimeier aus München. Als letzter kam der durch seine originellen Bilder in Künstlerkreisen wohlbekannt gewordene Prof. C. Seiler, der Nachfolger im Amte Bockelmanns an der Berliner Akademie nach dort.

Im Vordergrund des Interesses an den Worpsweder Malern steht natürlich das große Kolossalbild von Fritz Mackensen: ›Missionspredigt im Freien‹. Es ist im Formate so groß, dass es in keinem Raume im Dorf unterzubringen war. Der Künstler hat es darum ganz im Freien gemalt. In gar mancher stürmischer Nacht ist der Künstler zu seinem Bilde geeilt und hat darüber gewacht. Von Heinrich Vogeler sah ich eine ganze Reihe reizvoller Märchenkompositionen, zu denen er dort Naturstudien malte, die bewiesen, dass der Künstler koloristisch sehr veranlagt ist. Unter diesen seinen Studien fielen mir besonders zwei mehr oder weniger ausgeführte Bilder auf: ein Studienkopf, junges Mädchen mit blauem Glockenblumenkranz im Haar, und ein junges Mädchen, ganze Figur, in ein reiches märchenhaftes Gewand gehüllt, unter einem blühenden Apfelbaume stehend. Augenblicklich ist er damit beschäftigt, einen ganzen Zyklus seiner Märchenkompositionen auf Kupfer zu radieren.«

»Fritz Overbeck schmunzelte froh«, als der 21-jährige Vogeler in Worpswede eintrifft. Dem Kaufmannssohn, am 12. Dezember 1872 in Bremen geboren, hatte das »akademische Getriebe« in Düsseldorf wenig behagt, so dass er sich »immer mehr frei arbeitete in Holland, Italien, Paris«. Die Kollegen erweisen sich bei dem »jungen Ankömmling« als »sehr behilflich«. Ein Giebelzimmer im kleinen Haus einer Gendarmenwitwe ist es, wo er sich einrichtet und abends ins »reinliche Bett« steigt.

Mit Fritz Mackensen, dem Radierer Hans am Ende und Fritz Overbeck zieht er – »nach dem Essen im Gasthaus« – los, um den »rotbärtigen Westfalen« aufzusuchen. Modersohn malt in einem ehemaligen Schulraum. Alles sieht bei ihm »nach intensiver Arbeit aus«. Vogeler ist »erregt«, und zwar nicht allein »von der Fülle der Arbeit, sondern auch davon, wie Otto Modersohn die Landschaft hier erfasste. Sowohl die braunrote Herbststimmung des Moores als auch den smaragdgrünen blumigen Frühling der Wiesen und die weißen Birkenstämme«. Dann und vor allem »die Lüfte, das sommerliche Ziehen der weißen Wolken über das Land, der graue Sturm, der die Bäume peitscht, und die eigentümliche Kraft der Farbe, die der Moorlandschaft eigen ist, wenn sich die Luft in dem dunklen Schwarz der Torfgräben und Moorsümpfe spiegelt«.

Anschließend pilgert die Truppe zur Dorfkirche, nicht um zu beten, sondern weil dort Mackensens Fleißarbeit hängt. Dem Anfänger Vogeler verraten die »fertigen Einzelheiten« des Bildes ein »großes Können«, aber die »Zusammenstellung der Figuren« lässt ihn »so kalt«, ihm ist, als sei dieser malerische Kraftakt eine »Illustration, die man vorübergehend ansieht und schnell vergisst«.

Eine Ansicht, die von den damaligen Kritikern nicht geteilt wird: Für sie ragt Mackensen unter den Worpswedern »um Haupteslänge« hervor. Sein Kolossalbild »Gottesdienst« habe man denn auch für sich aufgestellt. Kein Besucher werde seine Ergriffenheit und seine Bewunderung verleugnen können. »Unter den übrigen vier Worpswedern befinden sich zwei Landschafter, Modersohn und Overbeck, der letztere liebt vorwiegend die düsteren, der erstere die heiteren Stimmungen.« Bei beiden gilt es, »von vornherein« über »technische Unbehülflichkeiten« sowie »Mängel der

Zeichnung und Perspektive« und »Unvollkommene Staffage« hinwegzusehen, »wohingegen eine starke Naturempfindung keinem von ihnen abzusprechen ist«. Fazit: »Diese Talente müssen erst ausreifen.«

Vogeler wird als »flotter Zeichner« eingestuft, »der sich mit Leichtigkeit an jede Stilart anpasst«. Sein imitierter Gobelin ist »sehr feinfühlig«, die alte Frau mit den Gänsen und dem heranschleichenden Frosch »humorvoll«, das stilisierte Dornröschen und der Abschied gar »allerliebst«. Er könne auch porträtieren, wie seine »Martha von Hamburg« und »ein gelbblondes Mädchen im gelben Gewand, mitten in eine grüne Wiese gesetzt«, bezeugten, nur bevorzuge er das »Bizarre und Altertümliche« zu sehr auf Kosten des »Schönen«. Gesamturteil über diese Ausstellung in der Bremer Kunsthalle im Jahre 1895: Die Worpsweder brachten »Zwar Neues«, aber abgesehen von Mackensen »wenig Gutes« (»Bremer Nachrichten«).

Ähnlich negativ und, was Vogeler betrifft, sogar noch wesentlich krasser, äußert sich eine andere Zeitung. Nach einem Lob für Mackensen und Hans am Ende heißt es da: »Abgesehen von einem genial sein sollenden wirren Durcheinander der Linien, das tatsächlich aber auf einem Mangel an klarer Vorstellung des Erreichbaren und des zu Erreichenden zu beruhen scheint, und abgesehen von den geradezu schmutzigen Flecken, die die Natur wie durch ein rauchgefärbtes Glas betrachtet und dem so gewonnenen Eindrucke nachgebildet erscheinen lassen, fehlt den Radierungen der anderen Worpsweder eine verständige Besonnenheit und eine gesunde Kraft. Wer die Gelegenheit benutzt hat, im Dresdener Kupferstichkabinett dies gesamte Schaffen ihres offenbaren Vorbildes, Max Klinger, eingehend zu studieren und dann desselben Meisters Glaubensbekenntnis in seiner Broschüre über ›Malerei und Zeichnung‹ gelesen hat, der wird leicht finden, worauf es ankommt. Heinrich Vogeler vor allem, der sich auf Klinger am meisten berufen zu wollen scheint, würde aus der Lektüre jener Schrift lernen, weshalb gerade Klinger meiner Meinung nach ihn am ehesten desavouieren würde, und hier spreche ich nicht mehr von den Radierungen allein. Ich weiß wohl, es gehört heutzutage eine nicht kleine Portion Mut dazu, vor phantastischen ›Kunstwerken‹ zu gestehen, dass man sie nicht goutiert, dass man sie strikt ablehnt. Vor seinen phantastischen Sachen aber glaube ich nicht erst der Berufung auf das ipse dixit des Abgottes der Phantasiekünstler zu bedürfen, um meine ehrliche Überzeugung zu begründen. Wo, wie hier, die Phantastik sich nicht die adäquate Form selbsttätig geschaffen, da versagt die Illusion; wo, wie hier, wenigstens meinem Gefühle nach, der gärende Most in abgenutzte Schläuche (das heißt also unbildlich gesprochen: wo die Phantasie in offenbar vorher erdachte Formen) gefasst wird, da ist kein guter Jahrgang zu erhoffen. ›Umkehr‹ scheint hier das allein richtige Wort wohlmeinender Freunde; denn lebensfähig muss sogar die Karikatur sein, wenn sie künstlerisch berechtigt sein will.« (Ernst Neuling in der »Weser-Zeitung«)

Aber es gibt auch Kritik an der Kritik, und eine Stimme wie die folgende (»Kölnische Zeitung«) wird die jungen Freunde in dem Gefühl bestärkt haben, trotz aller Verrisse richtig zu liegen: »In der Bremer Kunsthalle erregt jetzt etwas so Neues, Originelles, Ursprüngliches allgemeinste Aufmerksamkeit, wie es auf diesem Gebiete hier kaum dagewesen: es ist die besondere Ausstellung der Künstler-Vereinigung ›Worpswede‹. Wie vieles Neue, namentlich auch in der Kunst, bei der großen Menge und auch oft bei den ›Fachleuten‹ auf Widerspruch, Unbehagen oder auch Spottlust stößt, so geht es auch diesem Unternehmen, wissen doch sogar viele Bremer nicht einmal, wo eigentlich dieses weltabgeschiedene Nest Worpswede liegt; man erinnert sich höchstens, dass es irgendwo herum in dem verrufenen Teufelsmoor in der Nähe des Weyerberges, einige Stunden nördlich von Bremen in einer der traurigsten Gegenden der Erde zu suchen ist. Und dort soll sich eine Malerschule gebildet haben, die ihre Sachen in der Bremer Kunsthalle auszustellen sich erdreistet? In der Tat haben dann auch würdige Leute, die von dem geplanten Unternehmen der Ausstellung der ›Worpsweder‹ hörten, das Ganze für einen ›schlechten Scherz‹ erklärt, und der Volkswitz, hier wohl richtiger gesagt, der ›Börsenwitz‹ hat die betreffenden Räume der Ausstellung als ›Lachkabinett‹ bezeichnet. Die Spötter ahnen nicht, dass sie nur das uralte Lied anstimmen, dass der Unverstand und die Schwerfälligkeit der Spießbürger immer anheben, wenn in der Kunst völlig Neues sich zu regen beginnt. Einen großen äußeren Erfolg haben sie denn in den letzten Tagen auch schon zu verzeichnen: von dem Vorstande der ›Münchner Kunstgenossenschaft‹, den Präsidenten Professor v. Stieler und v. Bauer, die auf der Durchreise nach Paris Gelegenheit nahmen, die in der Kunsthalle ausgestellten Arbeiten der ›Worpsweder‹ zu sehen, erhielten sie in äußerst liebenswürdiger Weise die Aufforderung, an der ›Jahresausstellung von Kunstwerken aller Nationen im Glaspalast zu München‹ teilzunehmen, und zwar in der Weise, dass ihnen ein eigener Saal zur Verfügung gestellt wird.«

Und München wird das, was man einen Durchbruch nennt. »Da ist nirgends der Verdacht der Effekthascherei oder der

Schönfärberei möglich. Man muss ihnen auf den ersten Blick glauben« (»Kreutz-Zeitung«, Berlin). Mackensen erhält für den »Gottesdienst« die große goldene Medaille, von Modersohn (»das stärkste Talent unter den Worpswedern«, »Münchener Neueste Nachrichten«) kauft der Bayerische Staat dessen größtes Gemälde für die Pinakothek.

Indes, so etwas schafft auch persönliche Probleme. »Ich war mir«, schreibt Overbeck an Modersohn, »ganz genau bewusst, dass, wenn einer, Du verdient habest, was Du erreicht hast, und eben dieses Bewusstsein hat mir in der letzten Zeit viele scheußliche Augenblicke gemacht. Ich fühle mich zurückgesetzt neben Dir, das konnte ich nicht ertragen, während es sich doch aus der Lage der Dinge genügsam erklärte. Ich bitte Dich, verzeih mir das ...«

1894 kommt Vogeler nach Worpswede, 1895 ist er dort schon Hausbesitzer. Das heißt, eher ist es ein Häuschen, das er da am Weyerberg einer Witwe, der versoffenen Meta, für 3.000 Mark abkauft; sein väterliches Erbteil gestattet ihm diesen Erwerb. Immerhin gehören auch vier Morgen Land dazu. Das ärmliche, aber romantische Anwesen liegt auf halber Höhe des Hanges im Schatten zweier Kastanienbäume, unter denen zu wohnen Vogeler sich bei seinen Streifzügen gewünscht hat. Nun ist der Traum in Erfüllung gegangen.

Umbauarbeiten machen den Aufenthalt dort jedoch zunächst zu keiner reinen Freude, die Romantik ist eher düsterer Art: Herbststürme fegen um und durch das halboffene Haus, in dem Vogeler die Nächte auf kümmerlicher Bettstatt unter einem aufgespannten Regenschirm verbringt. Aber »endlich wurde mein Haus gemütlich. Die Mutter schickte mit dem Fuhrmann allerhand alte Möbel heraus. Sie hatte auch mit Geldmitteln beim Umbau geholfen. Die Malerkolonie brachte Geld zusammen und kaufte eine große alte Kupferpresse von Felsing in Berlin, die nun bei mir im Hause untergebracht wurde. Das machte mich recht produktiv. Wir druckten alles selber, so dass ich eine ganze Kollektion meiner radierten Märchenphantasien zur graphischen Ausstellung nach Wien hatte senden können. Eines Tages kam der Bäcker, Meister Jan Keller, der auch zugleich Postverwalter war, ohne Mütze in seinem mehlbestaubten Arbeitskittel zu mir über den Berg gelaufen und winkte schon von weitem mit einem Telegramm. ›Die kleine goldene Medaille von der Wiener Graphischen Ausstellung‹, rief er mir schon von weitem zu.«

Es bleibt nicht bei diesem Erfolg, und es bleibt auch nicht beim ersten Umbau: Haus und Land werden immer größer, immer festlicher, erlesener – ein stilisiertes Märchen, das jeden Besucher entzückt. Vogelers Barkenhoff – so von ihm genannt, seitdem er einen kleinen Birkenwald (Barken = Birken) gepflanzt hat – wird so etwas wie sein Wappen, und als solches erscheint das Juwel auch auf seinen Briefen. Wer diesen Garten betritt, wird verzaubert.

Und dann?

»Wo ist Heinrich Vogeler? Er ist nicht mehr. Er fährt im Lande herum und hält Vorträge über seine Arbeitsschule. Er ist es, der als erster den Kommunismus in die Tat umsetzte, der sein Haus, sein weites Land, seine Tulpen, seine Märchen ... verschenkte – sogar sein Herz. Ein Dutzend Menschen wohnen im Barkenhoff. Sie graben, roden, tischlern und drucken und unterrichten und erträumen sich ein Menschheitsparadies, gebaut aus lauter warmer Liebe. Barkenhoff: Alles verschwindet langsam, was einst Glück und Genießen und Falterruhe und Schnörkelfreudigkeit war. Die seidenen Zimmertapeten sind heruntergerissen. Kahle, getünchte Wände sind geblieben. Große, eiserne Öfen mit langen Rohren sind ins Zimmer gesetzt und zerreißen mit aufdringlicher Plumpheit die Heimeligkeit und Zartheit der Räume. Die Kuschelecken wollen nicht mehr traulich sein. Die Eleganz hochbeiniger Stühle wirkt wie Verlegenheit. Zierliche Tischchen zerschrammt, mit Tinte begossen, kommen sich so überflüssig vor. Alles, was einst Glück war: Bilder, Plastik, Vasen, alles steht nun wie geduldet da. Die Scheiben im Bibliothekszimmer, einst vom Mittelalter angehaucht, sind eingedrückt. Der Musiksaal ist kalt, der Flügel verhängt. Die weite Diele, von einem neuen Vogeler mit Fresken bemalt, fröstelt. Im Schreibzimmer steht der seltsam große Schreibtisch noch, darüber hängt die Totenmaske eines Bremer Revolutionärs. In der Küche, an einem langen Tisch, sitzen sie und essen aus irdenen Tellern; teils essen sie mit Holzlöffeln, teils mit wunderschönen Löffeln aus Silber. Das Atelier ist Trockenboden geworden. Der Pferdestall, in dem einst die Gäule des vergangenen Vogeler stampften, ist eine Tischlerwerkstatt. Die Tulpen aus dem Vorgarten sind herausgerissen, Kartoffeln sind dafür gepflanzt worden. Die Rosen sind dahin. Sonnenblumen sollen kommen, Am Teich unten, wo der Kahn liegt, ist eine Hütte gebaut, daran steht: Spartakusbude. Hier wohnte einst, wie ein neuer Franziskus, der Millionenerbe eines westfälischen Industriellen und bereitete sich für den Kommunismus vor [Eberhard Osthaus].

Ja, Vogeler hat getan, was kaum einer tat von denen, die an fetten Tischen Weltbeglückung machen. Vogeler hat Ernst gemacht. Seine Briefe, die er erhält, sind auch die Briefe seiner Genossen. Er kennt kein Geheimnis mehr. Sein Herz liegt in den Herzen aller derer, die im Barkenhoff wohnen und bauen.

Manchmal, im Sommer, geht er ins Bienenhaus, wo eine kahle Kammer ist. Nur ein Feldbett ist drin, ein Tisch und ein Stuhl. Man stößt fast mit dem Kopf an die Wand. In einer winzigen Nische sah ich einige Mohnköpfe liegen, Ähren, Erika, Zwiebeln und ein Stück Bienenwabe. Dort liegt er, wenn der Wald in die Kammer blüht, wenn die Heide summt ... Dort liegt er und lauscht auf den Gott, der ihn zerbrach, den Beseligten, und einen Härteren, Stählernen aus ihm machte. Auf dem Tische, hingeworfen, sah ich noch ein Bild seiner Frau, die ihn lange schon verlassen hat ...« (Max Jungnickel in der »Frankfurter Zeitung«).

Zunächst ist es nicht mehr als eine Kate, was Vogeler da gekauft hat, aber ein Haus immerhin, und das, so argwöhnt Martha, ist verdächtig. Wer ein Haus kauft, der holt sich auch bald eine Frau aus der Stadt, und überhaupt: wie kann ein junger Mensch nur so viel Geld in der Hand haben? Martha, das ist die Tochter einer Lehrerswitwe. Gleich bei der ersten Begegnung empfindet er sie als »etwas tief in mein Leben Eingreifendes. Ein ganz junges Menschenkind ohne das Bedürfnis, irgendwie wirken zu wollen, interessiert an allem, was geschah, ohne jede konventionelle Hemmung«, Nur er ist gehemmt, sieht keinen Anlass, ihr näherzutreten. Das jedoch ändert sich: Vogeler wandert mit ihr, malt sie auch, doch »sehr zutraulich war das blonde Mädchen noch nicht«. Und nach dem Hauskauf geht sie erst recht auf Distanz.

Eine Frau aus der Stadt aber holt Vogeler sich nicht.

Jedoch wird bald eine von dort zu den Worpswedern hinauskommen: Paula, Tochter des Bremer Baurats Becker. Bleibt sie zunächst nur einige Sommerwochen, so siedelt sie 1898 ganz zur Kolonie über. Diese, mag sie auch nach außen eine Einheit bilden, ist in Wirklichkeit von Krisen nicht frei. Es gibt unter den »Fünfen« sehr verschiedene Auffassungen darüber, was in der Kunst zu tun sei. Für Otto Modersohn scheint bereits 1897 der Augenblick des Abschieds gekommen: »Die Worpsweder Zeit geht zu Ende. Unendlich viel verdanke ich ihr, dem stillen abgeschlossenen Leben in der Natur. Im Folgenden will ich kurz die Summe ziehen, die Quintessenz meiner Gedanken und Bestrebungen und Ziele erläutern.

Stets will ich von der Natur ausgehen, in ihr meine Lehrmeisterin erkennen, aber nicht in bloßer Nachahmung befangen, sondern sie überwinden, verklären durch die Kunst. Was nicht durch die Phantasie umgestaltet wird, bleibt Abklatsch. Jene herrscht und siegt über die Materie, erhebt sich in freiem Fluge wie der Vogel in der Luft, jener sucht mühsam auf dem Boden seine Nahrung. Die Natur ist gewissermaßen die Grammatik, sie enthält die Teile, der Künstler schafft mit ihnen im Bilde ein Ganzes. Es muss der Geist hinzukommen und das Beste hinzutun ... Die Stille und Abgeschiedenheit meines Lebens haben meine Erkenntnis darin gefördert, was meine Art, meinen Stil ausmacht, was meiner Individualität entspricht. Nicht wenig hat die Nähe von Mackensen und der übrigen dazu beigetragen (Modersohn 1893 über Mackensen und Hans am Ende: ›Lebensanschauungen, die meinen zuwider laufen‹), mich im Gegensatz zu ihnen auf meine Wege zu weisen ... Seit vorigen Sommer ist eine vollständige Wandlung mit mir vorgegangen. Ich will mein Leben für mich leben. Ich liebe eine gewisse Derbheit, Ungezwungenheit, Ungeniertheit des Ausdrucks. Eine natürliche Sinnlichkeit. In alle Zukunft will ich mir das bewahren. Um meine Art in Kunst zu leben, muss ich von Worpswede fort. Das bin ich mir menschlich und künstlerisch schuldig.«

Das ist im April. Einige Wochen darauf kommt Paula. In ihrem Tagebuch vermerkt sie: »Ich möchte ihn kennenlernen, diesen Modersohn.«

»Dieser Modersohn« entschließt sich, zu bleiben.

Doch Spannungen in den Beziehungen der Freunde bestehen weiter. Und wieder ist es Modersohn, den es zu Konsequenzen treibt, assistiert von Vogeler und Overbeck. In einem Schreiben an die anderen begründet Modersohn (Paula: »Etwas Langes in braunem Anzug mit rötlichem Bart«) seinen Austritt aus der künstlerischen Vereinigung der Worpsweder:

»Von Anfang an fühlte ich mich mit so manchem in Carl Vinnens Denkschrift im Widerspruch, so dass ich nicht umhin kann, Eure Aufmerksamkeit nochmals auf dieselbe zu lenken. Ich trete nur ungern aus meiner Zurückhaltung heraus, ich kann nicht anders, mein Inneres zwingt mich dazu.

C. Vinnen sagt: ›Wo sich Künstler zu idealem, gemeinschaftlichem Streben zusammenschließen, sehen wir sie ihre Kräfte vergeuden in dem Wust parlamentarischen Unsinns, den ihre eifrigen Debatten über Gründung und Führung ihrer Vereinigung zeigen, jede noch so kleine Kunststadt hat ihre Stürme im Glase Wasser, die lächerlich wären, wenn sie nicht die künstlerische Produktion dadurch so sehr schädigten, dass sie den Blick von der Hauptsache auf jämmerliche Nebendinge ablenkten.‹

Du lieber Gott, hat C. Vinnen sich da nicht mit eigenen Worten geschlagen! – Ich verkenne durchaus nicht, dass unsere Vereinigung uns zu unserer Einführung die größten Dienste geleistet hat, aber sie fängt ernstlich an, durch alle mit ihr verbundenen Pflichten gegen Welt und Ausstellungen und besonders auch gegeneinander uns über den Kopf zu wachsen. Sie bedroht unsere Ruhe, die man zu künstlerischem Schaffen in erster Linie braucht. Hiergegen gibt es nur ein Radikalmittel: die Auflösung der Vereinigung.

Merkwürdig berühren mich die Worte in der Denkschrift: ›Eine äußerliche Identifizierung jedes einzelnen mit der Gesamtheit, ein energisches Eintreten Aller für jeden einzelnen ist notwendig.‹ Geschieht das vielleicht durch diese Denkschrift, wo mir und auch anderen Freunden völlig fremde Anschauungen zugemutet werden? Ich betone, dass alles auf persönliche, individuelle Freiheit ankommt. Durch einen Verein wird die persönliche Gefühls- und Bewegungsfreiheit beeinträchtigt. Darum ist es besser, er existiert nicht weiter.

Je straffer organisiert z. B. ein Staat ist, desto weniger ist der einzelne Bürger. Noch ein Vergleich aus der Natur scheint mir passend: die Rinde eines Baumes kann zu fest werden, so dass der Baum abstirbt. Unsere Beziehungen müssen möglichst locker sein, wir dürfen keinerlei Druck und Zwang empfinden. Das zehrt künstlerische Kräfte auf. Solch eine Denkschrift würde ich mit Freuden begrüßt haben, die gewissermaßen möglichste Freiheit der Persönlichkeit statuarisch festgelegt hätte. ›Ein jeder muss nach seiner Façon selig werden.‹

Das ist der Gedanke, der in Worpswede immer der maßgebende sein muss, lasst ihn uns hochhalten, lasst ihn uns anerkennen.

Um das für meinen Teil zu erreichen, zeige ich Ihnen meinen Austritt aus dem Verein hierdurch an und hoffe, dass Vorstehendes meinen Schritt Euch erklärt und dass mein Schritt Sympathien bei Euch erweckt hat.«

Bei Vogeler ist dies der Fall: »Ich glaube, dass dies das beste Wort ist, was für die freie Entwicklung der Kunst in Worpswede gesagt ist. Auflösung der Vereinigung, völlige Freiheit jedes einzelnen. Nur so kann jeder an seiner eigenen Welt bauen, wenn er auf eigenen Füßen steht und nur das zu verwirklichen sucht, was er verantworten kann. Eine Vereinigung wird Zwangsjacke und muss über kurz oder lang unbedingt den Frieden stören, schon stört sie die Ruhe. Ich habe volle Sympathien mit den Gefühlen Otto Modersohns und schließe mich seinem Austritte an.«

Auch Overbeck sind »Modersohns Ausführungen ... ganz aus der Seele gesprochen«. Nach seiner Überzeugung »sind dadurch die Bahnen vorgezeichnet, welche die Worpsweder Kunst in Zukunft einzuschlagen hat. Auch ich weiß nichts Besseres zu tun, als mich dem Austritt anzuschließen«.

Mackensen hofft, dass seine Kunstbestrebungen »dieselben bleiben werden«. Im Übrigen enthalte er sich »jeder weiteren Bemerkung«.

»Dass die Auflösung des Vereins früher oder später einmal erfolgen könne, dieser Möglichkeit sah jeder von uns entgegen. Dass der Verein, weil Otto Modersohn austreten wollte, gesprengt werden müsste«, dazu liegt nach Auffassung von Hans am Ende »gar keine Veranlassung vor«. Die plötzliche »Sprengung« mit solchen Mitteln »beweist, dass nicht nur künstlerische, sondern auch persönliche Motive mitsprachen«, Der Radierer kann es nur eine »lächerliche Arroganz« nennen, »dass Ihr der Worpsweder Kunst ihre Wege vorschreiben wollt«, Nachdem sie den Brief bis jetzt nicht den Weg »freier Zirkulation« hätten gehen lassen, »mögt Ihr ihn selbst an Carl Vinnen senden«. Warnung des Reserveoffiziers an die angeblichen Sprengmeister: »Ich verbitte mir jedoch ausdrücklich, dass dies von Vereinswegen, also auch in meinem Namen geschieht.«

»Als einzige Gerechtigkeit« bittet der von Modersohn attackierte Vinnen, »entweder keines unserer beiden Schriftstücke oder beide zusammen aufzubewahren«. Von einer Rechtfertigung gegenüber der Modersohnschen Auffassung, so teilt er aus Baden-Baden mit, könne er sich keinen praktischen Nutzen versprechen.

Der die »Freiheit der Persönlichkeit« fordernde Vereinsgegner ist »auf das unangenehmste überrascht, von H. Vogeler zu hören, dass Ihr unsere Schrift ganz falsch aufgefasst habt«. Er erklärt deshalb, »dass ich absolut nichts Persönliches, nichts Verletzendes im Sinn hatte, als ich allmählich zu der Anschauung kam, dass eine Auflösung des Vereins das Beste sei«, gibt allerdings zu, die Form habe »etwas schroff und unvermittelt« wirken können. Dass sie verletzt hat, bedauert er »sehr«, und er nimmt sie daher »gern zurück«. Modersohn bittet, sie zu vergessen und nur den »Kern, den Inhalt« zu sehen. »Der Inhalt kann Euch doch nicht verletzen.«

Ein mündliches Besprechen habe er wegen der damit verbundenen »Erregung« sowie wegen der »Nutzlosigkeit« vermieden.

Er hat »durchaus« die Hoffnung, dass es durch Auflösung des Vereins möglich sein wird, »leichter und angenehmer« miteinander zu verkehren. »Gerade wenn jeder größere Anlass, wodurch unsere verschiedenen Auffassungen und Ansichten zusammenplatzen können, beseitigt ist, wird doch weit eher Friede und Eintracht unter uns herrschen«, wonach er sich »so unendlich« sehnt. »So sollte es ... ein Friedenswerk sein, und Ihr nehmt es zum Anlass des Gegenteils« – das bedauert er »schmerzlich«. »Kann man denn nicht«, klagt und zürnt Individualist Modersohn, »ruhig in Worpswede leben und malen?« Das ist sein »Lebensziel«. In allem, was sein Leben angeht, will er »ganz frei, ganz selbständig, ganz mündig« sein, will »keinem zu danken und keinem zu folgen haben«. »Das ist die berechtigte Forderung jedes freien Mannes, keiner kann ihm das schmälern.«

Vogeler selbst, eher Prinz noch denn König (tatsächlich wird man ihn so nennen: König Heinrich), fühlt sich gleichwohl erhaben wie ein solcher. »Liebes Fräulein Becker«, schreibt er an einem Apriltag des Jahres 1900 der Malerin nach Paris, »glauben Sie mir, hier ist alles einfach demoralisierend. Wie hier die Menschen im allgemeinen denken, das ist nicht menschlich, jeder für sich wird ein Sonderling, sein Horizont schrumpft ein, er sitzt auf seinem Sofa und hütet ängstlich wie einen kostbaren Schatz seine kleinlichsten Gefühle.«

Der sich da so vor Worpswede schüttelt, hat eine Zeitlang den Torf nicht gerochen. Seit acht Tagen ist er nun wieder daheim. Jetzt hockt er im Wohnzimmer und schreibt sich seine Übellaunigkeit von der Seele. »Mit hohen Hoffnungen und freien stolzen Gefühlen« ist er auf seinen Barkenhoff heimgekehrt – von Leuten kommend, »die groß und frei waren und voller freier Menschlichkeit«. Und nun ist ihm, als wolle die Luft um den Weyerberg seine besten Stimmungen töten. Alles sei so trostlos geworden hier: »Worpswede wird Villenkolonie.«

Bei der Notenverteilung für seine Kollegen schneidet als einziger Modersohn gut ab: Er ist »sehr nett«, doch »vollkommen blind gegen den entsetzlichen Zustand seiner armen Frau«. »Overbecks sind dieselben wie immer und geben nichts ab von ihren geheimen geistigen Habseligkeiten. Am Ende schleicht grollend und finster grüßend und – ist mein Nachbar.« Zu Mackensen, seinem Förderer und Lehrmeister (der später sein gehässiger Gegner wird: in der Nachkriegszeit schnüffelt der Major der Reserve – freilich nicht nur er – als Spitzel für die Bremer Polizei, der er Berichte über den Kommunisten Vogeler liefert) »kommt das Himmelreich persönlich. Er ward ein frommer Dulder. Die Schlechtigkeit der Menschen im Allgemeinen, der Worpsweder im Besonderen hat diesen Menschen geknickt. Eine Memme, feig vor der Wahrheit gegen sich selbst, der dem Schicksal alles aufbürdet und sich selbst nur als unschuldig duldenden Heiland sieht, und der Freundschaftspakt mit am Ende – das gesetzte Zeichen für diese seine Religion«.

»Vielleicht«, sinniert Vogeler, »tut es nun bald not, dass ich mein Bündel schnüre und wandere in ein fernes Tal, wo keine Menschen sind, denn schon werden Sie bei den obigen Zeilen vielleicht gedacht haben: Da schauen's den an, den hoat's a schon, nämlich von wegen die Demoralisierung.« Und dann: »Manchmal fliegt mich hier ein schlechter Gedanke an, und ich kann ihn nicht wehren; nie war mir das unter den anderen Menschen, draußen im Leben.« An seiner Vitalität zweifelt Paulas »ganzer Liebling« (Becker über Vogeler) dennoch nicht. Er ist, bekennt er, »wohl der Geschwollenste hier. Ich möchte die Welt etwas aus den Angeln nehmen, solch ein Kraftprotz bin ich geworden. Fühle mich erhaben wie ein König«.

Mit einem Blick zurück auf seinen Aufenthalt in der Isar-Metropole gesteht er: »Habe in München viele schlimme Sachen gehabt, manche früher liebe Freunde verloren ... Vielleicht verliere ich auch hier mal alles, vielleicht gerade durch meine einzige Geliebte, aber was schert mich dies alles, der ich meine ganze Kraft habe durch sie. Solange mir dieser Glaube nicht genommen ist, lebe ich als Künstler. Wenn auch dieser fiele, dann ist meine Uhr abgelaufen ...«

Dass gerade sie diesen Brief erhalte, sei eigentlich Zufall, bemerkt der 27-jährige »Kraftprotz« gegenüber der jüngeren Kollegin (Jahrgang 1876), aber er habe mal vieles loswerden müssen, »was hoffentlich bei Ihnen als absolut heilig betrachtet wird; nicht als ob Sie mit keinem Menschen darüber sprechen dürften, was mir hoch und teuer ist, nur eines für alle, die mir nahe kommen: absoluten Respekt vor mir, vor meinem Besten«. Ihn, so fordert er, »soll man ganz nehmen oder ganz verdammen, das ist, was ich von jedem Vollmenschen ganz verlangen muss«.

Doch nun ist's ihm genug »der Protzerei«, er wendet sich Frl. Becker zu – nicht ohne vorher ein hohes Lied auf Martha gesungen zu haben: »Wenige Worte von ihr eröffneten mir die weitesten Horizonte.« Woran er sonst sein ganzes Arbeitsjahr gesetzt habe, male er jetzt in wenigen Wochen.«In ihr verehre ich den Menschen, der seine Sinne vorurteilsfrei und kulturlos dem Eindrucke gefangen gibt.«

In Paula Beckers Brief vom 8. März sei fortwährend von Frühling und sonstigen schönen Dingen die Rede gewesen: »Ist ja Blödsinn, gibt's ja gar nicht.« Vom 20. bis 25. März sei er noch bei Hauptmann in Schlesien mit dem Schlitten die Berge hinuntergejagt. »Dann hier ein blöder Ostwind und nun Regen, Regen, Regen.« Dass ihr dies Paris gefalle, habe er sich beinah gedacht, »denn wohl nie hörte ich von einem Künstler ohne Begeisterung davon reden«, Aber erst Florenz, wohin sie im nächsten Winter müsse: da würden ihr die Augen aufgehen. Und wenn sie nach Norden in die Normandie »oder so« gehe, werde sie Freiheit und Größe finden. Er sagt's nicht ohne Neid.

Im Übrigen, so lässt der übermütig-verdrossene Twen sie wissen, habe sie sich kolossal zu ihrem Vorteil verändert. Vogeler zu der fernen Paula Becker: »Sie sind so frei von althergebrachten Poesierequisiten geworden« – und überhaupt, früher hätte er ihr »son« verrückten Brief nicht schreiben können. »Leben Sie wohl.« Der mit ihr in Paris weilenden Bildhauerin Clara Westhoff, weiteres weibliches Ferment der Worpsweder Kolonie, soll sie sagen, dass er sie verehre, aber trotzdem fürs erste keine Zeit habe, ihr zu schreiben.

Es regnet also nicht nur draußen, sondern auch drinnen. Worpswede geht ihm auf die Nerven. Gefühlshüter, die auf ihrem Sofa hocken, ängstliche Käuze. »Freie und große Menschen«, so scheint's dem Publikumsbeschimpfer, gibt's nur anderswo. In seinem Brief ist von München die Rede. Rudolf Alexander Schröder hatte ihn nach dort geholt: als Mitarbeiter der »Insel«, einer von Otto Julius Bierbaum, Alfred Walter Heymel und Schröder herausgegebenen Monatsschrift mit Illustrationen.

Vogeler später über »Die Insel«: »Ein Sammelpunkt der Begabtesten der neuromantischen Dekadenz.« Er hat ein freundschaftliches Verhältnis zu den »führenden Insulanern, ... wenngleich mich vieles, was ich hier erlebte, einfach erschreckte. Da war vor allem die Art und Weise der Behandlung der Dienerschaft, die jederzeit fühlen musste, dass man uneingeschränkte Gewalt über sie hatte«. In der Rückschau nimmt sich diese Zeit für Vogeler so aus: »Ich hatte in München immer das Gefühl, als ging ich am Leben her und wusste nicht den Weg, wie sich mir das Tor zum Leben öffnen würde. Meine graphischen Arbeiten ... drückten wohl diese Horizontlosigkeit aus. Unbewusst entstand eine rein formale wirklichkeitsfremde Phantasiekunst ohne Inhalt. Sie war eine romantische

Flucht aus der Wirklichkeit, und daher war sie auch wohl den bürgerlichen Menschen eine erwünschte Ablenkung von den drohenden sozialen Fragen der Gegenwart. Im Rahmen eines Spiegels des Inselformates erhoben sich märchenhafte Vögel, wie Blätter und Blumen gebogen, mit phantastischem Gefieder, das wieder in wogende Zweige, in Früchte und Blumen überging. Blütenkelche, die wieder Blütenkelche aus sich herausstießen, ein Formenzeichen, das geradezu nach Farben schrie, nach giftigen, süßen, einschmeichelnden und aufreizenden Farben. Nirgends war ein Horizont, nirgends ein Durchblick, nirgends eine Perspektive; das Ganze war ein schöner Vorhang, der die Wirklichkeit verhüllte. So traf wohl meine Inselgraphik den Charakter einer besonderen Zeitepoche, die auch meinen Charakter irgendwie formte, eine uferlose Romantik, hinter aller Wirklichkeit und im Widerspruch zu ihr. Dass sie wie eine Flucht vor der hässlichen Wirklichkeit war, gerade dadurch hatte meine Kunst wohl damals solchen Erfolg ...«

Als Vogeler dies schreibt, sind 40 Jahre vergangen. Längst lebt er auf einem anderen Stern, einem roten. Erich Weinert hat diese in Moskau und Kasachstan zu Papier gebrachten »Erinnerungen« aus einem »Haufen von Blättern und Zettelchen« zusammengestellt; »manche Erlebnisse und Betrachtungen waren in mehreren Varianten vorhanden. Viele Aufzeichnungen waren im Entwurf stecken- oder unfertig geblieben«. Partei-Barde Weinert, »führender kommunistischer Zeitdichter« in der DDR (Der Große Brockhaus), steht von 1943 bis 1945 als Präsident dem Nationalkomitee Freies Deutschland vor, einer aus deutschen Emigranten, Überläufern und Kriegsgefangenen gegründeten Organisation, die in der Sowjetunion gegen die Nazis und für raschen Frieden kämpft. In den zwanziger Jahren politisiert er in Versform u. a. in der Bremer »Arbeiter-Zeitung«, so mit dem Reimprodukt »Ein Zar gefällig?«:

Viktoria von Schaumburg-Lippe
Die alte aufgebackne Schrippe,
Nahm gleich die Sache in die Hand.
Die setzt ein russisches Barönchen
Als Prinzgemahlchen auf ihr Thrönchen
Weil der's verstand.

Die alte Dame hat Gelüste
Der kleine schlanke Weißgardiste
Der fasst sie feste ums Korsett.

Lasst nur die andern neidisch äugen!
Hier gilt es, einen Zaren zu zeugen.
Marsch, marsch ins Bett.

So triste das Jahr 1900 in Worpswede für Vogeler beginnt: Sommer und Herbst bringen eine Entschädigung. Wie so oft, geschieht dies durch einen Gast. »Die roten Rosen waren nie so rot«, notiert der »große Feierlichkeit« (Martha) verbreitende Barkenhoff-Besucher. Das erste Mal sind Vogeler und Rilke sich in Florenz begegnet, ohne jedoch in Kontakt getreten zu sein. Vogeler glaubt damals, »einen Mönch vor sich zu haben, der seine Hände meist hoch vor den Körper erhob, als wolle er immer ein Gebet beginnen«.

Ähnliches denkt Vogelers Haushälterin: »Er betet wieder, er betet den ganzen Tag.« In Wahrheit deklamiert er da oben im Giebelzimmer seine Verse. Indes, so unrecht hat die verstörte Alte nicht: Rilke, eben von seiner zweiten Russland-Reise heimgekehrt, macht aus seinem Barkenhoff-Aufenthalt eine Art Gottesdienst; das vorhandene Festliche erhält einen mystischen Zauber: »Eigentlich ist das ein Märchen. Ich sitze in einem ganz weißen, in Gärten verlorenen Giebelhaus unter schönen, würdigen Dingen, in Stuben, die voll von der Stimmung eines Schaffenden sind. Ich sitze in seinen träumerischen Stühlen, freue mich an seinen Blumen, schaue mich in seinen Spiegeln, und seine Uhren sprechen mich an wie den Herrn. Da wohne ich einsam, wartend immer, sechs Tage lang.«

Nicht die ganze Zeit freilich; zwischendurch wandert er auch, wiederum zum »sonderbaren Entsetzen« der Haushälterin, in umgürteter grüner Rubaschka und bunt applizierten roten Tatarensticfcln durch den Garten. Am siebenten Tag allerdings trägt er ein schmales silbernes Kreuz auf hochgeknöpfter, dunkelroter Weste. Dann »empfängt er im weißen Saal bei zwölf Kerzen, die in hohen silbernen Leuchtern stehen, die ernstesten Männer der Gegend und sehr schöne schlanke Mädchen in Weiß, die, wenn ich sie bitte, Lieder spielen und singen und sich zusammensetzen, in feinen Empirestühlen, und die vornehmsten Bilder sind und der köstlichste Überfluss und die süßesten Stimmen dieser flüsternden Zimmer«.

Die »sehr schönen schlanken Mädchen in Weiß« sind die aus Paris zurückgekehrte Clara Westhoff und Paula Becker, die dem feinnervigen Gast seine oft »unglaubliche Einsamkeit« lindern: »Ich öffnete die Tür meines Zimmers, welches blau und kühl wie eine Grotte dunkelte. Ich stieß meine Fenster auf, und da kamen sie zu dem Wunder und lehnten hell in die Mondnacht hinaus, die ihre lachheißen Wangen« – unten war man bei Tanz und Alkohol guter Dinge – »kalt umgab. Und nun sind sie alle so rührend in ihrem Schauen. Halb Wissende, d. h. Maler, halb Unbewusste, d. h. Mädchen. Erst fasst die Stimmung sie, der ganze Ton dieser Nebelnacht mit dem fast vollen Monde über den drei Pappeln, diese Stimmung von mattem, beschlagenem Silber macht sie wehrlos und zwingt sie in das Mädchensein, in das dunkle, sehnsüchtige. Dann gewinnt der Künstler in ihnen Macht und schaut und schaut, und wenn er tief genug geworden ist in seinem Schauen, sind sie wieder an der Grenze ihres eigenen Wesens und Wunders und gleiten leise wieder in ihr Mädchenleben hinein.«

Nicht mehr lange, wie sich indes bald herausstellt: im nächsten Jahr sind sie, die jetzt noch »halb Unbewussten«, Ehefrauen: Rilke heiratet die »licht schilfgrüne Schlankheit« Clara, Otto Modersohn, inzwischen Witwer, die »äußerlich reizvolle, anmutige, kräftige, gesunde, energische« Paula. Ein drittes Paar gesellt sich hinzu: Heinrich und Martha. Beide haben bereits in Dresden, wo sich Martha bei der Frau eines Konsuls Anregungen für den Haushalt und ihre kunstgewerblichen Fähigkeiten holt, »in Ruhe und Abgeschlossenheit wie Mann und Frau einige glückliche Tage« verlebt. Zur gleichen Zeit freilich wächst dort auch schon Marthas Nachfolgerin heran: Marie Griesbach, Vogelers »Rote«. Aber auch die anderen Ehen sind nicht von Dauer: Rilke löst sich bald von dem tiefen Braun des Moorbodens, das immer »wie von großen, unsichtbaren Dingen beschattet aussieht« und ihn an Tod erinnert, löst sich auch von Clara, während Otto Modersohn die Gefährtin nach gut sieben Jahren so unfassbar plötzlich verliert: durch einen Herzschlag – und mit den Worten: »Oh, wie schade ...«

Zur Verlobung, »die ihm erst neuerdings aufgegangen ist, und zu der er sich reizend verhält« (Paula) hat Vogeler ihr eine Flasche Rotwein gebracht. Zwar ist er von Modersohn bereits kurz über das Ereignis unterrichtet worden, »aber da hatte er«, wie die »blonde Malerin« (Rilke) im Oktober 1900 an ihre Familie schreibt, »vor lauter Verlegenheit, dass es sich um etwas Zartes handele, gar nicht zugehört«. Sie mag ihn, den »kleinen Vogeler: Ein reizender Kerl, ein Glückspilz ... Er ist nicht so ein Wirklichkeitsmensch wie Mackensen, er lebt eine Welt für sich. Er führt bei sich in der Tasche Walther von der Vogelweide und des Knaben Wunderhorn. Darin liest er fast täglich. Er liest jedes Wort so intensiv, den Sinn des Wortes so träumend, dass er das Wort selbst vergisst ...« Er ist, sagt sie, »ganz streng, steif streng in der Form«, ihr Träumer im Biedermeierfrack. Sie und Vogeler, Clara, Otto Modersohn und Martha, die »kleine Braut«: diese fünf bilden eine »Stille Gemeinde«. Sie nennen sich »die Familie«. Für Paula Becker – »Ich bin ein so komplizierter Mensch, so ewig zitternd« – ein nahezu beseligender Zustand: »So mein ganzes Leben zu leben ist wunderbar.«

Für Vogelers Arbeiten hat sie allerdings weniger übrig: sein Bedauern darüber, seine Bilder aus dem Hause und aus der Hand geben zu müssen, erscheint ihr als »das Zeichen seiner im Grunde spärlich fließenden Kunst«. Eine »üppige, neugebierende«, die denke nur an das Zukünftige. Das ist ihr auch das »Große, Hoffnungsvolle«, was sie in Modersohns Schaffen anspricht.

Am 2. Juni 1927, anlässlich der Einweihung des von Ludwig Roselius in Auftrag gegebenen und von Bernhard Hoetger in Bremens Böttcherstraße gebauten Paula-Becker-Modersohn-Hauses, erinnert Roselius an die Ablehnung, die Paula zunächst erfahren habe. Der Chef der Kaffeefirma. HAG und kritische Freund Vogelers fährt dann fort: »Vogeler und Hoetger, die ihre große, siegreiche Kraft erkannten, gelten auch heute nicht viel in Bremen, der eine nicht, weil er neue Wege der Kunst führt, der andere nicht, weil seinem Pinsel für Biedermeier-Romantik keine Farbe mehr entfloss und er auszog, für Menschenrechte zu kämpfen. Da war noch Rainer Maria Rilke. Die Paula hatte also drei Jünger.«

Eine Behauptung, die gleich anschließend von Dr. Becker-Glauch, einem Bruder der Malerin, bestritten wird (in Anwesenheit Vogelers übrigens): »Sie war auf ihr eigenes Gericht und ihre Kritik angewiesen. Außer von Seiten ihres Mannes und von Seiten Professor Hoetgers ... hat sie von keiner Seite auch nur Beachtung, geschweige denn Förderung und Anerkennung gefunden. Selbst Heinrich Vogeler, der nahe Freund und nach ihrem Tode ihr begeisterter Apostel, hat zu ihren Lebzeiten, soviel ich weiß, nicht einmal ihr Atelier betreten.«

In einem Brief an Martha weist Vogeler diesen Vorwurf zurück: Neben Hoetger sei er wohl der einzige gewesen, »der Beziehungen zu ihrer Arbeit gehabt habe«. Und seinen »Erinnerungen« zufolge hat er sich bereits in der allerersten Zeit für Paula eingesetzt, aber »natürlich war es falsch von mir, dass ich damals in ihrer frühesten Entwicklungsperiode in der Worpsweder Kunsthalle eine Ausstellung von Skizzen ihrer Hand organisierte. Denn die Eigenwilligkeit, die in diesem noch unbeholfen beschrittenen Weg zu neuen künstlerischen Ausdrucksmitteln lag, wirkte auf die Betrachter wie hölzerne Absichtslosigkeit und stieß sie so ab, dass der damalige Leiter der Bremer Kunsthalle, den ich in die Ausstellung führte, ganz entsetzt war. Er lag lange mit mir im Grase vor dem Ausstellungsraum und versuchte mich zu bestimmen, die Ausstellung der Skizzen von Paula Becker zu schließen. Mit einem derartigen Dilettantismus an die Öffentlichkeit zu gehen, werde dem Namen Worpswede einen großen Schaden zufügen, war seine Warnung. Trotzdem erfolgte aber nach einem Jahr mit reiferen Arbeiten eine Ausstellung von Bildern Paulas in Bremen. Allerdings mit einem niederschmetternden Misserfolg«. Doch »die künstlerischen Misserfolge, die Paula Becker während ihres Lebens beim Publikum hatte, beeinflussten sie in ihrem Studium überhaupt nicht nachteilig. Im Gegenteil, ihr Studium wurde noch ernster, ihre Kunst noch ausdrucksvoller, und sie schaffte ihr außerhalb der Modeströmung in der Malerei einen festen Platz.«

Dieser »feste Platz« ist indes, wie Vogeler selbst einschränkt, zu ihren Lebzeiten ein sehr örtlicher: nämlich der Alkoven ihrer Arbeitsbude bei einem Kleinbauern im Moor. »Dass Paula dieses kleine Zimmer im strohbedachten Bauernhaus für ihre künstlerische Arbeit auch nach der Verheiratung mit Otto beibehielt, war eine abgemachte Sache, und alle achteten den Wunsch der Freundin.« Vogeler: »Niemand störte sie in ihrem kleinen Reich, wenn sie ihn nicht selber rief.«

Da keiner das Atelier betrat, wie auch ihr Mann, Otto Modersohn, feststellt, hat sie also nie gerufen? Gewartet haben muss sie, liest man Modersohns Bemerkungen zu dieser Angelegenheit, auf jeden Fall: In einem Brief an Dr. Pauli, den Autor einer Paula-Becker-Modersohn-Monographie, spricht er von dem »schmerzlichen Empfinden« Paulas darüber, dass »auch Vogeler, mit dem wir sehr viel verkehrten und den Paula als Mensch schätzte«, sich »niemals« um ihre Kunst gekümmert habe. »Stets und ständig vertröstete ich sie auf die Zukunft, die den Menschen schon die Augen öffnen würde.«

Es hat ihn, Modersohn, »merkwürdig berührt«, dass Pauli Vogeler und nicht ihn lobend hervorhebt, wo er doch geradezu für sie gekämpft habe, während Vogeler »das Gegenteil tat und erst nach ihrem Tode, nachdem er von anderen aufgeklärt war, für sie eintrat«. Modersohn im Jahre 1902: »Sie malt heute schon besser wie Vogeler und Mackensen. Mein Urteil ist nicht etwa von Liebe diktiert, wie die Familie meint. In aller Stille wird sie weiter streben und wachsen und eines Tages alle in Erstaunen setzen. Darauf freue ich mich. Sie ist künstlerisch durch und durch.« So sehr sie Vogeler als Menschen mochte und den »reizenden Verkehr in seinem gastlichen Hause« (Modersohn) liebte: »Seine spitze Kunst«, so der Maler an Pauli, »hat ihr nie gelegen, auch sein Kunstgewerbe nicht, das sie zu ›prätenziös‹ nannte. Das Mädchenbild, das Sie unter seiner Einwirkung entstehen lassen, war tatsächlich durch mich und meine Märchenkompositionen jener Zeit, die sie sehr liebte, angeregt«. Modersohn weist darauf hin, dass er Paula stets die Mittel und die Freiheit gegeben habe, ganz ihrer Kunst zu leben. Auch als sie sich getrennt hätten, sei sie von ihm, um in Paris existieren zu können, unterstützt worden – »wovon mich H. Vogeler abzuhalten versuchte«. Diese Trennung, unter der Modersohn »selbstverständlich« litt, wurde durch einen gemeinsamen »köstlichen, harmonischen Winter in Paris« beendet.

Modersohn: »Allen gegenüber habe ich sie verteidigt.«
Und Rilke?

Auch er hat nur eine einzige Erinnerung an ihre Kunst, an den »Mädchenreigen unter dem großen Baum«, denn »ich sah fast nichts von Ihnen. Sie selbst haben mir niemals etwas gezeigt, und ich wollte Sie nicht darum bitten, weil solche Dinge mit einer inneren Notwendigkeit kommen müssen, unabhängig von Bitten und Gebetensein. Und ich dachte ja, ich würde lange in Worpswede sein, lange genug, um die Stunde abzuwarten, in der dieser verhaltene Wunsch (übrigens sprach ich ihn anfangs zwei- oder dreimal leise aus) sich erfüllt«. Rilke ist des öfteren im, wie er es nennt, »Lilienatelier« der Paula Becker, er weilt »immer am Abend« bei ihr, »und dann sah ich wohl da und dort im Gespräch eine Skizze ...«

Er kommt auch mit Vogeler zu ihr, doch gilt dieser Besuch nicht Paulas Kunst, sondern nächtlicher Geselligkeit: »Plötzlich fiel jemandem ein, es müsse die Ziege gemolken werden, die draußen auf der Diele im Stalle war. Man trug den Petroleumkocher als Leuchte hinaus, und lange hörten wir in der Stube nichts als eine Unruhe im Stall, das Klirren einer Kette und die flüsternden Stimmen der erregten Mädchen. Dann kamen sie beide heiß und mit wirrem Haar zurück, zurückgedrängtes Lachen in den dunklen Stimmen, und die Blonde trug eine Steinschale zu uns heran an den Tisch. Wir schauten alle hinein und verstummten. Die Milch war schwarz. Obwohl alle erstaunt waren, wagte doch keiner, seine Entdeckung auszusprechen, und jeder dachte: Nun gut, es ist Nacht. Noch nie habe ich nachts eine Ziege gemolken. Von Einbruch der Dämmerung an dunkelt also ihre Milch, und jetzt, zwei Stunden nach Mitternacht, ist sie noch ganz schwarz. Nur nicht jetzt darüber nachdenken. Mit dieser Tatsache muss jeder allein fertig werden ... Und alle tranken wir von der schwarzen Milch dieser dämmernden Ziege und wurden seltsam wach bei diesem geheimnisvollen Getränke. Um drei Uhr standen Heinrich, sein Bruder Franz, Clara Westhoff und ich vor dem Eingang des Barkenhoff.« Gerade noch früh genug: Vogeler »fand eine vergessene Kerze im weißen Saal, tief in den vergoldeten Holzleuchter hineingebrannt, der im nächsten Augenblick aufgeflammt wäre«.

Später – und jetzt nicht mehr Gast Vogelers, sondern ansässig in dieser von ihm anfangs »weit unterschätzten Landschaft« – geht Rilke daran, einen »lieben«, aber auch aus finanziellen Sorgen gefassten Plan zu verwirklichen: »Ich gedenke in sechs vollkommen unabhängigen Essays die sechs Persönlichkeiten, die in diesem ebenen Lande starke Wurzeln haben, zu behandeln ...« »Die sechs«, das sind Mackensen, Overbeck, am Ende, Modersohn, Vogeler und – Paula? Nein. Der sechste ist Vinnen, aber der winkt ab; er bittet Rilke geradezu, »von einer Betrachtung seiner Kunst abzusehen, was umso eher möglich war, als die ›Worpsweder‹ als geschlossene Gruppe nicht mehr bestehen und als Carl Vinnen nicht in Worpswede selbst, sondern vier Stunden davon ... in einer wesentlich anderen Landschaft lebt und arbeitet«. So wird es also eine Monographie der fünf.

Aber auch die menschlichen Beziehungen haben einen Riss bekommen: das Verhältnis der Frau Modersohn zu Rilke ist nicht mehr dasselbe wie das der Frl. Becker zum Autor des »Worpsweder Tagebuchs« (»Und wenn ihn Trauer überkam, so machte er ein Mädchen zahm«). In Paula, so berichtet Vogeler in seinen »Erinnerungen«, erwacht angesichts der Verbindung von Rilke und Clara Westhoff »ein mächtiger Widerwille gegen den Dichter. Das waren keine Gefühle, die man etwa mit Eifersucht bezeichnen könnte. Die Veränderungen in dem lebensfrohen, freien, offenen Charakter der Freundin, ihr neues Leben, das von Rilke zur ewigen Weihestunde gemacht wurde und die natürlichen, einfachen Gefühle dieser stark veranlagten Frau verschütteten, waren für Paula ein bitteres Erlebnis«. Rilke lässt ihr einen Tadel zukommen: »Ist Ihre Liebe und Freundschaft so misstrauisch, dass sie immerfort sehen und greifen will, was sie besitzt? Sie müssen fortwährend Enttäuschungen erfahren, wenn Sie erwarten, das alte Verhältnis zu finden, aber warum freuen Sie sich nicht auf das Neue ...?«

Kann sie sich nicht auf das Neue freuen, so schafft sie doch Neues: »Abseits vom Lärm der Straße«, lobt Rilke 1917, »hat diese Künstlerin, nein dieser große Künstler im steilsten Aufstieg den Weg durchgesetzt, den doch irgendwie alle ehrlichen und entschlossenen Maler meinen –, den Weg, der dazu führt, vom streng und leidenschaftlich außen Geschauten bis zu der Vision vorzudringen, die den unbeschreiblich angeeigneten Gegenstand in der Welt der inneren Beziehungen erlebter und menschlicher wiederscheinen lässt.« Niemand unter den deutschen Künstlern habe gerade diese Wendung zeitiger, unbeirrter und in einem größeren Opfer vollzogen als diese in der Überzeugung ihrer Freunde seit zehn Jahren berühmte Frau.

Jetzt, im Sommer 1900, setzen »ihre Freunde« auf eine andere Malerin: ein gewisses Fräulein Reylander. »Alle versichern«, notiert Tagebuchschreiber Rillke, sie sei »die talentvollste von allen jungen Damen hier«.

Rilke ist übrigens nicht das erste Mal auf dem Barkenhoff: Er hat bereits ein Weihnachtsfest mit Vogeler in dessen elterlichem Haus in Bremen und in Worpswede verbracht. Vorausgegangen ist ein Briefwechsel, der nach jener Florenzer Begegnung begonnen wird. In den feierlichen Wochen, die man jetzt erlebt, gibt Rilke Gesellschaften im Musiksaal, liest seine Erzeugnisse. Er hat indes nicht nur verzauberte, sondern auch einen distanzierten Zuhörer: den Kollegen Carl Hauptmann, Gast Otto Modersohns. Rilke pikiert: »Wie anders hat Nikolai Tolstoi diese Verse verstanden. Wieviel mehr als Dichter ...« Gemeint sind die Verse des »Spielmanns«. Hauptmann schlägt dem jungen Poeten im Russen-Look vor, eine Zeile daraus zu streichen.

Bei einem Gang durch die Heide erzählt Vogeler ihm von seiner bevorstehenden Heirat mit Martha Schröder. Rilke erfüllt in diesem Augenblick eine »Unendliche Teilnahme«. Er fühlt: »Also ist alles gut! Der Kampf ist vorüber. ›Ja‹, sagte V., der meine frohen Gedanken erriet, ›der Kampf ist vorüber. Sie ist ein Mädchen von hier, ein Mädchen aus dem Volk, ein starkes, einfaches, liebes Mädchen. Man muss sie erst von den Verhältnissen hier loslösen, sie hat in Dresden gelebt, allein, und jetzt ist sie bei meinen Brüdern. Wir haben alles zusammen gehabt – längst, immer schon. Sie ist es, mit der ich alles erlebt habe ...‹ Was konnte ich sagen: ›Ich weiß‹, lächelte ich, dankbar seinem Vertrauen, ›ich habe viel mitgewusst und war manchmal bang darum; es hätte ja alles an äußeren Zufällen und konventionellen Widerständen zugrunde gehen können. Besonders als Sie damals zu mir nach Berlin kamen, fürchtete ich ...‹ – ›Ja, damals war auch die gefährlichste Zeit. Aber nun ist alles gut.‹ ... Wieder war Landschaft. Dann sagte V.: ›Natürlich ist sie auf allen Studien ...‹«

In der nächsten Tagebuch-Eintragung findet sich das Gedicht »Die Braut«:

Ich habe sie in diesem Haus empfunden,
die blonde Braut, die lange einsam litt ...

Doch Vogeler erzählt nicht nur von Martha. Rilke: »Im Gegenteil, er pries ... oft andere Frauen und feierte sie sehr schön ... Er ist überhaupt ein Meister darin, Menschen kurz, durch Farben, Worte oder im Dialoge, zu charakterisieren. Von überall erzählt er: von Brügge und Neapel, von Paris und München, Düsseldorf und Amsterdam. Alles kennt er. Vieles liebt er in der Welt mit einem sehr reichen und nuancierten Gefühl. Er wusste zu sprechen von flüchtigen Begegnungen und langen Freundschaften, von eigentümlichen Menschen ... von sehr schönen Frauen und mutigen Mädchen. Von Landschaften, die im Abend stehen, von fremden Tagen auf unbekannten Inseln, zu denen er mit schönen Frauen auf rosenüberladenen Kähnen fuhr ... Von tanzenden Bauern im Moor und von sonderbaren unter ihnen, die voll Aberglauben und Ahnung sind ... Von seinen vielen Schönheiten, von denen ich nur einen kleinen Teil werde gesehen haben, von seinen Sonnenaufgängen und Herbstabenden, von dem Sonnenglanz auf dem Schnee und dem Dunkel über dem tiefen Land im November. Von dem Leben auf dem Berg. Von der Kirche und ihren Feiertagen, von dem Tod im Moor. Von alten Eichen und jungen Birkenbäumen. Von dem ewigen Winde. Vom Frühling mit den Wiesen, in die viele Tulpen steigen, gelbe und rote. Vom Hause, welches die Rosen immer fester umfassen, von der Blüte der Bäume, von einer großen Föhre und einem gelben Pirol, der daran vorüberflog. Von den Kanälen und wie in ihnen die Boote kommen. Wie die Segel mit dunklen Schultern in ihnen stehen ... Von Frauen, die im Pfluge gehen, hart und mager in ihren schwarzen Kleidern und den großen weißen Sonnenhüten. Von betrunkenen Gendarmen, welche singen, während alle in der Stube bleich und bange sind und viele Frauen weinen; denn draußen zürnt ein Gewitter, und die Gewitter sind furchtbar über dem großen Moor und töten viele in ihren Häusern. Deshalb schweigen die Männer und rauchen die niedere Diele voll und dunkel, und die Frauen beugen sich zu den Kindern, und viele Mädchen stehen an den Wänden und schluchzen. Und mittendrin tanzt der Gendarm mit dem kleinen Säbel und ruft in den Pausen der Donner atemlos: ›... geht nichts über einen hölzernen Kachelofen ...‹ Und viele Szenen noch und viele Gestalten.«

»Dann kam der Sonntag. Wir fanden uns alle nachmittags gegen fünf zusammen. Draußen war noch Abend und Farbe, aber im weißen Saal war schon leichte Dämmerung, so dass ich Pianokerzen anzündete. Fräulein B. spielte viele Lieder, es kamen sehr viele Stimmen über uns, und nie war alles so gut für mein Lesen vorbereitet gewesen. Ich begann mit zwei Thoma-Gedichten, las die ›Certosa‹ und das Gedicht ›Musik‹. Eine schöne Teilnahme war vor mir offen, so dass ich beschloss, aus dem ›Buch vom lieben Gott‹ einiges zu lesen. ›Das Getto von Venedig‹ und ›Von einem, der die Steine belauschte‹.« Das letzte klingt ihm »groß« in seiner »erhobenen Stimme«. Rilke über diesen Sonntag auf Vogelers Barkenhoff – eine Szene dieser Art wird von Vogeler gemalt –: »Es war die größte Wirkung, die ich je auf eine Gruppe von Menschen ausgeübt habe.«

Einmal bringt Vogeler sein altes Skizzenbuch, das Rilke »als eine seiner besten Vertraulichkeiten dankbar empfing. Es enthält verschiedene Kompositionen aus der Düsseldorfer Zeit: Zentauren und Faune, ein Napoleon-Profil, Landschaft aus Holland, und dann mit einem Male reicht ein fein gezeichneter Rosenzweig über ein Blatt, in dessen linker Ecke unten ohne Betonung ›Worpswede‹ steht. Hier beginnt Vogeler. Das Leise und Märchenhafte und Schlichte, das mühelose Wiedererleben jeder Liebesstimmung im Märchenhaften, Schwäne auf sehr dunklen Teichen ... Aus der Stimmung von Wind und Wolken, aus den Wäldern und Wasserläufen kommt der Ruf nach Märchenhaftigkeit, und es kommen die ältesten Könige und die jugendlichsten Mädchen ... Helle Wiesen gehen auf, Frühlinge spielen mit leicht bewegten Gestalten ....«

»Berliner Börsenzeitung« vom 15. Mai 1927: »Heinrich Vogeler, Erzromantiker a. D., ist unter die Bolschewiken gegangen und malt aus lauter kleinen, im Einzelnen durchaus sanften, oft gartenlaubenhaften Details zusammengesetzte Plakatbilderbogen, die verrannt die Greuel des Ancien régime und die Wonnen des Sowjetparadieses darstellen und von weitem sehr geschickt, fast wie dekorative Kunstwerke, aussehen. Es ist traurig, einen ehemaligen, wenn auch dünnblütigen Lyriker solche marktschreierischen Agitationen machen zu sehen. Habeat sibi. Mich lockt seine Gralsburg mit dem Davidsstern durchaus nicht. Es ist doch nur gemalte Phraseologie.«

Das Entzücken der bürgerlichen Kreise wird in der Tat immer nur den »spielenden Frühlingen« gelten – der »Kunst, in einer

Blume, in einem Baumzweig, einer Birke oder einem Mädchen, das sich sehnt, den ganzen Frühling zu geben, alle Fülle und den Überfluss der Tage und Nächte«. Rilke: »Diese Kunst hat keiner so wie Heinrich Vogeler gekonnt.« Er, der Dichter, schreibt Verse zu Vogelers Arbeiten, aber auch zum Haus-Gebrauch des Märchenerzählers, nämlich den Segen für den Türbalken des Barkenhoffs:

> Licht sei sein Los.
> Ist der Herr nur das Herz
> und die Hand des Bau's,
> mit den Linden im Land,
> wird auch sein Haus
> schattig und groß.

Gedichte schreibt aber auch Vogeler. Unter dem Titel »Dir« erscheinen sie 1899 im Insel Verlag Leipzig. Die Themen: Frühling, Tod und Silbernächte – und natürlich »sie«:

> Herzallerliebste denke mein
> Wenn im Garten blühen die Blümelein,
> Wenn morgens der goldene Sonnenschein – usw.

Oder:
> Blaue Hyazinthenblüten
> zittern leis im warmen Frühlingsduft.
> Wetterschwere, fahle Wolken
> schwimmen träg in weißlich blauer Luft.
> Müde spielt die Frühlingssonne
> in dem grünenden Geäst.
> Nur die Amsel trägt geschäftig
> Reiser ins verborgene Nest.
> Langsam schleichen mir die Stunden,
> leer stirbt mir der Tag dahin;
> Ruhe glaubte ich gefunden,
> da ich fern von Dir jetzt bin.

Noch trauriger:
> Stumm in dem schwarzen gleitenden Boot
> Steht mir Frieden verheißend der Tod
> Bang vor dem Leben
> Das mir gegeben

Schrei ich dir zu:
Gib mir die Ruh!
Ende die Not
Nimm mich, Tod!

Doch das Leben, das er »gerne ließ«, tauscht er dann doch mit »trautem Paradies«, wie der junge Frühlingsfan am Schluss seines poetischen Ablegers bekennt. Das Werkchen ist übrigens recht erfolgreich: noch 1922 bringt der Verlag eine Neuauflage – 7. und 8. Tausend – heraus: zu einem Datum also, da Vogeler die Birken längst nicht mehr zur Kunst, sondern eher als Brennholz für die Barkenhoff-Kommune benutzt.

Noch aber ist Frühlings-, ist Rilkezeit. Man fährt nach Hamburg zu einer Hauptmann-Uraufführung (»Breite«), mischt sich unters Volk, als dieses Erntefest feiert, was allerdings Rilke statt heiter nur mürrisch-melancholisch stimmt: »Gott, wie traurig ist das alles,« Und über Vogeler an diesem Abend: »... seine Gestalt leicht und ruhig. Die Augen dunkel, glanzlos. Der hochgeknöpfte Hals mit der feinen Kamee, die hohe Sammetweste ... ein Bild. Ein unendlich fernes Ahnherrenbild, aber diesmal ohne Rahmen auf einer Trödelkammer. Trödel ist alles herum.« Seine Bindung an Worpswede indes wächst, und er beschließt, sich in dieser Landschaft einzurichten. Er will Sturm und Herbst haben, will sich mit »Winter bedecken« und »einschneien um eines kommenden Frühlings willen«. Doch dann verzichtet er doch aufs »Einschneien« und zieht sich in seine Schmargendorfer Wohnung in Berlin zurück. Hier besucht ihn Vogeler. Dazu Rilke an Clara Westhoff: »... er war bei mir in meinem abendlichen Arbeitszimmer und weiß, wie alles um mich ist, weiß auch, dass ich sehr viel arbeiten muss und lange noch nicht anfange, mit mir zufrieden zu sein.«

Im Frühjahr jedoch ist er zurück. Mit seiner Frau Clara lässt er sich im nahen Westerwede nieder. Vogeler ist jetzt nicht nur sein »nächster Freund«, sondern auch sozusagen Nachbar, kümmert sich um die Einrichtung des Bauernhauses. »Also erstmal muss ich Euch über die Wohnung erzählen«, schreibt er den »lieben Rilkes« nach Prag. »Oben das kleine Zimmer ist noch nicht tapeziert, weil es noch ... trocknen muss, ich habe es daher vorläufig streichen lassen, es wäre wohl gut, wenn im Herbst diese Tapete erst in das Zimmer kommt.« Für das große Schlafzimmer hofft er am Montag einen Tapezierer zu haben, »es ist jetzt vor Pfingsten sehr schwierig, und ich dachte schon an einen Bremer Arbeiter, aber da streikt momentan alles«. Den Schreibtisch hat er noch nicht gebaut. Dieses Hauptmöbelstück sei sehr einfach und lasse sich schnell erstellen, aber Vogeler möchte Rilke gern vorher an dem Platz sehen. Es ist sehr eng, und »ob Ihnen alles dieses bequem ist für längere Sitzungen ist die Frage«.

Vogeler schlägt daher vor, mit dem Bau des Schreibtisches bis nach der Rückkehr zu warten. Er berichtet, dass er jetzt ein Pferd besitze und viel Arbeit damit habe, da er »momentan keinen Knecht bekommen kann«. Seine »kleine Frau« fahre gern, »leider geht es ihr seit einiger Zeit immer schlecht. Sie ist eigentlich sehr schwach und hat wohl Bleichsucht«. Vogeler möchte mit ihr in ein einsames Seebad fahren. »Ich freue mich, wenn Sie erst wieder da sind und mir etwas von Ihren Erfahrungen abgeben können. Man bekommt sehr bald eine niedergedrückte, arbeitslose Zeit.« Trotzdem findet er, dass er es noch gut hat »gegen alle Ihre Leiden«. Auch Modersohns hätten so viele schwere Tage: Krankheit des Vaters von Paula, Unfall der Mutter von Otto: »Hätte ich Ihnen nur«, bedauert Vogeler, »gestern meinen Brief geschrieben, wo es meiner Frau wieder so gut ging« und sie so lustig gewesen sei. Heute mag er ihnen nichts mehr sagen, »das wäre doch nur öde zu hören«.

Dichter und Maler werden nicht lange Nachbarn bleiben, wohl aber Freunde - wenigstens vorerst noch. Als Rilke sich aus dieser Landschaft zurückzieht, liegt sie für ihn »unverbraucht da wie am ersten Tag«. Es sei so vieles nicht gemalt worden, »vielleicht alles«. Er sagt es trotz Mackensen, Hans am Ende, Overbeck, Modersohn und trotz Heinrich Vogeler, dessen Gast er übrigens noch einmal wird. Das letzte Wiedersehen erfolgt zu Beginn des Krieges. Vogeler, der sich freiwillig gemeldet hat, gewahrt in der Gegend von Partenkirchen »vor einem Hotel einen Schlitten, in dem eine in Pelz gehüllte rothaarige Frau saß. Am Schlitten stand Rainer Maria Rilke«. Freudig geht Vogeler auf ihn zu, um ihm die Hand zu reichen. »Er aber wandte sich kalt ab und stieg ein. Der Schlitten sauste ab.«

»Offenbar«, so meint Vogeler, »wirkte ich in meinem Feldgrau wie ein Gespenst auf ihn, hatte er doch mit dazu beigetragen, dass mein Leben und meine Arbeit in engen Schranken blieb, in denen auch er mit der Romantik seiner eigenen Träume sich bewegte. Jetzt mag er gefühlt haben, dass ich diese Schranken gesprengt hatte.« Vogelers Kommentar: »Bittere Enttäuschung für ihn.« Möglicherweise habe Rilke in ihm auch einen Kriegspatrioten gesehen. Vogeler, den »vielleicht letzte Romantik, vielleicht Todessehnsucht« in den Krieg geführt hat, ist »nicht einmal mehr enttäuscht«, als er den Schlitten entschwinden sieht. »Aber in dem Blick, der an einem vorbeisieht«, hat er plötzlich etwas entdeckt, »der den Charakter des Menschen von einer neuen Seite zeigt,«

»Hochgeehrter Herr Bürgermeister«, schreibt am 24. Juni 1904 der junge, wenngleich schon arrivierte Maler an den Präsidenten des Senats der Freien Hansestadt Bremen, »mit der eventuellen Ausführung der Innendekoration für die Güldenkammer betrete ich ein Gebiet, auf dem für mein Gefühl größere kulturelle Aufgaben liegen als auf irgendeinem anderen Gebiete der Kunst in unserer Zeit. Mein bestes Können und mein größtes Hoffen setze ich auf diese Arbeit.«

Kein Wunder, denn es ist nicht nur das Künstlerische, das ihn hier reizt: der Auftrag, einen Raum in einem der schönsten Rathäuser der Welt zu gestalten, bedeutet für den erst 31-Jährigen auch einen enormen Prestigegewinn. Vogeler fährt fort: »Bevor nun in kommender Woche die Rolandstiftung zu endgültiger Beschlussfassung zusammentritt, möchte ich Ihnen, der Sie mein künstlerisches Wollen in dieser Sache so stark unterstützt haben, noch einmal kurz meine Bedenken gegen eingreifende Änderungen ausdrücken. Es handelt sich um Änderungen für die Tapete. Die Farbe ist weniger von Bedeutung und leicht zu ändern. Doch ich fürchte, es haben sich Stimmen erhoben gegen das Muster, und das muss mit allen Mitteln verteidigt werden. Hier ist der gefahrvollste Punkt für fremden Einspruch. Hier werden die Motive von den Kapitällen, Intarsien, Kamin, Beleuchtungskörper, den Broncen und von den Spiegeln zu einem reichen phantastischen Hintergrund zusammengefasst, und jede Änderung wird dem Ganzen ungemein schaden. Es ist schwer für einen Künstler, den Mut und das Vertrauen zu einer großen Arbeit zu bewahren, wenn Stück für Stück von fremder Hand verändert werden soll und man das eigenste und originellste für viele Geschmäcker mundgerecht machen will. Ich bitte nochmals auch in dieser Beziehung um Ihr schwerwiegendes Wort. Mit verbindlicher Empfehlung und dem Ausdrucke größter Hochschätzung Ihr dankbar ergebenster Heinrich Vogeler.«

»Fremder Einspruch«, von dem in Vogelers Schreiben an Bürgermeister Dr. Pauli die Rede ist (nicht identisch mit dem Pauli, der später die Monographie über Paula Becker-Modersohn verfasst), kommt auch von einem Kollegen namens Arthur Fitger.

Verrisse sind diesem Fabrikanten großflächiger Gemälde, der sich außerdem zum Dichter berufen fühlt (»O begeisterungsseliges Grausen, das des Knaben Busen hob, wenn des Frühlings Siegesbrausen jauchzend durch die Wälder schnob«), ein inneres Bedürfnis: er war es, der die erste Ausstellung der Becker in der Bremer Kunsthalle »in Grund und Boden donnerte« (Paula). Der Kunsthistoriker Pauli berichtet in seinen Erinnerungen, dass Fitger, »der bekannteste Künstler Bremens«, über jede neue Ausstellung der modernen Richtung herzog und seine Genossen mit »hämischer Kritik« bedachte.

Der Bürgermeister allerdings scheint dessen Ansichten zu schätzen, denn er gibt ihm Vogelers Hilferuf zu lesen, den jener »mit großem Interesse« zur Kenntnis nimmt. Kurz zuvor hat er Pauli wissen lassen, ihm scheine die Tapetenfrage der Güldenkammer nicht so brennend zu sein, dass sie nicht ohne Schaden einen Aufschub von acht Tagen erleiden könnte, »zumal wenn man bedenkt, über wie viele, viele Jahre sich die kaum wesentlich wichtigere Herstellung des Ratsgestühls erstreckt hat«.

Dann freilich lässt er die Katze aus dem Sack: »Herrlicher als die prachtvollste Goldtapete« wäre dem »Troßknecht im Heer des Feldmarschalls Rubens« (Fitger über Fitger) die Dekoration der Kammer mit alten, »teils künstlerisch, teils historisch« wertvollen Gemälden, »welche diesem Juwel eines Raumes die nötige Weihe zu verleihen geeignet wären. Wie prachtvoll würden ein paar Rembrandts, ein paar van Dyks das Gemach schmücken ... Und wenn nun von Meisterwerken dieses Ranges auch schwerlich wird die Rede sein können, sollte sich im Privatbesitz, in Kirchen, in der Kunsthalle oder im Gewerbemuseum irgend ein Schatz ausgraben lassen«. In seiner Stellungnahme zum Vogeler-Brief bejaht Fitger »gleich Ihnen, verehrtester Herr Bürgermeister«, die Notwendigkeit, »vor einer definitiven Beschlussfassung ... den eventuell mit der Ausführung zu betrauenden Künstler seine Sache vertreten zu hören«. Andererseits aber werde sich der Künstler einer »eingehenden Kritik« nicht entziehen wollen. »Wohin wäre man«, lamentiert der um die »nötige Weihe« des Raumes besorgte Schatzgräber, »mit der großen Rathaushalle gekommen, wenn man Herrn Poppe mit dem Leitspruch ›Es ist mein eigenstes und unteilbares Werk‹ hätte schalten und walten lassen?« Wenn ein Meister von der Bedeutung Poppes sich erhebliche Einsprüche mit großer Loyalität habe gefallen lassen, so werde auch ein Künstler wie Vogeler, der – möge man seine Talente schätzen wie man wolle – »auf eine eigentliche maßgebende Leistung doch noch nicht hinzuweisen hat«, sich gegebenenfalls Modifikationen und Änderungsvorschlägen nicht verschließen dürfen. Er für seinen Teil würde umso mehr eine »freundliche« Erledigung dieser Angelegenheit begrüßen, »als ich höre, dass dissentierende Meinungen in der Öffentlichkeit und bei einzelnen einflussreichen Personen sich bereits geltend machen wollen. Es wäre gewiss höchst unerquicklich, nach kaum beendigtem Streit über die Rathaushalle nunmehr einen Streit um die Güldenkammer ausbrechen zu sehen«. Er wenigstens, »das darf ich hier wiederholen«, würde sich für eine Wahl der Vogelerschen Tapete nicht aussprechen können. Dass eine für die Ausstattung der Güldenkammer in Frage kommende »berühmte Anstalt« die Bereitschaft angedeutet habe, nach Angaben von ihm (Fitger) Vorlagen anzufertigen, bedeute nicht, dass er sich in diese Angelegenheit »einzudrängen« versucht hätte ...

Vogeler, der Künstler ohne eine »eigentlich maßgebende Leistung«, erhält dennoch den Auftrag, was indes nicht nur Freude und Ehre, sondern auch Schwierigkeiten bringt. So reichten die ursprünglich von ihm angesetzten Kosten von 37.850 Mark nicht (sein eigener Anteil – »Entwürfe für die Güldenkammer, Detailzeichnungen Tapete, Broncen, Zeichnungen für Messinggitter und Kamin und übersieht über die Ausführung«: 6.000 Mark), und auch zeitlich klappt es nicht so ganz, »was leider«, wie Pauli in einem Schreiben an die Senatoren Gruner und Marcus bemerkt, »die Unmöglichkeit mit sich bringt, bei den nach Pfingsten bevorstehenden Besuchen der Senate der Schwesternstädte die fertiggestellte Güldenkammer präsentieren zu können«. Zwar werde man Vogeler die erbetene Fristverlegung zugestehen müssen, aber bevor er noch unbekannte Dekorationsteile ausführe oder in Bestellung gebe, müsse er die Entwürfe dem Bauherrn »ordnungsgemäß« zur Genehmigung vorlegen, »Wie auch verabredet sei«. Der Vogeler freundschaftlich verbundene Marcus – er überlässt ihm zur Erweiterung des Barkenhoff-Geländes einen Teil seines Worpsweder Besitzes – stimmt dem zu: »Wir müssen die Entwürfe ... sehen. Die Beleuchtungskörper zum Beispiel, ein außerordentlich wichtiges Dekorationsstück, kennen wir so gut wie gar nicht.« Jedenfalls widmet Vogeler diesem »äußerst ehrenvollen« Auftrag seine »ganze Kraft«. Er bittet die verantwortlichen Herren, die Solidität der Ausführung und die »durchgearbeitetste« Intimität der Details als Wichtigstes anzumerken.

Als ein Ereignis, das auch außerhalb Bremens »lebhaftestes Interesse« finden werde, bezeichnet das Gewerbemuseum Bremen in einem Brief an Senator Marcus die Vollendung der Güldenkammertäfelung. Das Museum beabsichtige daher, eines seiner nächsten Zeitschrifthefte dieser Arbeit zu widmen; »ebenso will Herr Dir. Dr. Pauli für die Münchener ›Dekorative Kunst‹ eine Anzahl Abbildungen des Raumes und seiner Einzelheiten bringen«. Zu diesem Zweck ersucht das Museum im Einverständnis mit Vogeler und Dr. Pauli um die Erlaubnis, »eine Anzahl photographischer Aufnahmen ausführen zu lassen«.

Dass sich Vogelers Begabung nicht auf einen Bereich konzentriert, sondern äußerst vielseitig ist, hat bereits Rilke festgestellt: »Allem, was Kunstgewerbe heißt, ist dieser Künstler eine große Hoffnung.« Und er hat auch beinah alles gemacht: neben Buchillustrationen (»Der Kaiser und die Hexe« von Hofmannsthal, »Erzählungen und Märchen« von Oscar Wilde) Arbeiten aus Porzellan, Glas, Silber (Rilke: »Vielleicht war es der Mondschein über seinem Garten, der ihn zuerst auf das Silber hingewiesen hat«) und anderem Metall, Entwürfe für Stickereien und Webereien, Stoffmuster und Vorsatzpapiere, Fayencen, Schmuck und Möbel ... Aber auch Architektur, innere und äußere.

So ist Vogeler auf der Kunstgewerbe-Ausstellung in Dresden im Jahre 1906 mit »Ausbildung und Ausschmückung des Zimmers einer jungen Frau« vertreten. Dr. Schaefer vom Gewerbemuseum Bremen schreibt dazu: »Eingebaut in den Raum der Diele findet sich ein kleines wohnliches Zimmer, in dem Heinrich Vogeler in seiner persönlichen Weise eine Probe von der Raumkunst gibt, wie er sie für die Bedürfnisse des modernen Wohnhauses in den letzten Jahren in Bremen mehrmals angewandt hat. Im Gegensatz zu der architektonischen Schwere der Halle die zarte Zierlichkeit und die süße Farbenstimmung eines Damenzimmers mit leichten Anklängen an die sachliche Bequemlichkeit des Stils von 1820.«

Auch der Worpsweder Bahnhof ist ein Werk Vogelers. Der »Oberwucherung der Architektur mit falsch verstandener Gotik und aufgenagelten Renaissance-Ornamenten« setzt er unentgeltlich angefertigte Entwürfe für Neu- und Umbauten entgegen. Es ist der Versuch, »all die vielen Fesseln abzustreifen, mit denen der Künstler an die Klasse gebunden ist, der er entstammt, die sein materielles Dasein stützt, aber für die er keine heimatlichen Gefühle mehr aufbringen kann«. Die Behörden begrüßen diese »kostenlose gesellschaftliche Arbeit ... , so dass sie bald alles, was gebaut wurde, zur Kontrolle mir zuschickten, und die Kreisbaupolizei schließlich keine Pläne mehr genehmigte, die nicht von mir unterzeichnet waren«.

Als Mitglied der Deutschen Gartenstadt-Gesellschaft unternimmt er eine Studienreise nach Groß Britannien. Er sieht die Elendsviertel in Glasgow, aber auch eine mustergültige Arbeitersiedlung bei Liverpool, »eine Reklamestadt erster Güte«, Zusammen mit einem Architekten macht er sich diese Erfahrungen zunutze und baut »auf dem Papier ein Dorf für die Arbeiter einer Möbelfabrik mit allen modernen sozialen Einrichtungen ... Da waren Häuser für Ledige, für Familien ... Kinderheime, Schule, Badeanstalt, Spielplätze mit Planschbecken und eine gute helle Fabrik«.

Diese Tätigkeit macht ihn »stark, froh und hoffnungsvoll«. Er geht mit den Entwürfen zu seinen sogenannten Freunden, »denn ich war sicher, dass diese Gönner leicht zu überzeugen waren, dass hier etwas Neues ... geschaffen werden könne«. Aber seine »Freunde« haben nur ein »mitleidiges Lächeln« für den »weltfernen Träumer und seine Arbeit« übrig: »Die schönen Sachen werden wir uns erst ansehen, wenn Ihr Unternehmen funktioniert und Profit abwirft.« Vogeler packt seine »bis ins einzelne durchgearbeiteten« Entwürfe zusammen und geht. Man ruft ihm noch nach: »Malen Sie lieber schöne Bilder« – eine Empfehlung, die später, als er seiner Gesellschaft den Rücken gekehrt hat, bei Ludwig Roselius geradezu die Form einer Beschwörung annimmt: »Bleiben Sie, lieber Freund, doch beim Malen, toben Sie Ihre Gefühle in Farben aus, in Linien, in Rhythmus. Schenken Sie der Welt Ihre unvergänglichen Meisterwerke, dann tragen Sie so viel zu dem Glück der Menschheit bei, wie die Menschheit es vertragen kann. Die Ausführung sozialistischer Ideen aber überlassen Sie den Menschen, die praktische Arbeit im Leben gelernt haben.«

Vogeler: »Ich bin traurig, dass meine Worte so an Ihnen vorbeigehen.«

Noch allerdings ist er der Publikumsliebling, dessen Radierungen in zahlreichen Wohnzimmern hängen, der Villenbesitzer, der sich mit eigenem Pferd und Wagen zu seinen Auftraggebern fahren lässt – von einem Kutscher in dunkelgrüner Livree mit silbernen Knöpfen. Stolz grüßt er als »Architekt der Güldenkammer« die Modersohns, liefert auch eine witzige Zeichnung dazu: er, Vogeler, grübelnd über einen Entwurf für diese große Auftragsarbeit, ausgerüstet mit den für die Planung erforderlichen Utensilien. Das Verhältnis mit Modersohn ist überhaupt ein recht gutes. »Du hast ja wieder was verkauft, famos! Nur immer dranbleiben«, schreibt der Benjamin der Gruppe 1895 an den zur Zeit abwesenden Verehrer der »geheimnisvollen Farbenandacht des Nordens« (Modersohn).

Er fragt, ob er nicht mal »son Pott voll« von den langen, grausilbernen Flechten – »Teufelsbart oder so was« – aus seiner Gegend mitbringen könne. Vogeler will sie in Worpswede einführen, ebenso »diesen großen, giftigen Fingerhut«, von dem Modersohn Samen beschaffen soll. Kummer bereiten dem 22-jährigen Hausbesitzer im Augenblick die Baupolizisten: sie machen viel Umstände bei seinem Umbau. Es wird aber, so glaubt er, »eine sehr gemütliche Bude«. Wenn jeder für sich wohne, sei es überhaupt viel gemütlicher. Im Dorf munkele man, dass die Münchener (Maler) zum letzten Mal da seien.

Von einem Ausflug über Land und Wasser nach Schleswig Holstein berichtet Vogeler dem Westfalen: Oberhoheit auf kurze Zeit durch Verlust der Peitsche verloren. Die unter seiner »Oberhoheit« stehen, sind Clara Westhoff und Maria Bock. Letztere ist eine Art grüne Witwe; als Frau eines nahezu ständig in der Ferne weilenden Schiffsingenieurs lebt und malt sie in Worpswede. Ihre Sympathien für Vogeler müssen beträchtlich sein, denn in seinem bereits zitierten Brief an Paula Becker bemerkt er, »die kleine Frau Bock« werde Martha hassen. Das sei weiblich, »und doch tut es mir weh«. Für Clara ist die – von heute auf morgen beschlossene – Tour zunächst gar nicht so lustig: als die kleine Gesellschaft bei »hohem Seegang« in einem Kahn auf der Elbe schaukelt, wird sie bewusstlos. Später landet sie mit dem Fahrrad in einem Chausseegraben »mit Wasser«. Abends im Gasthof bringt man die Leute durch eine Flasche Rüdesheimer außer »Rand und Band«.

Büsum zeichne sich durch Dreck und Stumpfsinn aus. »Der Stumpfsinn ist das Milieu, in dem man lebt.« Mit ihrer Abreise sei die Intelligenz hier verschwunden. Dann: Wo ist das Meer? »Stundenweise Sandflächen, kein Tropfen Wasser, sengende Hitze ... Schreien der Kinder nach Buttermilch, des Familienvaters Wutausbruch – Sand, Hitze, Dreck.« Und da ist noch ein Prof. Dr. A. Saalfeld aus Berlin, »Förderer des Deutschtums, Träger der Kultur und der richtigen deutschen Sprache«, Vogeler malt den germanischen Rauschebart an den Rand des Briefes. Der Professor schüttet Bier »in seinen runden Bauch« und hält dem Völkchen aus dem Teufelsmoor einen Vortrag über die Pflichten jedes Deutschen und über die Wichtigkeit des Zeitungslesens. Am anderen Morgen steigt man in aller Frühe vom Bett ins Meer, was ihnen fortan zur lieben Gewohnheit wird. »Im Allgemeinen«, so vermutet Vogeler am Schluss seines quirligen Berichts, »wirst Du empfunden haben, dass unser Geist an einigen Stellen Defekt bekommen hat«. Dafür habe man jedoch an

Körperfülle – wiederum illustriert durch einen streichholzdünnen und einen gemästeten Vogeler – »ganz entschieden« zugenommen. Wenn er vielleicht ihren bisherigen Umfang um das Dreifache addiere, so habe er eine »schwache Vorstellung« von dieser »gesunden Familie«.

»Außerordentlich traurig« ist Vogeler dagegen, als er wegen seines Geschworenenamtes acht Tage in Verden klebt und ihm dadurch eine Begegnung mit dem Bildhauer und späteren Worpsweder Bernhard Hoetger entgeht. »Ich hätte«, schreibt er an Modersohn, »Hoetger so gern gesehen, so gern gesprochen«. An dessen neuen Arbeiten hatte er so viel Freude, »wie es einem selten vergönnt ist«. Mit seiner Frau steht es gesundheitlich »immer noch nicht gut, doch hoffen wir durch die Behandlung das Beste, sie ist jeden Morgen von 10 bis 2 im Krankenhaus«.

Ein andermal möchte er von Modersohn wissen, welche Bezeichnung das Leinen hat, auf dem er male – »das glatte« –, und wo er es beziehen kann. Vogeler will »mit allen Mitteln« versuchen, sich etwas von seiner »schweren Technik frei zu malen«.

Einen ausführlichen Gruß von der Hochzeitsreise – sie führt nach Amsterdam, Paris und Brügge – erhält der Freund ebenfalls. In »dem wunderbar malerischen kleinen Nest« St. Anna ter Muilen besucht das Ehepaar Otto Sohn, bei dem Vogeler während seiner Düsseldorfer Akademiezeit schon einmal gewesen ist. Als Sohn später nach Worpswede kommt, mieten die beiden jungen Maler gemeinsam eine »halbverfallene Villa an der Landstraße«, Vogeler nennt das Haus »unser Aquarium«. Es ist nämlich »SO feucht ..., dass in einigen Zimmern die Fußböden, vom Hausschwamm zerfressen, durchbrachen«. Aber das stört sie wenig. Gereizt hat sie »vor allem der romantische Garten, der sich bis ins Moor hinunterzog«.

Jetzt, in St. Anna ter Muilen, sieht man sich also wieder: »In einem ganz kleinen Häuschen mit niederem Ziegeldach und grünen Fensterläden lebt der Mensch wie ein alter Sonderling, umgeben von den wertvollsten alten Sachen.« »Vielleicht«, so meint Vogeler, »sieht es etwas zu sehr nach einem Althändler aus, aber wenn die Sonne durch eines der kleinen Fenster kommt und über die Truhen, Schränke, Spitzen und Brokatstoffe scheint, dann ist es doch eine ganz märchenhafte Stimmung in dem Häuschen.«

Der Aufenthalt in den Museen ist für den Hochzeitsreisenden von einem »ganz eigentümlichen« Gefühl begleitet, das daher rührt, nun, nachdem »man so lange Reproduktionen um sich gehabt hat«, den Originalen zu begegnen in der »Leichtigkeit der Farbe«.

Überhaupt ist der Eindruck jetzt ein ganz anderer als vor neun oder zehn Jahren: »Wie hat sich alles verschoben, was für neue Werte.« Bei den Rembrandts hat »der Kopf des jungen Gelehrten auf der verbrannten Anatomie« die stärkste Wirkung auf ihn ausgeübt. Doch »das hat ja wenig Zweck, wenn man darüber schreiben wollte, bald sehen wir uns doch wohl«.

Die jungen Leute denken, dass sie in acht bis zehn Tagen wieder in Worpswede sind. Sie haben schon »große Sehnsucht«, wenngleich sie sich in dem kleinen holländischen Sluis, wo sie in einem Privatquartier »reizende Zimmer« bewohnen, wie zu Hause fühlen. Von hier aus machen sie ihre Fahrten nach Brügge. Kunstgewerblerin Martha ist dort vor allem am Spitzenmuseum interessiert.

Ein anderer Reisebericht, geschrieben am 6. Dezember 1902, erreicht die Modersohns aus Rom. Zwar ist die Unterkunft »sehr nett«, aber eine »Vergiftung oder irgend so was« hat das Ehepaar Vogeler fürchterlich heruntergebracht. »Ich bin noch nie so krank gewesen wie in den paar Stunden, wir mussten glauben, Cholera zu haben.« Jetzt sind sie wieder auf der Höhe, doch die Lust an Rom scheint vergangen. Aber »das muss wieder kommen, denn hier ist vieles zu lernen«. Allerdings behagt dem Rekonvaleszenten nicht, dass man sich durch eine Menge »minderwertiges Zeug« hindurcharbeiten muss – »alles ist zerstreut, und man kann überall eine Perle finden«. »Das kaputte Rom von früher« ist dem 29-Jährigen »doch zu anstrengend« für die Phantasie – er kann »die Brocken nicht mehr gut verarbeiten«. Sonst aber gebe es Schönes hier.

Es ergeht ihm wie mit den niederländischen Meistern: »Die wirklich guten Antiken sind immer wieder wie Offenbarungen, und keine Reproduktion kann annähernd den Eindruck geben, den man hat, wenn man die Bronze, den Stein vor sich hat und die zartesten Empfindungen der kleinsten Bewegungsanfänge beobachten kann.«

Mehr als die römische Landschaft begeistern den Maler die »entzückenden« Pferde, die er hier antrifft: leichtfüßige Araber oder schwere, runde Tiere »wie von antiken Standbildern gestiegen«. Dann wieder sieht er das ganz kleine, flinke Campagnapferd, das »etwas an die Ziege erinnert ... mit dem langen Hals«. Als ersten habe man in Rom natürlich das kleine »Söhnlein« (Otto Sohn) getroffen. Auch einem »grässlich öden« Herrn namens Pfannschmidt ist man begegnet. Sonst sind sie »glücklicherweise« von Bekanntschaften verschont geblieben. »Meine Frau sagt manchmal: Wenn nur Modersohns hier wären, dann würde ich direkt mit Otto Modersohn nach dem Weyerberg fahren.«

Hoftrauer am 27. Juli 1903: Claus ist tot. Nach der Zeichnung auf dem Briefbogen ist der Verstorbene ein Rabenvogel, den die Modersohns ihnen zur Pflege anvertraut hatten. Alle, alle weinen bitterlich: Martha, Töchterchen Miekelies (Marieluise) und der Familienvater, der sich in das große C des Claus wie in eine Mondsichel stemmt. Am Tag zuvor gegen Sonnenuntergang haben sie ihn vermisst und nach kurzem Suchen ertrunken in der Regentonne gefunden. »Du kannst Dir unsere Verzweiflung nicht gut ausmalen, denn Du weißt nicht, wie wir uns an unseren Pflegling gewöhnt hatten. Vor allem Miekelies war ständig mit ihm zusammen, er lockte sie durch den ganzen Garten.« Den Modersohns auf ihrer Erholungsreise diesen Trauerfall mitteilen zu müssen, »ist auch nicht schön«. Doch »wer weiß, was vorgelegen hat? Zu trinken hatte er immer genug, deshalb brauchte er nicht in die Tonne«. »Vielleicht«, so grübeln die Vogelers, »hat er zu schwarz gesehen, als er das dunkle Spiegelbild von sich im Grund der Tonne entdeckte, vielleicht hat er zu viel an Euch gedacht, vielleicht ist ihm etwas auf den Magen gefallen, vielleicht auf die Nerven? Zürnt uns nicht – es war auch für uns ein schwerer Schlag.«

Am 22. Oktober 1906 voller Vorfreude die Ankündigung, dass man am Donnerstagabend bei den Modersohns in Paris sein werde. – Partenkirchen, Herbst 1907: »Mit Sehnsucht warten wir auf eine gute glückliche Nachricht von Euch.« Die »gute Nachricht« dürfte sich auf die Geburt beziehen, der Paula entgegensieht. Die Ehe ist bis jetzt, was den Westfalen nicht stört, kinderlos geblieben. Seine Gefährtin jedoch, so lässt der Maler Dr. Pauli 1919 wissen, »litt darunter und trug es anfangs für sich«. Modersohn hielt seine Frau »nicht recht für die Mutterschaft geschaffen«, meinte, »dass ihr Leben ganz ihrer großen Kunst gewidmet sein sollte«.

Die Vogelers haben in Partenkirchen »Winterquartier« bezogen, aber es ist noch warm »Wie im Sommer«. Martha lernt das Kraxeln, »auf dass Paula Modersohn später mehr Freude an ihr haben soll«, Sonst ist es einsam hier, das Ehepaar aus dem Norden spricht mit niemandem, was beide als »äußerst angenehm« empfinden. Vogeler vermisst allerdings die nächtliche Ruhe der Worpsweder Landschaft. »Tags und nachts« muss er sich das Kuhgeläute anhören, und auch das Gebrause des Flusswassers im Tal macht das Einschlafen nicht gerade leicht.

Am 2. November ist es soweit: Paula bringt ein Mädchen zur Welt. Als sie zum ersten Mal aufsteht, hat ihr Mann »die kleine Wohnung geschmückt wie zu einer Feier«. Vogeler: »Kerzen brannten. Das Tageslicht war verhängt. In den vielen kleinen eingenähten

Rundspiegeln der orientalischen Fenstervorhänge spiegelten sich tausend Lichter.« Paula kam herein, ging »bis in die Mitte des festlichen Zimmers, sank aber plötzlich zusammen und starb im Arm ihres Lebensgefährten mit den Worten: ›Oh, wie schade!‹«

Die Bedingung freilich, unter der sie »gern« scheiden wollte, war mehr als erfüllt, nämlich »wenn ich drei gute Bilder gemalt habe«.

Als Vogeler einmal das verschneite Grab auf dem Worpsweder Friedhof besucht, »leuchtete aus dem Schnee eine Schale mit farbigen Früchten ... Es musste ein naher Freund dagewesen sein: Clara«.

Es scheint, diese Frau musste sterben, um zu leben: Rudolf Alexander Schröder sei dagewesen, teilt Vogeler Modersohn mit. »Er war ganz ergriffen und wird alles tun, auch für Cassirer sorgen ...« (Bei Cassirer in Berlin soll eine Ausstellung mit Werken von Paula stattfinden.) »Ende September will Schröder in W. sein und mit Dir sprechen, da er gern der ganzen Persönlichkeit und dem Werdegang Deiner Frau in einem Artikel ... mit einigen Reproduktionen gerecht werden möchte.« Vogeler wird »alles nach Möglichkeit betreiben«. Er selbst hat in Paulas Arbeitswohnung »feierliche Stunden« erlebt »vor dem großen Werk, das Paula hinterlassen hatte«.

»Selbst für Otto« sei es eine große Überraschung gewesen, »was für einen Reichtum an Arbeiten, auch an unbekannten«, sie in ihrem Alkoven noch angetroffen hätten. Vogeler: »Ich kannte bis dahin nur wenige Bilder.« Einmal habe er sie zusammen mit Otto in ihrem Pariser Atelier aufgesucht. »Da sahen wir aber nur die Bilder, die gerade fertiggeworden waren.« Er hat damals einen »sehr starken Eindruck«. Ein Stillleben: ein Apfel neben einem dunkelgrünen Glas auf einer dunkelroten Decke bedeutet für ihn den »Inbegriff der Monumentalität«, wie sie ihm bei Stillleben »noch nie« begegnet ist. Vogeler hängt dieses Stillleben bei sich im Barkenhoff auf und schiebt an Paula »eine kleine Summe Geldes nach Paris«.

»Von den Bildern Deiner Frau sind keine bisher abgesandt«, teilt er am 16. Oktober 1908 Modersohn mit. »Cassirer wollte alles erst im Januar haben. Die Kisten habe ich fertig verpackt stehen lassen. In alter Freundschaft ...« Für eine Ausstellung in München hat er, wie er in einem anderen Brief berichtet, genommen, was er bei seinem Bruder Franz vorfand, die Bilder seien direkt vom Atelier nach dort gebracht worden. Leider lagerten der Akt und das braune Mädchen auf geblümtem Grund in einer einzigen Kiste. »Ich rate sehr, in München zu beiden Bildern extra neue Kisten machen zu lassen, außerdem geht der Rahmen von dem braunen Mädchen sehr aus dem Leim, auch das muss ein Rahmenfabrikant nachsehen ... Schreib doch gleich nach München, dass alles geordnet wird.« »Unsere Privatbilder sind nicht mit nach München?« fragt er. Dann hätte er sie gerne bald zurück.

Vogeler ist »sehr in Arbeit«, sonst wäre er schon mal zu Modersohn herübergekommen. Das bereitet jetzt allerdings einige Umstände, denn der Freund ist inzwischen ins etliche Kilometer entfernte Fischerhude übergesiedelt. Dieser Ort wird von Modersohn und Overbeck 1896 auf einer Wanderung »entdeckt«. Was sie dort sehen und empfinden, lässt sie zu dem Urteil gelangen: Wir haben uns in Worpswede geirrt, Fischerhude ist viel interessanter. Ihre Hoffnung, dass hier ja wohl noch kein Maler lebe, wird indes durch die Antwort eines befragten Bauern begraben: es gibt einen, und einen königlichen dazu, nämlich Prof. Heinrich Breling. Jedoch hat der sich in Fischerhude nicht als Landschafter niedergelassen, sondern einfach, weil er in diesem Ort aufgewachsen ist.

Das Dorf wird jedenfalls nach dem Ausflug der beiden Maler so etwas wie ein Geheimtipp, auf den auch – nach Rilkes Fortgang – Clara Westhoff und für einige Zeit ihr Bildhauer Kollege Bernhard Hoetger setzen.

Modersohn, vor Jahren schon einmal Worpswede-müde, hält es nach dem Tod seiner Frau nicht mehr in der »Villenkolonie«, ihm ist das alles zu aufgeblasen, zu kirmeshaft: »Habe ich nicht oft empfunden und gesagt: An der Äußerlichkeit geht Worpswede zugrunde, sie ist das Zeichen des Verfalls. Fritz Mackensen und Hans am Ende rennen hinter Titeln und Würden, Landräten und Konsorten her, streben hier und streben da, und das Innere hohl und leer. Kein Ziel, keine Illusionen, kein Gefühl. Ich habe mit alledem nichts zu schaffen und will mich ganz frei davon halten und immer innerlicher zu werden versuchen, denn darin liegt alles Glück im Leben und aller Fortschritt in der Kunst.« Das unverbrauchte, tiefstille Fischerhude scheint ihm für diese Bestrebungen geeignet zu sein. Vogeler aber klagt: »Was ist so ein Worpsweder Winter ohne Dich?« Es sei unmöglich, zu Pferde durchs Moor zu kommen, »da es zu gefährlich ist, man bricht auf den Dämmen zu leicht durch nach diesem Wetter und kann sein Pferd durch einen Beinbruch verlieren«.

Fischerhude lässt sich auch in privater Beziehung gut an für den um Innerlichkeit ringenden Westfalen: »Nun muss sich alles, alles wenden«, freut sich Vogeler am 28. Januar 1909, als er – gut ein Jahr nach dem Tod Paulas – die Nachricht von der Verlobung mit

Frl. Louise Breling erhalten hat – einer Tochter eben jenes königlichen Hofmalers Breling. Es ist für das Ehepaar Vogeler eine »so große Freude, dass wir wissen, dass Du nun glücklich bist und ein neues Leben mit so einem prachtvollen Menschen zusammen aufbauen kannst«, Worpswede-Verächter Modersohn scheint sich allerdings mit Rückkehrgedanken zu tragen, denn am 30. März setzt sich Vogeler trotz einer »infamen Krankheit« (»Habe Influenza, dass ich mich nicht mehr auf den Beinen halten kann«) hin, um ein paar erleichterte als auch beschwörende Worte an den Freund zu richten: »Dass Du fürs erste nicht in das hiesige Haus einziehst, ist etwas, worauf ich für Deine junge Frau immer gehofft habe, mir war es nur zu schwer, es Dir gegenüber auszusprechen«. Modersohn hat also sein Worpsweder Heim – jenes, in dem Paula auch starb – behalten. Nun redet ihm Vogeler zu: »Gib das unglückliche Haus ganz auf.« Er spreche hier lediglich als Freund, dem alles daran lege, ihn mit einer geliebten jungen Frau glücklich zu sehen, »alles andere muss dagegen in den Hintergrund treten«.

Modersohn bleibt.

Später, 1917/18, lässt er sich allerdings noch einmal für ein Jahr in Worpswede nieder. Sein Haus dort behält er bis 1922.

Als Vogeler im Mai den Friedhof aufsucht, findet er Paulas Grab »leidlich« in Ordnung. Es ist geharkt, und das Unkraut hat man herausgenommen. Aber »im Übrigen sieht es etwas traurig aus – die Nelken stehen so sehr dürftig.« Auf dem Barkenhoff wird intensiv gearbeitet, gemalt und »entsetzlich wenig Geld verdient«. Vogeler: »Wir werden uns sehr einschränken müssen.«

Im nächsten Sommer ist Martha lange außer Haus. »Woche auf Woche« hofft Vogeler, dass sie ihre Krankheit überwunden hat und zurückkehrt. Er selbst will, wie er am 14. August Modersohn berichtet, »in ca. 10 Tagen in die Schweiz zu meinem Bauplatz«. An den Superintendenten habe er geschrieben. Von der Mutter Paula Beckers, »der ich meine Ansicht mitteilte, bekam ich Antwort, aber völlig verständnislos für meine Gefühle. Zwei Welten«. Er trete jetzt natürlich für die Errichtung auf dem Kirchhof voll und ganz ein, »und zwar mit nachdrücklicher Energie«.

In dem Brief an den Superintendenten geht es um das Denkmal für Paulas Grab, eben jene »Errichtung auf dem Kirchhof«. Entwurf: Heinrich Vogeler. Jedoch, der in dieser Sache allein zuständige Worpsweder Kirchenvorstand lehnt am 6. August 1911 »den Antrag über Errichtung eines Denkmals für die verstorbene, auf unserem Kirchhof beerdigte Frau Modersohn, geborene Becker,

... ab, weil die Gemeinde an dem Denkmal Anstoß nehmen würde«. Dem tugendsamen Gremium missfielen die drei weiblichen Gestalten, mit denen Vogeler das Grabmal – es sollte 2,60 m groß, 1,40 m breit und 40 cm tief werden – versehen wollte. »Es tut mir leid«, schreibt noch am selben Tag Pastor Fitschen an Modersohn. Er habe seine Leute nicht für das Denkmal gewinnen können. Dennoch bittet er um Nachsicht: »Sie können vielleicht etwas verstehen, dass die Kirchenvorsteher und ähnlich so die Gemeinde das Künstlerwerk nicht zu würdigen wissen.«

Hoetger ist es dann, der später – 1917 – das Denkmal für das Grab liefert. Nicht als Original übrigens. Vielmehr handelt es sich um die Zweitausführung eines für Darmstadt geschaffenen Werkes. Der Bildhauer, laut Roselius ein Jünger Paulas, erhält als Honorar einige ihrer Bilder sowie 4.000 Mark.

Im Juni 1911 fährt Vogeler nach Brüssel, wo er ein Haus bauen soll. Vorher war er für drei Tage in Dresden zum Werkbundtag. Wenn er zurück ist, will er als erstes nach Fischerhude reiten.

»Ein wahrhaft schöner Sommer«, schreibt Vogeler.

Sechs Monate später. 12. Dezember 1911, Vogelers 49. Geburtstag: »Mein lieber Otto Modersohn. Vielen herzlichen Dank für Deinen lieben Brief und die reizende Fotografie. Denke nie, dass sich meine Gefühle Dir gegenüber verändern. Ich muss mit mir allein ins Reine kommen, durch Sachen hindurch, die eine Riesenkraft erfordern, und ich sehe noch keinen klaren Weg vor mir. Ich weiß nur das eine: werde ich frei von all diesen Kleinheiten, dann bist Du der erste, der die schweren letzten Jahre meines Lebens versteht und mit mir glaubt und hofft. Komme ich nicht frei, so ist es gerade so gut, es hört niemand etwas von mir. Herzlichst immer ganz der Deine.«

Vogeler also in der Krise.

Länger schon, denn in jenem Brief vom 14. August des Vorjahres an den Freund heißt es auch: »Mein Leben sieht trüb aus, wenn nur die zeitweise Verbitterung schneller vorüberginge, mein Leben geht immer bis zum äußersten.«

Sein Leben: das scheint, das ist eine festliche Märchenwiese. »Aus den beiden kleinen Fenstern des Schlafzimmers ... blickte man weit über den Blumengarten ins Moor ... In der Nacht blaute der Sternenhimmel zwischen den offenen Fenstern wie ein brokatener Vorhang. Aber das Schönste war der Morgen. Leise trat er in die Kammer mit seinem rosigen Licht, steigerte sich dann aber (fast wie lärmend) über ein volles Rot zu einer alles erfassenden goldenen

Farbensinfonie.« In der Bibliothek birgt eine geschnitzte Bauerntruhe »Kostümstücke einer mittelalterlichen romantischen Welt, die ich für meine künstlerischen Arbeiten hatte sammeln und anfertigen lassen«. Auf den Borden stehen Originalausgaben von Walter Scott, Novalis, Brentano, E. T. A. Hoffmann. »Die Romantiker waren der Grundstock.« Aber auch »Heinrich Heines Schärfe wirkte in mir künstlerisch«. Die Arbeitsnische hat »ein breites Schiebefenster mit ein paar in Blei gefassten Glasbildern ... Im Sommer lag über dem kleinen intimen Raum der grünliche Dämmer der mächtigen Kastanienbäume, die das Haus beschatteten«. Das untere Atelier neben der kleinen Bibliothek verwandelt Vogeler in ein Wohnzimmer, »und darüber baute ich ein schönes luftiges Schlafzimmer, das sogenannte ›blaue Zimmer‹ nach seinem farbigen Wandanstrich. Es hatte weißlackierte Möbel mit leichter Rosenschnitzerei, die etwas angetönt war«,

Sein Leben: das ist ein Kunstwerk – Kunstwerk das Haus, Kunstwerk der Garten, Kunstwerk die Kleidung. Geschaffen zum Teil mit eigenen Händen und in Holzschuhen.

Einmal fährt er nach Ceylon: eine Stichelarbeit hat seine Sehkraft beeinträchtigt, die Ärzte empfehlen Ausspannung. Eine Reise, die lange nachwirkt.

Oder er besucht die in Lodz ansässige Fabrikantenfamilie Richter, Auf deren Sommersitz verbringt er mit Martha einige Ferienwochen. Er ist öfter Gast der Richters, malt auch ein Porträt von der Schwester der Hausherrin. Letztere unterhält Kontakt mit Malern und sammelt Bilder, so Vogelers »Frühling«. Später gelangt das Werk wieder nach Worpswede und in den Besitz von Martha. Ein andermal weilt er bei Carl und Gerhart Hauptmann.

Kehrt er zurück, empfängt ihn ein Paradies. Doch der Glanz scheint nach einiger Zeit eher zwielichtig denn golddurchwirkt. Gewiss, »alles sah so reich und glücklich aus«, »viele Freunde kamen und bereicherten das kulturelle Leben, das sich auf dem Hof abspielte«, aber überall liegen »unausgesprochene Dinge wie wucherndes Gestrüpp«. Unruhe flackert in ihm: »Worin sah ich bisher meine Aufgabe? Einer Frau, einer Familie den geschmackvollen Rahmen zu geben?« Die Romantiker haben ihm »nichts mehr zu sagen, nachdem die Dichtung Heinrich Heines auch den bitteren Kern der spießbürgerlichen Schlafmützen gezeigt hatte. Dann kam ich zu den Werken Maxim Gorkis. Die wühlten mich auf. Sie machten ein Tor auf, durch das ich in eine andere Welt blickte, die weit entfernt war von meinem privaten Leben, ›vom Leben als

Kunstwerk‹, Die Begrenztheit meines Lebens wurde mir klar, sie schien mir manchmal die Ursache aller meiner Bedrängnisse zu sein«, ihm ist, als müsse er aus diesem Leben fliehen.

Fliehen tut er auch vor den Festen, die er selbst auf dem Barkenhoff arrangiert, und zwar so, »dass die Gäste sich ... als Träger« der geselligen Zusammenkunft fühlen. »Das verstand ich.« Junge Autoren führen hier in dem von ihm hergerichteten Naturtheater »mit den zu Kulissengängen ausgeschnittenen Lebensbäumen« ihre Stücke auf, »gute Musiker« helfen, dem Ganzen eine »festliche Weihe« zu geben. Doch bevor ein Abend seinen Höhepunkt erreicht, ist Vogeler verschwunden, »grundlos böse« mit sich selbst: warum kann er nicht feiern? Er wird es nie begreifen, weshalb er, »der Glückspilz, dieser Mensch, dem alles gelang«, sich absondert und irgendwo am Berghang als ein »Häuflein Elend« in die nächtliche Landschaft starrt.

»Alles« drängt ihn zur Flucht aus der Atmosphäre seines Hauses, die ihm »Unerträglich« zu sein scheint.

Ja, und Martha?

Vogeler spürt »allzu wenig von der Vereinsamung«, die seine »Ratlosigkeit« in ihr, »dieser starken Frau«, auslöst. »Vielleicht hatte sie schon das feste Gefühl: Der Mining braucht mich nicht mehr.« (Der Rufname Mining stammt aus der Düsseldorfer Akademiezeit, er ist einem Werk von Fritz Reuter entnommen.) Die jungen Menschen auf dem Barkenhoff »verehrten das Werden, meine schöpferische Tätigkeit. Sahen und konnten die Abgründe nicht sehen, in die ich nach dem Fieber der Tätigkeit versank. So seltsam sind wir norddeutschen Menschen, in deren Innern es glüht und die doch eine so kalte Hülle zur Schau tragen. So war auch sie, Martha. Vielleicht hätte eine weiche Bewegung ihrer Frauenhand, wenn sie einmal leise mit ihr über meinen Kopf, über meine Stirn gestrichen hätte, alles lösen können. Denn ich war doch erfüllt von Sehnsucht nach innerer Befreiung. Die Jungen aber dachten wohl: den darf man nicht stören, es wird ja alles so schön«,

»Schön« hatte ja auch Rilke diese Welt des Heinrich Vogeler gefunden, eine Welt zwar mit »Beschränkungen und Mauern. Aber der sie gebaut hat und besitzt, leugnet diese Mauern nicht und sucht sie nicht zu verstecken. Er schmückt sie und spricht von ihnen wie von etwas, was ihm auch gehört, und er freut sich, dass sie schön sind und zu seinem Hause passen«. Jetzt nun entdeckt dieser »sehr seltsame Gärtner«, wie Rilke ihn in einem 1902 geschriebenen und veröffentlichten Aufsatz nennt, dass des Dichters »nie so rote«

Rosen Glieder einer zwar duftenden, dennoch aber einschnürenden Kette sind. Märchenhaft wirkt sein Leben, märchenhaft seine Kunst, doch war es, wie Rilke meint, nicht ein »naiver Romantiker«, der diese Radierungen schuf und die er »lange nach ihrer Vollendung mit dem zunächstliegenden Märchen-Namen verkleidete«. Rilke: »Das war ein Mensch unserer Zeit, ringend wie wir, wenig glücklich – wie wir, und voll komplizierter Empfindungen. Ein Mensch mit einer schon ganz bestimmten, aber sehr eng begrenzten Wirklichkeit um sich, zu der alles in Widerspruch stand, was er als Erlebnis oder Stimmung empfing, dem alles so fremd und unwahrscheinlich war, dass er es nur als Märchen erzählen und als einmal gewesen empfinden konnte. So entstanden diese Märchen, seine eigenen Märchen. Erlebnisse, die über seine Wirklichkeit hinausragten und die er mit den wenigen Mitteln dieser Wirklichkeit auszusprechen sich bemühte.« Rilke erzählt die »glückliche Geschichte« von einem, »der, auf eine bestimmte Wirklichkeit angelegt, tatsächlich diese Wirklichkeit immer mehr und immer besser bestätigt sieht, denn immer weniger Befremdliches und Störendes geschieht, weil er immer fähiger wird, das Fremde in Eigenes umzudeuten, mit Eigenem auszusprechen und auf eigene Art zu erleben ... Das also ist der Romantiker Heinrich Vogeler; ein Mensch, dessen ganzes Schicksal darauf gestellt war, ob er die Wirklichkeit, die in ihm angedeutet war und deren er bedurfte wie des Brotes, würde finden und ausbauen können zu einem Leben, zu einer Kunst, zu einem Künstler-Leben ganz eigener, unvergleichlicher Art«.

Nun, da dieses Künstler-Leben vollkommen scheint, beginnen die aufgebauten Mauern zu bröckeln, dringen atonale Töne in die Harmonie. Vogeler wird wieder, was er laut Rilke-Psychogramm am Anfang war: ein Mensch der Zeit.

Die Notwendigkeit, »Befremdliches und Störendes« auszuschalten, bestand für Rilke auch in Bezug auf das Verhältnis Vogeler-Martha. »Werden sie sich beide an Gemeinsamkeit gewöhnen?« hatte der »Spielmann«-Dichter gefragt. »Oder wird etwas geschehen, was sie zu Gemeinsamen macht?«

Eines Tages kommt ein Student ins Dorf, »ein kräftiger Mensch mit einem etwas dicklichen Gesicht, das Mensurenschmisse verunzierten. Martha hatte ihn ... kennengelernt und brachte ihn mit auf den Hof. Der junge Mann war stark dem Alkohol verfallen. Offenbar befand er sich in einer tiefen Lebenskrise. Er hatte ein Duell ausgeschlagen, war also, um einen studentischen Ausdruck zu gebrauchen, nicht mehr satisfaktionsfähig. Er war eitel, erschrak jedoch zuweilen vor der eigenen Renommisterei; dann wurde er wieder ganz klein und wankend, ein Mann vor dem Zusammenbruch, der sich auf irgendeine unbekannte Insel zu retten suchte«.

Die Insel wird bald gefunden sein. Der nach ihr Ausschau hält, heißt Ludwig Bäumer, geboren am 1. September 1888 im niedersächsischen Melle. Mit seiner Ankunft im Jahre 1909 beginnt eine Uhr zu ticken. Als der Schlag ertönt, ist er hart: Der Hausherr sieht seine Frau als Geliebte des Gastes. Sie möchte sich scheiden lassen. Doch Vogeler lehnt ab. So bleibt die Ehe, aber auch das Verhältnis Martha-Bäumer. Ihm wird der Barkenhoff zum Dauernest. Für die Kinder, Marieluise, Bettina und Martha – und darauf kommt es Vogeler an –, geht das Leben in der gewohnten Weise weiter. Der Vater, das ist für Bettina ein »den ganzen Tag bei der Arbeit vergnügt vor sich hin pfeifender Mensch«,

Modersohn auf die Zeilen des »vergnügt vor sich hin pfeifenden Menschen«: »Dein letzter Brief hat mich sehr traurig gestimmt.«

Jahre später wird Vogelers Geliebte die Erfahrung machen, dass sie es zwar mit einem faszinierenden, kaum aber erotischen Mann zu tun hat. »Insofern«, kommentiert die einstmals rote, inzwischen weiße Marie, »muss man Martha verstehen.« »Du hast keine Zeit fürs Leben«, wirft diese Vogeler vor. Den überfallen »tausend Bilder«: Hawaii-Lieder singende Zugvögel und ein Gesicht mit Zähnen »wie ein Nussknacker«. Ein Märtyrer seiner Kunst sei er, sagt Martha, und er fühle sich noch wohl dabei. »Was auch kommen mag«: leben will sie mit ihm nicht, »nie, nie«.

»Alles einzufädeln« verspricht im Herbst 1912 Vogeler dem Westfalen in Fischerhude. Es geht bei dieser Zusicherung um ein Buch, das über Paula erscheinen soll. Vogeler empfiehlt, nicht an den Insel Verlag – »der ... will vor allem Geld verdienen und gibt sich so leicht nicht mit einer derartigen Biografie ab« –, sondern an Piper in München heranzutreten.

Als das Folkwang-Museum in Hagen darauf »brennt«, eine möglichst umfassende Paula-Becker-Modersohn-Ausstellung zu bekommen, stellt Vogeler sich ebenfalls zur Verfügung. Viel Zeit bleibt ihm allerdings nicht mehr, da er, wie er am 30. September dem Freund mitteilt, bald nach »Preußisch Berlin« übersiedeln werde.

Von solch einem Standortwechsel ist auch in den »Erinnerungen« die Rede: Vogeler, dem die »Begrenztheit« seines Lebens aufgegangen ist – »sie schien mir manchmal die Ursache aller meiner Bedrängnisse zu sein« –, muss »allein sein«. Er will in Berlin in die

Museen gehen und »irgendwie still« auf sich horchen, »was wird«. Von dort, aus Charlottenburg, empfängt Modersohn am 20. Januar 1913 begeistertes Lob: »Du hast ja alles famos in die Hand genommen mit Katalog etc. Hoffen wir endlich auf gerechte Würdigung von Paulas Kunst.« Wenngleich er schlecht fort kann, will Vogeler doch nach Hagen fahren, um einen vollen Eindruck zu haben und um »möglichst dafür zu sorgen, dass etwas Gutes in die Presse kommt«. Vogeler hat sich auch um den Druck einiger Arbeiten gekümmert. »Die alte Frau mit den großen Händen sieht ja prächtig aus.« Ihm selbst gehe es momentan finanziell sehr schlecht, sonst hätte er ihm schon eine Anzahlung auf den »Wassertemperakopf« von Paula gemacht. Aber sobald er aus dieser »Jahresanfangsbedrängnis« heraus sei, werde er das als erstes tun. »Hoffentlich«, so schließt Vogeler, »kommst Du in diesem Frühjahr endlich länger nach Worpswede. Wir sollten mehr Zusammensein.«

In Hagen habe er alles geordnet, berichtet er am 4. Februar aus Charlottenburg. Trotz der nicht gerade hervorragenden Räume wirke die ganze Sache »überwältigend«. Gleichzeitig hat eine Hofer-Ausstellung dort stattgefunden. »Interessante Sachen, man merkt schon überall den Greco spuken, aber eigentümlich, alles dieses wirkt so morbid, wenn man an Paulas Kollektionen kommt. Hier ist alles ungemein mannigfaltig und eine so großartige Lebenskraft.« Bei Hofer dagegen sei kein Werden mehr, es sei schon »Rezept«.

Mit Karl Ernst Osthaus, dem Gründer und Leiter des Museums, liegt Vogeler »in fortwährendem Kampf« um dessen neueste Nolde- und Matisse-Werke. Gegenüber Paulas Sachen verhalte dieser sich »verhältnismäßig kühl«. Vogeler glaubt jedoch, dass sich ein so ernsthafter Mensch wie Osthaus dem Eindruck dieser Bilder nicht einen Monat lang verschließen könne. »Dann hat's ihn ganz.« Und im nächsten Brief: »Osthaus wird schon warm werden.«

Der so um Paula Bemühte setzt auf die »lebendige Schöpferkraft« der Freundin. Die Lieblinge von Osthaus gehen ihm sehr gegen den Strich. Dieser interessiert sich allerdings für ein Selbstporträt Paulas. Vogeler empfiehlt Modersohn, die Selbstporträts als unverkäuflich auszuzeichnen, O. jedoch in dieser Sache entgegenzukommen. Wütend ist Vogeler über die »losen Idioten von Zeitungsschreibern, die in Hagen steckten und von denen ich einige Äußerungen hörte«. Im Übrigen hat er noch einen Vorschlag: Paulas Radierungen in Japan drucken und durch Modersohn signieren zu lassen, etwa so: für P. M. B. – Otto Modersohn. Die Preise sollte man verdoppeln ...

»Hoffentlich bist Du mit meinem Hängen in Hagen zufrieden«, schreibt Vogeler nach Fischerhude, »es war nicht ganz leicht und das Licht nicht prima. Am besten hängt P. M. auf weiß.« Das Hängen war ihm besonders wichtig, da er das Gefühl hatte, »diese erste Kollektion müsse mit allem Nachdruck heraus, zumal nach dem Gratisversand des Katalogs die Kreise der Museumsdirektoren interessiert sind«.

Andere Maler sind ihm das Hängen weniger wert: Eine Corinth-Ausstellung hat er mit einem »sehr unsauberen Gefühl« verlassen – »man sehnt sich«, so der Worpsweder Purist, »nach einem heißen Bad«. Fast alles an Corinth ist ihm »Handwerk, ohne Delikatesse«. Eben typisch für Berlin: »Nur da konnte dieser Mann diese Bedeutung gewinnen.« Nichts aus der »Unmasse der Bilder« sei Kunst, »wirklich nicht«. Statt dessen »brutale, ungeordnete Instinkte«. In fünf Jahren werde kein Mensch mehr von diesem »Künstler« reden ...

Als »ekelhaftes Zeug« erscheinen ihm auch die Christusbilder von Nolde. Die langen Gespräche, die er mit Osthaus – bei dem er übrigens wohnt – über diesen Maler führt, sind die Fortsetzung alten Haders: Vogeler ist schon einmal in Brüssel mit dem aus einer westfälischen Industriellenfamilie stammenden Kunsthistoriker »arg aneinandergeraten«, weil dieser die religiöse deutsche Kunstausstellung »ganz auf Nolde aufgebaut hatte«. Gleichwohl empfindet er angesichts der »ganzen Lebensarbeit« von Osthaus einen »starken Respekt« vor dieser Persönlichkeit.

Dass es sich bei Vogelers gelegentlichen Hinweisen auf finanzielle Engpässe durchaus nicht um das scherzhafte Gestöhne eines sehr wohl gut bei Kasse befindlichen Mannes handelt, beweist der Verkauf seiner Stute, die er »wirklich liebte«. Bei einer Auktion im Frühsommer 1913 wird alles, was ihn an das Pferd erinnert, weggegeben. Übrig bleibt nur der alte große Reisewagen, den niemand haben will. Vogeler: »Ein ekelhafter Tag.« Allerdings werde ihm die »vereinfachte Lebensweise« gut tun. Wenn er Modersohn verspricht, bald mal »angewandert« zu kommen, so verrät das die rasche Umstellung auf die neue Lage: früher ging's im Galopp übers Moor ...

»Kalt und unmenschlich« sind nach eigenem Eingeständnis die Zeilen, die er kurze Zeit später nach Fischerhude schickt: die Reaktion auf eine ähnlich gehaltene Anfrage Modersohns. Vogeler setzt sich deshalb hin, um dem anderen zu sagen, »wie trotz allem bei mir Dir gegenüber immer ein- und dasselbe Gefühl bleibt wie von altersher«. Die Verstimmung hängt mit Hoetger zusammen.

Dass er, wenn er bei Hoetger gewesen sei, »nicht aus demselben Gefühl zu Dir kommen konnte«, liege wohl an seiner Art, »einen Menschen, den ich gern habe, nur ganz aufzunehmen und nicht durch die Auffassung eines anderen gesehen«. Vogeler: »Euer beider Lebensauffassung ... geht so weit auseinander, dass keine Brücke ... möglich scheint.« Er bittet den Freund, »nie diese wunden Punkte« zu berühren, Gern wolle er ihn dann besuchen, um seine »reine Freude« an dessen Kunst und Leben zu haben.

18. September 1914: »Lieber Otto Modersohn ... Ich bin jetzt 14 Tage schon im Dienst. Liege momentan etwas auf der Nase, da der Dienst so außerordentlich anstrengend ist – 16 Stunden. Aber es ist sehr interessant, da alles Überflüssige fortfällt und man direkt für die Front ausgebildet wird. Zur Besinnung kommt man nicht ... Reiten kann ich jetzt erst. übrigens ist die Lanze eine sehr sympathische primitive Waffe. Hoffentlich lernen wir es noch gut. Jedenfalls sieht der Krieg ja sehr dauernd aus. In ca. 5 Wochen werden wir soweit sein, alles arbeitet mit fieberhafter Lust. Nun leb wohl, ich schreibe, wenn was interessantes vorfällt, mehr. Herzliche Grüße auch an Deine Frau: Dein Heinrich Vogeler.«

Der Umgang mit der »sympathischen« Lanze ist freiwillig: Vogeler hat um Aufnahme bei den Oldenburger Dragonern nachgesucht. Den entsprechenden Antrag richtet er an den Hofmarschall des Großherzogs, der ihm »bei Gelegenheit der Oldenburger Gewerbeausstellung die große goldene Medaille für Kunst und Wissenschaft überreicht hatte«.

»Wie bedeutungslos war mein Leben für meine Kinder und ihre Mutter geworden.« Hat er sein »bisschen Leben und Liebe nur als Mörtel benutzt, um zu schaffen und zu bauen«? Als er einmal das Schlafzimmer seiner Frau betritt, ist es ihm, als sei er ein Lauscher: »Mit dem niederbrennenden Streichholz ging ich auf den Toilettentisch zu ... und entzündete die beiden Kerzen. Der Schein fiel auf das Bildnis eines jungen Studenten, dessen Brust ein Couleurband umspannte: Ludwig. Die Fotografie lehnte sich an den großen ovalen Spiegel, der den Toilettentisch abschloss und eine ganz phantastische Versammlung von porzellanenen Schalen, Dosen und Leuchtern spiegelte, die sich vor dem Studentenbild aufbauten. Da wuchsen die beiden Kerzenhalter säulenartig aus einem hingelagerten plastischen Kranz von farbigen Rosen hoch, dazwischen stand eine lange weiße Porzellanschale, die seitlich umfasst war von zwei rosafarbenen Rosen mit tiefrotem Herzen.«

Er muss an die »kurze Spanne Zeit denken, an die glücklichen Tage in Meißen, als das Porzellan entstand, das ich meiner Geliebten zugedacht hatte«. Er verlässt das Zimmer und geht über den Vorplatz, von Rilke der »weiße Saal« genannt. »Das konnte man seinerzeit auch sagen. Empfing der weißgestrichene Raum doch seine Gäste, wenn sie von der unteren Hausdiele die gewundene Treppe hinaufkamen, mit warmem Kerzenlicht, das von den getriebenen barocken Wandleuchtern kam und über die feine Malerei von Urnen und Blumengewinden schimmerte, die die weißen Zimmertüren umrahmten. Der Saal bekam aber erst seinen vollen Reiz, wenn sich unsere junge Künstlerschar dort versammelte, wenn musiziert wurde oder die Gemüter phantasievoll erregt waren von dem Vortrag von Dichtungen Rainer Maria Rilkes. Er brachte den Bildreichtum seiner rhythmischen Verse so zum Ausdruck, als sänge er sie. Wie weit lag das nun schon ... Ich fuhr mir mit der Hand über die Stirn. Was sollten diese Bilder aus einer Welt, die am Versinken war.«

Alles, was er schafft, scheint ihm sinnlos geworden zu sein. Das, was nach der Trennung von Martha an Bildern entstanden ist, wirkt auf ihn leer, wie eine Lüge: »Es sollte ein Durchbruch zum Monumentalen werden und wurde nichts als flache, formalistische, dekorative Malerei. Martha hatte zwar mit Anerkennung ... gesagt: ›Wenn es dir schlecht geht, malst du die besten Bilder‹«, aber für ihn ist es »auf alle Fälle unwahr«.

Vogeler hat das Bedürfnis, sich bei einem der Freunde auszusprechen, um zu Entschlüssen zu kommen. Er trifft Hoetger. Für sie beide ist der Krieg eine »irrsinnige Angelegenheit. Die wirklichen Ursachen, die Beweggründe kannte keiner von uns. Beide waren wir, wie die meisten Künstler, politische Analphabeten, die die treibenden Kräfte im gesellschaftlichen Leben der Menschen nicht erkannten«.

Vogelers Klage über seine Vereinsamung begegnet der Bildhauer mit dem Hinweis, dass Einsamkeit das Schicksal jedes Künstlers sei. »Er sucht alle Fehler in sich selber, und jedes Werk ist seine Läuterung. Im Schaffen löst er sich selber auf. Seine Persönlichkeit verschwindet im Werk. So fügt er sich ein ins All, ins Nichts, das sagte uns schon Buddha.« Hoetger wirft Vogeler vor, nur an das eigene kleine Leben zu denken. »Sie waren nicht stark genug, den großen Strom des Lebens zu erfassen und gestaltend weiterzugeben.« Befragt, was er denn nun konkret tun solle, rät der Bildhauer: »Fegen Sie Ihr Haus rein von den Freiern, die Sie belasten! Frei wird man nur durch das, was man los ist.«

Wenig später bringt eine Zeitung ein Bild des Kunstmalers Heinrich Vogeler, der sich freiwillig gemeldet habe.

»Bauern unseres Landes, ihr heimgekehrten Feldgrauen und ihr Frauen! Als ich herauszog 1914 in den Krieg, da dachte ich wie die meisten von Euch, ich glaubte an den Überfall auf unser Land. Da draußen sind wir alle hellsehend geworden. Wir erkannten, dass auch im Heere mit vielerlei Maß gemessen wurde, dass Klassen regierten und Klassen unterdrückt wurden. Es widerte uns an, diese furchtbare Blutarbeit zu tun, als wir auf unser großes ›Warum?‹ immer nur die Kriegsziele der Großkaufleute, der Fabrikbesitzer und Großgrundbesitzer hören mussten: Annektion von Kurland, Estland, Belgien. Plötzlich erkannten wir, dass die Militärkaste gar nicht fürs Volk kämpfte, sondern für den Mehrbesitz der Reichen. Dann erkannten die, die in Finnland gegen die bedrückten Arbeiter kämpfen mussten, dass alles in diesem furchtbaren Kriege nur darum ginge die Reichen zu schützen und ihnen mehr Land und größere Märkte zu holen.

Wie furchtbar viele Menschen haben wir sterben sehen auf beiden Seiten. Und uns wollte das ›Warum?‹ gar nicht mehr in den Kopf, und wer für den Frieden sprach, den sah man mit Misstrauen an. Und dann kam der Frieden der Kapitalisten, der Frieden von Brest-Litowsk, da war uns alles klar ... Ich ging damals mit einem offenen Protest gegen den Brest-Litowsker Frieden an die höchsten militärischen Stellen, und dem Kaiser schrieb ich dieses Märchen, wie die Welt aussehen würde, wenn Gott mit den zehn Geboten kommen würde: Das Märchen vom lieben Gott.«

Die Erlebnisse, aus denen heraus es entsteht, sind allerdings nicht die eines unmittelbar Beteiligten: »furchtbare Blutarbeit«, von der er in seinem »Offenen Brief zum Frieden unter den Menschen« spricht, hat Vogeler selbst nie verrichten müssen. Als Nachrichtenmann auf dem Balkan, in Russland und in Frankreich bleibt ihm die, wie er sagt, »bittere Pille der Versetzung an die Front« erspart. Jedoch erhält er auf diese Weise Einblick in den »inneren Betrieb«. »Höhere Offiziere benutzten ihre Autorität, um sich zu bereichern ... Leben und Verpflegung beim Stab waren luxuriös, und das in einer Zeit, wo die kämpfende Truppe schlecht verpflegt war.« Gespannt verfolgt er die politische Lage in Russland. Er studiert das Material zusammen mit seinem Leutnant. »Daher mochte der Wochenbericht des Nachrichtenoffiziers eine gewisse revolutionäre Färbung bekommen haben.« Vogeler macht sich »Gedanken über den Sinn des Krieges, besser, über die Sinnlosigkeit des Krieges, über die Profitsucht und die Beraubung anderer Völker«. »Kann es«, so fragt er sich, »eine Gemeinschaft der Menschen geben, in der die Ausbeutung des einen durch den anderen erlaubt ist? In diese Gedankenwelt drang die Propaganda der Bolschewiki, wo alles so einfach gesagt war: das Land den Bauern, die es bearbeiten, die Häuser, die den reichen Familien gehörten, für die Familien der Arbeiter, die Fabriken den Arbeitern, die sie selbst verwalten! Da war ja an den Grund lagen aller bisherigen Ordnung gerüttelt.«

Obwohl er damit rechnet, erschossen zu werden, ist Vogeler seit der Niederschrift des Märchens, seit dieser Januarnacht des Jahres 1918 von einem nie gekannten Glücksgefühl durchdrungen. »Der Tod konnte nur eine logische Konsequenz, der Schluss einer Erfüllung sein, die mich ganz beherrschte. Freiheit! Befreiung von allen Lasten der vergangenen Jahre.« Er fühlt sich »wie ein Tänzer, der seine gelösten Glieder einer bisher noch nie gehörten Musik hingibt. Das Leben war so schön. Und der Tod? Die Frage Tod oder Leben war gestellt. Bejahung des einen oder des anderen«: er ist »im Gleichgewicht«.

Eines Morgens erscheinen »Zwei Feldgraue, ein Unteroffizier und ein Mann. Waffen trugen sie nicht. Sie suchten die Eingangstür und beschatteten für einen Moment das Stubenfenster, hinter dem ich alte Briefe ordnete und zerriss. So, da waren sie also, auf die ich wartete«. Man bringt ihn nach Bremen in die Beobachtungsstation für Geisteskranke. Wie den beiden Soldaten, so liest er auch dort den Leuten den Text seines Märchens vor: die Geschichte vom lieben Gott, der überall da erscheint, »wo man unter seiner Firma die Menschen auf die Schlachtbank trieb«. »Als ich den Friedensaufruf beendet hatte und aufsah, stand nicht nur der Wächter in der Tür des Zimmers, sondern in der Türspalte neben ihm, über ihm und unter ihm waren die erstaunten, aufgerissenen Gesichter der Geisteskranken erkennbar, die ihre Betten verlassen hatten, um zu horchen.«

»Die Beobachtungsabteilung für Geisteskranke hatte im Januar des Kriegsjahres 1918 einen ganz besonderen Charakter. Da lagen nicht nur Geisteskranke, sondern auch viele Simulanten, Soldaten aus dem Felde, die alle Mittel versuchten, um nicht mehr auf das Schlachtfeld geschickt zu werden. Hier hatten sie ein schweres Leben. Aufstehen war ihnen nicht erlaubt. Dagegen mussten sie allerhand Kuren über sich ergehen lassen, durch die sie mürbe gemacht werden sollten.«

Andere werden zur Zähmung, Alte in einem geschlossenen Tragkorb zum Sterben hierhergebracht. In dieser Gesellschaft von echten und eingebildeten Irren, Selbstmördern und sonstigen menschlichen Wracks verbringt Vogeler zwei Monate. Er beginnt zu zeichnen, um sich »die Zerstörungen des Krieges von der Seele« zu schaffen. »Das Blatt wurde sehr mystisch. Unten sah man galizische Kirchen einstürzen, Dörfer, die Kosaken in Brand steckten. Geier kamen aus dem Gebirge und flogen über die reichen Felder, Wölfe strichen über die Erde, und alles war beleuchtet von aufsteigenden Leuchtraketen, deren Schein aber im Himmel, in den sieben Schalen mit dem Zorn Gottes endete, die von schwebenden Engeln getragen wurden.«

Der Leiter der Anstalt, Geheimrat Stövesand, will jedoch »derartige Sachen« nicht dulden: »Ich werde Ihnen ein paar Früchte oder Blumen schicken, die können Sie abmalen.« Er nimmt ihn seelisch unters Messer, um die Ursache für Vogelers »märchenhaften« Protest herauszufinden. Es wird ein »schwer einschneidender Kampf zweier Weltanschauungen«. Vogeler ist am Ende der Tortur so erledigt, dass er einen Weinkrampf bekommt.

Der Entlassung aus der Beobachtungsstation – er ist jetzt »sozusagen ein staatlich geprüfter Geisteskranker« – folgt die aus dem Heer. Mit der gelbumrandeten Kavalleriemütze und seiner abgetragenen grauen Uniform – den Kavalleriemantel hat er abgeben müssen – wandert er gen Worpswede. »Werde ich zu Hause erwartet? Nein. Kann das Leben seinen alten Lauf beginnen? ... Nein, es kann nicht. Die Frau wird mich freundlich begrüßen, wird sich für mich sorgen, aber ohne Wärme und Achtung. Vertrautheit und Wärme gehören einem anderen Mann. Aber die Kinder? Da war vieles verschüttet in ihnen durch den Kampf dreier Menschen, die lieben.«

In ihm wirken »steigend derartig schwerwiegende Dinge, die sich in vollen Gegensatz zu der blutigen, verlogenen Umwelt setzen, so dass über kurz oder lang eine völlige Auseinandersetzung auf Leben und Tod erfolgen muss«. Vogeler an seinen Worpsweder Kollegen Kurt Störmer: »Da kann ich niemanden an meinem Schicksal teilhaben lassen.« Jeder Mann müsse jetzt »auf dem Posten sein« und den Leuten des Mammons und der Macht die verlogenen Masken von den Gesichtern reißen. »Nie kann die Lüge auf die Dauer siegen.« Heute telegrafierten die hohen Herren an den lieben Gott, aber »wenn er selbst kommt und sich auf seine zehn Gebote beruft, will's keiner gewesen sein«. Polit-Märchen-Autor Vogeler: »Das lässt der sich nie gefallen.«

Er sieht sich Inseln bilden im Meer des Blutes, »Inseln nie gekannter Schönheit«.

»Los«, schreibt er an den Freund. »Und seien wir Mensch, nur Mensch.«

Vogeler ist übrigens nicht der einzige, der aus dem Irrenhaus auf den Barkenhoff zurückkehrt: auch Marthas Quasi-Ehemann war dort. Aus welchem Grund, ist nicht bekannt, jedenfalls zeigt sich Vogeler erfreut über das, »Was aus ihm geworden ist«. Als Mitglied der Bremer Räteregierung wird der dichtende Bäumer demnächst 26 Tage lang einen Hauch Geschichte machen. Studiert hat der Student nicht mehr. Er wurde Soldat, darf jedoch nach seinem Aufenthalt im Irrenhaus keine Uniform mehr tragen. Mit Vogeler und dem Maler und Schriftsteller Carl Emil Uphoff gehört dieser Literat zur Urzelle der Worpsweder Kommunistenkolonie.

Der Barkenhoff wird zum Treffpunkt von französischen, belgischen und russischen Kriegsgefangenen. Die Polizeiaufsicht, unter der Vogeler seit seiner Entlassung aus der Beobachtungsstation steht, »brachte den Gendarm mit der Zeit in immer größere Verlegenheit, weil er sich, wie viele Beamte, bei der unsicheren politischen Lage keinen selbständigen Entschluss zu fassen getraute. In dieser gespannten Lage war es mir daher auch möglich, in Wirtshäusern kleine Versammlungen von Bauern abzuhalten und über die Lage zu sprechen«. Die Unterhaltungen auf dem Hof »bewegten sich um die russische Revolution, um die Möglichkeit eines Umsturzes in Deutschland«. Inzwischen leben hier auch einige deutsche Gefangene, ein Matrose der Kriegsmarine, zwei junge Mädchen, »die in der revolutionären Bewegung unter den Matrosen arbeiteten«, sowie ein Intellektueller, »der klug auf die revolutionäre Bewegung spekulierte und die Konjunktur ausnutzte«. Vogeler »studierte ... mit Eifer die Flugblätter der Kommunisten und ihre Zeitungen. Machte auch einige Plakate: Tanz um das Goldene Kalb und Krieg, Aufgabe und Notwendigkeit des Eintretens in die Gewerkschaften«.

Und schreibt seinen »Expressionismus der Liebe«.

»Vier Jahre tiefsten Leides brauchten wir, um zu erkennen, dass Krieg die sinnloseste Energievergeudung ist, die sich die heutige Menschheit nicht mehr leisten kann. Wir erkennen, dass nur negative Faktoren, missleitete Wahrheit, Hass, Habgier und gekränkte Eitelkeit zu dieser Sinnlosigkeit führten. Niemals in der Menschheitsentwicklung sind hierdurch positive Werte erzeugt ...

Der Krieg muss überwunden werden. Ein nie gekannter menschlicher Zustand ist im Werden: Frieden. Friede durch Sieg ist undenkbar. Sieg ist eitler Triumph auf dem Leid unseres Bruders. Sieg ist Krieg in alle Ewigkeit. Friede ist bedingungslos.«

»Wir alle aber haben die Pflicht, die Menschheit nicht zum Chaos, sondern zur Ordnung, zum Neuaufbau zu treiben. Diejenigen, die den Weg sehen und die Kraft haben, ein plastisches Bild von der Zukunft zu schaffen, müssen heraustreten: Tolstoi und der Fürst Kropotkin sahen am klarsten die große Menschwerdung. Tolstoi auf dem Wege des lebendigen Christentums, Kropotkin aus der biologischen Erkenntnis der gegenseitigen Hilfe. Kropotkin ist der Praktiker der Neuordnung ...« (»Der 80-jährige Kropotkin ist der praktische Ratgeber der Revolution gewesen.«) »An den Ausführungen des obersten Rates für Volkswirtschaft, Miljutin, erkennen wir, dass sich in Russland weitsichtige Finanzgenies und Wirtschaftspolitiker aktiv auf die Seite der Sowjet-Regierung gestellt haben. Die Nationalisierung, die Übernahme der Produktivmittel in den Besitz des Staates ist selbstredend ein weiter Weg und bei dem aktiven und passiven Widerstand mit Härten verknüpft. Auch die deutsche Regierung hat während des Krieges schon diesen Weg beschritten, um der völligen Verelendung der Ärmsten unseres Volkes entgegenzutreten. Ich meine die Lebensmittelverteilung, vor allem die Rationierung des Brotes. Hier müssen wir für die Zukunft anknüpfen: Arbeitsverteilung, Bodenreform.

Alles dies erreichen wir ohne blutige Revolution und schaffen somit ausreichende Lebensmöglichkeiten für jeden. Ein wirklicher Friede mit Russland, ein näheres Zusammengehen mit der Sowjetregierung wird unserem Wirtschaftsleben sehr zugute kommen, denn die Bodenreform in Russland wird in wenigen Jahren außerordentliche Überschüsse zeitigen, da diese ungeheure Kräfte der Landwirtschaft zuführt. Nach Abzug unserer Truppen aus der Ukraine wird auch dieses reiche Land dem neuen kommunistischen Regierungssystem, das Großrussland beherrscht, zufallen. Jeder Feldgraue, der dort unten war, hat diese Bewegung schon erkannt.«

»Kommunistisch geleitete Kolonien von Fremdvölkern, wie die deutsche Wolgakolonie, haben als Gemeinden gewisse autonome Verwaltungsrechte. Die Sowjetregierung sieht hier durch deutschen Organisationsgeist schon einen Teil ihres Regierungsprogramms verwirklicht. Die Bewilligung außerordentlicher Summen· für Bibliotheken und Schulen dieser deutschen Kolonien gehörte zu den ersten Taten der revolutionären Regierung. Das ist Frieden, auf dem Selbstbestimmungsrecht aufgebaut, und gibt ein ganz anderes Bild, als es unsere kindlich verängstigte bürgerliche Presse an Hand einer missleiteten Zensur malt. An diese Stelle gehört auch das herrliche menschliche Manifest Lenins gegen den roten Terror, der infolge des Attentats auf ihn ausgebrochen war.«

»Hinauf zur Liebe, zum Vertrauen, zur Wahrhaftigkeit, zum Aufbau, zum Frieden. Wir setzen anstatt nationaler Gegensätze den internationalen kommunistischen Gedanken des Völkerbundes, machen Frieden im eigenen Lande, befreien die Fremdvölker innerhalb unserer Grenzen ... Mir sagte einmal an der Front zur Zeit der Brest-Litowsker Verhandlungen ein höherer Generalstabsoffizier: Wir Deutschen müssen einen Frieden machen, der das Gift der Zerstörung für unseren Feind in sich trägt. Mit dieser Anschauung von Frieden muss aufgeräumt werden, denn das ist Krieg ... Krieg ist Schuld, blutige Schuld für uns alle. Sie kann nur getilgt werden durch die werktätige Liebe, durch den Sozialismus.

Unsere Feldgrauen kommen zurück, schaut ihnen ins Gesicht, seht dieses große Warum? Wofür? Könnt ihr Rede und Antwort stehen, habt ihr eure Seelen bereitet für den Empfang dieser Männer, denen ihr das Schwert gabt? Wehe euch allen, die ihr nicht bereit seid, die ihr resigniert mit leeren Händen dasteht. Habt ihr euren Geist völlig revolutioniert, frei gemacht von der Psychose des Jahres 1914, gereinigt vom falschen Patriotismus, vom Hass und von der Lüge? Seid ihr euch bewusst, dass es gilt ... den Vertrauensbruch an Belgien wieder gut zu machen, das elende Machwerk von Brest-Litowsk zu zerreißen?«

»Neu ordnen sich die Dinge. Der letzte Rest der Leibeigenschaft, die Abhängigkeit von dem spekulativen Geist einzelner, fällt. Die menschlichen Irrwege, auf die uns die Autokratie führte, liegen in heller Erkenntnis vor uns. Damit brach der Autoritätsglaube völlig zusammen. Nur in sich selber erkannte der Mensch den Weg, das ewige Gesetz, das ihn erlösen und herausführen konnte aus dem Grauen. Dumpf empfand jeder Denkende über sich ein Absolutes, zu dem alles, was man Schicksal, eigenes Wollen, Glücksuchen nennen kann, hindrängt. Heute weiß er den Weg. Er geht nur über die Liebe. Plötzlich offenbart sich ihm alles in ewigen Rhythmen gerichtet. Kein Opfer, kein Leid war zu groß, die größte Epoche menschlicher Entwicklung bricht an. Keine äußeren Dinge können uns nützen: kein Tempel, kein Kultus, keine Verherrlichung irgendwelcher Person, irgendeiner Weltanschauung. Niemand ist zu schwach, seine tiefste Kraft zu erkennen. Wir setzen den Menschen als Symbol der einzigen Wahrheit, der unvergänglichen Kraft, den Menschen als Expressionisten der Liebe. So richte dich selber als Beispiel in deinem Leben auf, in deiner Ehe, in deiner Familie, in deiner Gemeinde und in deinem Staate. Es gibt kein Ding der Welt, kein Ereignis, das du nicht mit dem Lichte dieser Kraft durchleuchten könntest. So erringst du bedingungslos und ohne Grenzen deine Freiheit, Frieden.«

Das fasziniert, ob gedruckt oder von Vogeler gesprochen. Und Vogeler wird bald häufig sprechen. Im Auditorium maximum der Universität Münster beispielsweise. Unter den Zuhörern dort befindet sich auch ein Student der Zahnmedizin. Er schreibt an Vogeler, und der schreibt zurück, fordert ihn auf, zu kommen. Er tut's, und während die meisten von denen, die ebenfalls hierher pilgern, wieder verschwinden, bleibt er: Benny Huys, der letzte der bedeutenden Worpsweder Landschafter.

Ergriffen, und zwar »immer wieder«, zeigt sich noch ein anderer: Rilke. Vogelers Satz: »Ein nie gekannter menschlicher Zustand ist im Werden: Frieden« ist es, der ihn bewegt. In dieser Feststellung sieht Rilke, »der ich seit so vielen Jahren sein Freund sein durfte«, »die Innigkeit des früheren Heinrich Vogeler, vermehrt um ein Unendliches: um ein wirkliches Gelittenhaben, um ein In-der-Hölle-gewesen-Sein und hernach Hoffen – ja, es ist eine immense Realität der Gefühlserfahrungen, aus der diese Worte hervorgehen – wie von einem Auferstandenen gesprochen, der nicht mehr zu beirren ist ...«

Rilke glaubt, dass Vogeler »nichts weniger als konsequent« und »leicht zu widerlegen« ist, und er ist sicher, »die näheren Verhältnisse um ihn herum widerlegen ihn jeden Tag«. Dennoch »rührt« ihn »dieser Ausdruck« von Vogelers »eigentlich schüchternem Wesen«. »Was«, so fragt er, »mussten in diesem, in seinen Verträumungen vielfältig und zielbefangenen Menschen für ... Stürze, für Erdbeben vorgehen, damit er sie aus sich herausrufen und zu wirken sich genötigt sah?«

Expressionismus – Impressionismus: das ist für Vogeler »der ewige Kampf der menschlichen Natur«. Impressionismus bedeutet »Abhängigkeit vom Eindruck, die Unfreiheit, der Zwang, der Krieg mit den Dingen der Umwelt, ihre Vergewaltigung durch den Intellekt«, Expressionismus dagegen Befreiung, Liebe, Tat, Friede. Als Beispiel für deutschen Impressionismus dient Vogeler das Bürgerliche Gesetzbuch, »das Hauptausdrucksmittel dieses Rechtes der Besitzenden«, aber auch das sogenannte Völkerrecht habe unsittliche Tendenzen. Impressionismus »ist eine symptomatische Erscheinung für den Verfall der bürgerlichen Kultur«, wobei es für die Kunst, »die vielleicht das einzige wahrhaftige Zeichen für den Geist einer Zeit ist«, vollkommen gleichgültig sei, ob sie auf dem Verfall oder auf dem Aufstieg einer Gesellschaftsklasse ihre Werke gestalte. Vogeler: »Der echte Künstler ist lediglich das Werkzeug der Zeit, in der er lebt.« Impressionistische Kunst sei mehr »ein technisch-naturalistisches Erkennen als ein seelisches Bekenntnis«.

Genannt werden in diesem Zusammenhang Rodin, Monet, Liebermann und Richard Strauss. »Die Kunst der vergehenden Zeit offenbarte überall das richtungslose Suchen, Borgen, Anlehnen an vergangene Stile, hatte alles Schöpferische verloren und landete immer wieder in barbarischen Naturalismen (Siegerallee). Der Ungeist herrschte, die äußere leere Form.«

Der Jugendstil ist es, in dem sich für den Jugendstilisten Vogeler der »völlige Verwesungsprozess, die groteske Vergewaltigung der Natur offenbart«. »Dann brachte die Malerei das chaotische Werden zum Ausdruck, das Losringen von dem Zustand des Verfalls und den Verfall selber. Formen und Farben, Erkenntnisse des Verstandes und des Herzens wirbelten durcheinander wie im Kaleidoskop: Futurismus!«

Im Dadaismus spiegelt sich die Schwindsucht der Epoche durch »impressionistische Mittel, durch Verstandeskombinationen und Konjunkturen vorüberhuschender Eindrücke, dann wieder durch reine starke Ansätze einer neuen, frei gestaltenden Ausdruckskultur«.

Der Bürger sieht's und erschrickt »bis in die Knochen«, »Instinktiv« fühlt er im »bunten Wirbel« des Dadaismus »den ganzen Zersetzungsvorgang« seiner Kultur. Den Snobs dagegen gefällt's: »selber zeugungsunfähig«, werden hier »eigene Seelenzustände der Verwesung bengalisch beleuchtet«. »Für uns«, so Vogeler, bedeutet Dadaismus »echte Kunst, in allen Formen und Farben schillerndes Symbol der Zersetzung einer vergehenden bürgerlichen Welt und wiederum ferne hoffnungsfrohe Klänge aus einem neuen Kinderreich«.

Im Expressionismus wird die Hoffnung zur Erfüllung: Beherrscht den Impressionisten »der naturalistische Stoff, die Konjunktur des Augenblicks, der vorüberhuschende Sonnenstrahl, der bewegliche Eindruck galoppierender Rennpferde, der koloristische Eindruck eines Gesichts«, so findet der expressionistische Künstler »im steten Ringen mit der Natur nicht die äußeren Dinge, die ihn umgeben, sondern nur seine eigene Natur, er bringt die eigene Gesetzmäßigkeit zum Ausdruck«. Vogeler: »Das expressionistische

Bild ist in seiner rhythmischen Kraft, seiner in sich völlig abgeschlossenen Einheit ein Symbol der Natur seines Schöpfers.«

Vogeler glaubt, dass die kommende Kunst ganz aus dem Handwerk wachsen wird. »Vielleicht werden sich wieder Handwerkergruppen, Arbeitsgruppen von künstlerischen Menschen bilden, die von Gemeinschaft zu Gemeinschaft ziehen, um ... Häuser und Räume zu schaffen, so wie in gotischer Zeit die Steinmetzschulen von Stadt zu Stadt und von Land zu Land zogen. In diesen expressionistischen Zeiten der großen Kulturepochen sehen wir auch deutlich, wie alle Persönlichkeiten völlig unter der großen Gemeinschaftsidee verschwanden: Ein Bildwerk von Riemenschneider wirkt an einem gotischen Dom wie ein organisches Teilstück, und trotzdem ist es, einzeln gesehen, der in jeder Linie erkennbare stärkste Ausdruck einer völlig in sich abgeschlossenen Persönlichkeit mit einem eigenen Empfinden.« Der expressionistische Maler habe keine Chance, wenn er nicht den Mut aufbringe, »sich ganz der aus der Besitzlosigkeit wachsenden Welt des Proletariats hinzugeben«, mit den Arbeiter- und Handwerkerkolonnen hinauszuziehen und hier ein »ewig sich wandelndes schöpferisches Leben zu beginnen«.

Stunde der Wahrheit war für Vogeler der Weltkrieg. Er bedeutete Grab, Verbrennung, Entscheidung. »Hier, im tiefsten Leid, unter dem Lichte der schmerzhaften Erkenntnis sieht der Mensch erst die Hohlheit seiner sogenannten Kultur.« Ein solcher Umwandlungsprozess erfolgt, wenn das Leid eine »so unsagbar schwere Belastung gebracht hat, dass der Tod, die Verbrennung« eintritt, Leid ist »ein unreiner Zustand«, Verbrennung »Erkenntnis«, die »reine Flamme«, die den Menschen befähigt, sich zu entscheiden: »von der Negation, Resignation, Hass, Zerstörung und Tod zur Auferstehung, zur Wandlung, zum ewigen Ja, zur Liebe«. »Der Entschiedene« ist der Liebende, der Schaffende, der Tatmensch, der Expressionist, der »Unentschiedene« der Konjunkturenmensch, der Impressionist. Tatmensch ist der, der die Dinge der Umwelt nimmt, um sie zu gestalten, der – wie der expressionistische Künstler – im Kampf mit der Materie die eigene Gesetzmäßigkeit erkennt, »die ihre Parallelen überall im Leben der Menschen, im Leben der Tiere und Pflanzen wiederfindet, und dessen Werk Ausdruck der Gesetzmäßigkeit und gleichsam Symbol seines seelischen Zustandes ist, ein Stück seiner Natur«. Der »Unentschiedene«, der Impressionist dagegen, ist völlig abhängig von seiner Umwelt, die für ihn eine Welt der Autoritäten und Konjunkturen darstellt; Gefangener von äußeren Eindrücken, sieht er in diesen das Leben.

Den Hymnen nicht nur auf den expressionistischen Tatmenschen, sondern auch auf den in diesem Sinne wirkenden Künstler folgt (laut »Aufbau«, Heft 12, 4. Jahrg. 1948) 1938 in Moskau eine Erklärung, wonach Vogeler den Expressionismus für den »Totentanz der bürgerlichen Kultur« hält, die letzte Stufe der bürgerlichen Kunst. Nur durch Formsprengung und Veränderung glaube der Expressionismus objektiv revolutionär zu sein.

»Expressionismus der Liebe« entsteht im Oktober 1918, das eben Zitierte – eine eigene Schrift – etwas später, nach der Revolution. Jetzt, im Sommer und Herbst, sitzt man sozusagen in deren Wartezimmer: eine gemischte Gesellschaft, die zwar den Haushalt größer macht, kaum aber die Einnahmen. Mit Dollars, »die uns sehr nötig waren«, erwirbt eine amerikanische Schriftstellerin das Bild »Der Kriegsgott«. »Inmitten des Bildes hockte drohend eine nackte Männerfigur vom Typ Hindenburg, die in der einen Hand ein Schwert, in der anderen eine brennende Fackel hielt. Der Hintergrund war eine verwüstete Kriegslandschaft, über dem Kopf Hindenburgs eine weibliche Figur, aus der der neue Mensch geboren wird. Der Schmuck, mit dem der Kriegsgott behängt war, bestand aus menschlichen Leichenteilen.« Vogeler: »Ein grausiges Bild.«

Für den Kritiker der »Weser-Zeitung« scheint er sich künstlerisch »völlig ausgegeben zu haben«. Das Blatt schreibt am 19. Mai 1918: »Sein lyrisches Talent bringt es in den letzten Werken zu keinem geschlossenen Eindruck mehr. Höchstens die russische Mühle kommt über saubere Pinselarbeit hinaus.«

Ganz anders dagegen die »Bremer Nachrichten« (22. Juli 1918): »Überraschend wirkt ... die Kollektion von Werken Heinrich Vogelers; sie ist geradezu ein Bekenntnis und wird allen, die Vogelers Entwicklung in den letzten Jahren mit Aufmerksamkeit und Teilnahme gefolgt sind, eine Offenbarung sein. Sahen doch viele seiner Freunde mit einer gewissen Sorge, wie sich Heinrich Vogeler vor einigen Jahren plötzlich von seiner ruhmvollen und erfolgreichen Vergangenheit löste, um sich neuen künstlerischen Zielen zuzuwenden, bei denen Vogelers anerkannte Kunst nichts gewinnen, sondern nur verlieren könne. Die jetzige Ausstellung ist dazu geeignet, Zweifler eines besseren zu belehren. Ein Bild vor allem ist aufschlussgebend. Es hat keine Bezeichnung, aber man könnte es nennen ›Ich lasse dich nicht, du segnest mich denn‹. Im Mittelpunkt der Bildfläche ist die Gestalt eines ringenden Mannes, der sich mit leidenschaftlicher Inbrunst an eine andere, in die Wolken entschwebende Gestalt klammert. Der Ringende achtet nicht auf die ihn umgebende schöne blühende Welt;

er sieht nicht, wie ihn seine Freunde verlassen; er ist allein mit seinem Glaubenskampf. Man erkennt, dass alles, was Vogeler, seit er mit dem Romantiker, dem liebenswürdigen Märchendichter brach, geschaffen hat, nur sozusagen Vorbereitung war zu diesem neuen und starken, aus tiefster seelischer Entwicklung stammenden Schaffen. Das Bild ist farbig und linear von kräftigem Rhythmus. Und trotz des lebhaften Tempos von erhabener Ruhe und Klarheit, von äußerster Konzentriertheit der Form.«

»Sehr interessant, wenn auch nicht von der gleichen sieghaften Kraft« ist für die Zeitung jenes »grausige Bild« vom Kriegsgott. Noch eine ganze Anzahl anderer Werke sei geeignet, »den Weg zu beleuchten, den Heinrich Vogeler in den letzten Jahren zurückgelegt hat. überall das Streben nach Erhöhung der Ausdrucksmittel, das Ringen nach Vertiefung. Sehr reizvoll ist, um nur ein einziges zu nennen, eine kleine französische Landschaft von unnachahmlicher Feinheit; auch ein im Unterstand gemaltes Stillleben von leuchtender Farbigkeit fällt auf. Ebenso einige Porträts von außerordentlicher Strafftheit der Zeichnung und der Palette. Was Vogeler von der jüngsten Generation trennt, ist, dass er die unmittelbaren Beziehungen zur Natur in seinen Gestalten aufrechterhält«.

Der November –

Vogeler fährt nach Bremen, um sich »zu orientieren ... marschierte mit einer Gruppe bewaffneter Matrosen ... zur Infanteriekaserne«, über die Aktionen der Matrosen heißt es in einem Zeitungsbericht: »Des weiteren spielte in die Ereignisse hinein ein gestern Vormittag von Wilhelmshaven auf dem hiesigen Hauptbahnhof eingetroffener Transport von etwa 100 Marinearrestanten, die nach dem Gefangenenlager Rethem a. d. Aller bestimmt waren. Diese verweigerten die Weiterreise und auch die Rückreise; sie wurden in den Lloydhallen beim Bahnhof verpflegt und beschlossen im Laufe des Nachmittags, sich der Gewalt der aus Marineinfanterie bestehenden Begleitmannschaft zu entziehen und den Bahnhof zu verlassen. Es geschah dies gegen 5 ½ Uhr unter Führung selbstgewählter Ordner, die streng auf Bewahrung der Ruhe hielten. Die Landsturmleute vom Seebataillon schlossen sich an. Das Ziel bildeten die Kasernen der hiesigen Garnison, zu der ungefähr zur selben Zeit eine Abteilung der in Oslebshausen inhaftierten Marinemannschaften marschierte, um in Verein mit Mannschaften der hiesigen Garnison in Unterhandlungen mit dem Garnisonskommando einzutreten. Die Belegschaften der Kasernen ... erwarteten die Ankommenden bereits auf dem Kasernenplatz und entschieden sich sofort, auf ihre Seite zu treten. Von den Offizieren der Garnison war Oberleutnant Opitz zur Stelle, der die Situation mit Geschick erfasste und den beiderseitigen Verkehr in ruhige, sachliche Bahnen lenkte. Es folgen die Verhandlungen zwischen dem Garnisonskommando und den Vertretern der Soldaten und Mariner. Das Ergebnis ist noch gestern Abend durch folgendes Flugblatt in der Stadt bekanntgegeben worden:

Die neue militärische Ordnungsgewalt in Bremen.
Bremen, den 6.11.1918
Zwischen dem Garnisonsältesten, Oberst Lehmann, und den derzeitigen Vertretern des Soldatenrates ... ist folgendes vereinbart worden:
1. Die militärische Gewalt in Bremen wird zur Vermeidung von Blutvergießen von jetzt ab ausgeübt durch den Oberst Lehmann und ... Mitgliedern des Soldatenrates ...

Während der Beratungen verteilten sich Soldaten und Mariner über die Kasernen, versahen sich zum Teil mit Gewehren und Munition, erzwangen sich auch die Erlaubnis, ihre Uniformstücke aus den Kammern zu ergänzen. So rückten sie dann in mehreren Zügen wieder ab, über den Marktplatz nach dem Bahnhof, wo sie Quartier und Verpflegung erhielten. Inzwischen war in den Militärarrestanstalten und im Polizeigefängnis ... die Befreiung zahlreicher Arrestanten erfolgt, die von ihren Kameraden jubelnd begrüßt wurden. (»Bremer Nachrichten« vom 7. November 1918)

An diesem 6. November, dem Tag des ersten Sieges, ergänzt Vogeler seinen »Expressionismus der Liebe« um folgenden Zusatz: »Nur die sozialistische Volksrepublik und ihre internationale kommunistische Tendenz kämpft in letzter Konsequenz für diese Ziele. Getrost können wir ihr die Führung zum wahren Frieden anvertrauen. Nur unter der roten Fahne der brüderlichen Gleichheit und Liebe zwischen den Menschen und Völkern werden wir alle imperialistisch und kapitalistisch orientierten Triebe der Friedensmoralisten erkennen und vernichten können. Auf zur gemeinsamen Arbeit!«

Am 12. November weilt Vogeler in Osterholz, seiner Kreisstadt. 2.000 Menschen sind auf den Beinen. Vogeler wird mit 19 anderen in den Arbeiter- und Soldatenrat gewählt. Man erklärt dem Landrat – Vogeler: »Er war bleich vor Wut ...« –, dass die Räte fortan als seine Beigeordneten fungieren würden. Ob er damit einverstanden sei? Er ist »einverstanden«. Sämtliche Beamte und Angestellte, die dieser Regelung zustimmen, sollen im Amt bleiben, die übrigen, so will es der Rat, »gelten als entlassen, ohne Entschädigungsansprüche erheben zu können«.

Auf dem Barkenhoff beschließt eine von über 50 Männern und Frauen besuchte Versammlung, »den Bestrebungen der Arbeiter- und Soldatenräte ihre wärmsten Sympathien auszusprechen. Die Ausführungen verschiedener Redner, die den sozialistischen Staat, den Völkerfrieden und den Neuaufbau des wirtschaftlichen Lebens in zukünftigen internationalen Staatswesen sowohl wie die Beziehungen der Menschheit in ethischer Richtung durchleuchteten, wurden von der Versammlung einstimmig angenommen. Es wurde beschlossen, tätig für diese Bestrebungen einzutreten und auch in Worpswede einen Arbeiter- und Bauernrat zu errichten. Um dieses durchzuführen, wurde beschlossen, die gleichen Fragen in einer großen Versammlung am Sonntag, 17. November, nachmittags 3 ½ Uhr im Schröderschen Saale zur Diskussion zu stellen. Diese Versammlung wurde zur Beschlussfassung ermächtigt. Das vorläufige Komitee bilden die Herren Vogeler, Störmer, Gieseke, Upphoff und Hoyermann. Die Bewegung zur Bildung von Arbeiter- und Bauernräten ist auf dem Lande im Wachsen begriffen«. (»Bremer Nachrichten« vom 13. November 1918)

Am 15. November weht auf dem Bremer Rathaus die rote Fahne. Das Bürgertum sieht's in zähneknirschender Trauer: »Die alte, freie und stolze Hansestadt Bremen steht seit gestern Abend vollständig unter dem Regiment der revolutionären Diktatur. Auf dem Rathaus ..., in welchem zahlreiche Ratsmänner in voller Hingebung ihre ganze Kraft unserem Staatswesen widmeten und wichtige geschichtliche Geschehnisse sich vollzogen, wo der deutsche Kaiser feierlich begrüßt wurde und viele Gäste ehrenden Empfang fanden, weht von heute an die rote Flagge. Der Arbeiter- und Soldatenrat hat gestern Abend, nachdem er in der Sitzung im Bürgerschaftssaale in der Börse erklärt hatte, dass Senat und Bürgerschaft nicht mehr bestehen, von dem Rathaus Besitz genommen.« (,»Bremer Nachrichten« vom 15. November 1918)

Die revolutionären Bremer freilich quittierten das Erscheinen der Fahne mit Hochrufen und der Marseillaise. Mannschaften der Garnison sind angerückt und haben vor dem Rathaus Aufstellung genommen, eine Militärkapelle spielt Marschmusik. Der Genosse Henke vom Arbeiter- und Soldatenrat feiert das Tuch als ein Symbol der Menschenliebe. Die Demokratie habe gesiegt und solle weiter siegen.

Und zum Zeichen dieses neuen Geistes, der jetzt in Bremen eingezogen sei, werde »nun auch auf diesem Hause« die rote Fahne gehisst.

In Worpswede »musste Kleinarbeit geleistet werden, in erster Linie Kontrolle unterschlagener Lebensmittel. Vor allem handelte es sich um die Erfassung von Korn, das der Spekulation diente«. Auf den Streifzügen wird er vom Dorfpolizisten begleitet. »Der zweite Arbeiter- und Soldatenrat war ein ganz intelligenter versoffener Schneider, aber ein gewalttätiger Mensch, dem ich auf dem Barkenhoff in dem alten Atelier am Stall mit seiner Frau Wohnung gegeben hatte, da er wegen seiner Gewalttaten, die ihn häufig ins Gefängnis brachten, bei niemandem mehr eine Unterkunft fand. Fritz Entelmann kannte aber alle Schliche der Bauern … Im Übrigen konzentrierte sich unsere Arbeit hauptsächlich auf die Landstraßenkontrolle, auch bei Nacht, und persönliche Fühlungnahme und Aufklärung unter den Bauern.«

Die »Worpsweder Zeitung« allerdings spuckt nachträglich Gift und Galle: »Wir, … kennen ihn von den ersten Revolutionstagen, mit der roten Binde am Arm in seiner Räteeigenschaft als Diktator und Wichtigtuer. So trat er zum Beispiel hier Mitte November in einer von ihm und einigen anderen Dilettanten zum Zwecke der Gründung eines Bauernbundes einberufenen Versammlung auf. Zu seiner Sicherung, er fürchtete wohl eine gehörige Tracht Prügel, hatte der ›Herr Rat‹ acht Soldaten mit je 35 Patronen herangezogen … Wir kennen diesen Märchenprinzen … auch als Führer der Gendarmerie bei Haussuchungen zum Beispiel bei einem Worpsweder Einwohner, dem Leiter eines Konkurrenzunternehmens der hiesigen Kunstausstellung Vogeler« (gemeint ist die Galerie von Vogelers Schwägerin Philine), »der fälschlich bezichtigt wurde, Schweinefleisch in seinem Besitz zu haben, welches in Bremen verschleppt worden war. Hier war also der ›ideale Herr Vogeler‹ Häscher im gewöhnlichen Sinne. Dieser selbe Herr Vogeler hat aber zu gleicher Zeit durch seinen Genossen und Duzfreund Entelmann auf der Geest Nahrungsmittel verschiedener Art … in Mengen aufkaufen lassen.«

Die gleiche Anschuldigung findet sich in der Worpsweder Akte der für die politische Überwachung zuständigen Dienststelle in Bremen. Danach hat Vogeler in seiner Funktion als Soldatenrat »Haussuchungen bei seinen Kollegen vorgenommen und ist dabei äußerst schikanös vorgegangen, insbesondere aber beim Suchen nach übergroßen Lebensmittelvorräten. Demgegenüber ist festgestellt worden, dass Vogeler selbst mit Lebensmitteln über alle Gebühr versorgt war«.

Noch zu Amtszeiten Vogelers mäkelt die »Wümme-Zeitung«, dass die Tätigkeit der Arbeiter- und Soldatenräte der Kreiskasse »unerschwingliche« Lasten auferlege. »Kann bestritten werden, dass diese Ausgaben im Monat die Summe von annähernd 10.000 Mk. erreichen?« Der Arbeiterrat in Worpswede bleibe darüber die Aufklärung schuldig. »Um unsinnige Gerüchte über die Besoldung der Arbeiter- und Soldatenräte auf die Wahrheit zurückzuführen«, hatte der Arbeiterrat in Worpswede, und damit Vogeler, der Zeitung geschrieben, dass die Aufgaben der Räte dort unentgeltlich und ehrenamtlich verrichtet würden. Die Sitzungen fänden möglichst täglich statt. Zu den Vollsitzungen würden Delegierte gewählt, die pro Tag eine Entschädigung von 20 Mark erhielten. Die Zahl der Delegierten werde möglichst beschränkt, um die Kreiskasse nicht zu belasten. Eine volle Entschädigung erhielten Kontroll- und Arbeitskommissionen des Arbeiter- und Soldatenrates.

Vogeler lebt mit den Zeitungen auf Kriegsfuß. »Immer wieder« und »mit Güte« habe er versucht, von den Aufklärungen, die von den Soldaten mitgebracht worden seien, etwas in die Presse zu bringen. Doch stets habe man abgelehnt. »Nicht einmal mein Märchen wollte man drucken, da auch hier auf dem Lande alle Zeitungen von den Kapitalisten abhängig sind und nur daran interessiert, jede Aufklärung zu verhindern: Die entsetzlichen Hinschlachtereien, die unsere Heeresleitung gegen die Kleinbauern in der Ukraine ausübten, dieser elende Polizeidienst für die Großgrundbesitzer, der jeden gesunden Mann aus dem Volk anwiderte.«

Widerstand erfährt Vogeler auch in seiner Eigenschaft als Presse-Kommissar, eine Funktion im Arbeiter- und Soldatenrat des Kreises Osterholz. So berichtet die »Wümme-Zeitung« am 21. Januar 1919 von der Zusendung mehrerer politischer Aufsätze, deren Aufnahme Vogeler »Unter Androhung von Zwangsmaßnahmen« verlange. In den Aufsätzen werde »für die Gemeinwirtschaft, den Kommunismus Stimmung zu machen versucht. Zur Begründung seines Vorgehens gibt der Arbeiter- und Soldatenrat an, die gegenrevolutionären Machenschaften der ländlichen Zeitungen zwängen ihn, unverfälschtes Tatsachenmaterial in diesen Blättern zu veröffentlichen«.

Die Zeitung weist den Vorwurf gegenrevolutionärer Machenschaften zurück. »Wir treten immer dafür ein, die gegenwärtige Regierung zu stützen und deren Anordnungen Folge zu leisten, damit Ruhe und Ordnung in Deutschland wieder einkehren. Täte es auch der Arbeiter- und Soldatenrat in Osterholz, so würde er uns nicht zwingen wollen, eine politische Meinung zu verbreiten, die wir nicht teilen.« Die Regierung habe den Räten wiederholt zur Pflicht gemacht, »jeden Eingriff in die Pressefreiheit und das Privateigentum aufs strengste zu vermeiden. Wir appellieren an die Gewissenhaftigkeit und an das Gerechtigkeitsgefühl der Mitglieder des Arbeiter- und Soldatenrates Osterholz und erwarten, dass sie ihre Anordnung wieder zurücknehmen«.

Folgsam erweist sich dagegen das »Osterholzer Kreisblatt«. Es bringt am selben Tag, an dem die »Wümme-Zeitung« sich öffentlich zur Wehr setzt, die Stellungnahmen des Pressekommissariats zur Wahl der Nationalversammlung. »Die Kommunisten standen stumm zur Seite. Keiner aus ihren Reihen wollte mitschuldig werden an der furchtbaren Zeit, der das deutsche Volk unaufgeklärt und verhetzt durch eine bürgerliche Lügenpresse entgegen geht. Erst wenn der Militarismus neu marschiert, der wiederaufgerichtete Kapitalismus zu neuen Kriegen treibt, wenn die Arbeiterschaft ... durch Anleihen an amerikanisches Geld verkauft ist, erst wenn der Kleinbauer unter der Last zusammenbrechen will, der Arbeiter für 50 Pfennig die Stunde mindestens 10 Stunden arbeiten muss, um dies Gold zu verzinsen, erst dann, wenn alle Produkte durch diese Belastung unerschwinglich im Preise sind, hat das Volk seinen Leidensweg hinter sich und ist reif zu gegenseitiger Hilfe, zur Gemeinwirtschaft, zum Kommunismus. Aber wehe, wehe den Führern, die dieses unaufgeklärte, arme, gepeinigte Volk zur Nationalversammlung führten, wehe ihnen, die die Kapitalwirtschaft neu errichteten und nun die werktätigen Arbeiter und Bauern mit Maschinengewehren unter dem Joche des Goldes in der Lohnsklaverei niederhalten müssen.«

Zu diesen Schuldigen rechnet Vogeler auch die »gesamte christliche Kirche«, die »einmütig für die Wiederaufrichtung des Kapitalismus, für die Unterdrückung der vom Leiden Belasteten eingetreten« sei. Die kommunistische Lehre, so der Presse-Kommissar in der Teufelsmoor-Gazette, plädiere für absolute Freiheit jeder Religionsgemeinschaft. »Da die christliche Kirche sich völlig abhängig gemacht hat von der kapitalistischen Staatsordnung, sucht der Kommunismus mit allen Mitteln das Recht der Besitzlosen auf gegenseitige Hilfe außerhalb der Kirche aufzurichten.« Vogeler: »Der Kommunismus will die Unabhängigkeit der Kirche vom Staate, die Freiheit der Religion und die Durchsetzung des gesamten Volkslebens mit dem lebendigen Christentum, dem Gesetz der gegenseitigen Hilfe.«

Gott ist die Liebe, aber die Kirche ist des Teufels: »Sie gab ihre Glocken für den Kanonenguss ... und opferte die Symbole des Friedens als klangloses Metall dem Götzen des Mammons.« Sie hat die »Grundlehre des Heilands« verlassen und auf ihrer »Höllenfahrt« alle Verbrechen an Besitz und Leben der Mitmenschen geheiligt. Blutbefleckt steht sie nun da »in dem Ringen um die neue Weltordnung des Friedens unter den Menschen«. So steht's in einem Aufsatz, den Vogeler eigens dem Thema Kirche gewidmet hat und der in der Bremer Zeitschrift »Neubau« 1. Jahrgang 1919, Heft 1, erscheint.

Neben der Kirche sitzt erneut die Presse auf der Anklagebank: »Die Zeitungen der hohen Finanz schafften mit allen Mitteln eine Pogromstimmung gegen die Kommunisten ... Der kulturelle Tiefstand unserer Presse, ihre völlige Abhängigkeit von der Börse, die Angst der privaten Profitwirtschaftler vor der gemeinsamen Bedarfswirtschaft zeitigte die sonderbarsten Märchen über die Kommunisten: Nicht nur, dass die Sowjetregierung wieder zum tausendsten Male im Sterben lag, Petersburg aufgegeben, die Entente mit Riesenheeren marschieren sollte, nein, auch alle ihre Maßnahmen zum Einsparen jeder Kraft für die Gemeinwirtschaft wurden für die Spießbürger in der launigsten Weise frisiert. So gab die ›Nationalisierung der Frau‹ der erotisch bedrängten Phantasie hasserfüllter Kapitaljournalisten die beste Gelegenheit, bis in die ländlichen Pastorenkreise hinein die aufgeregten Hirne zu verseuchen. Märchenhafte Dinge über das Leben der Kommunisten, den Abschaum der Menschheit, die in Amerika die Neger auf den Straßen lebendig verbrennen, Greuellügen, verbreitet durch eine korrumpierte verlogene Presse, halfen nach, die nötige Pogromstimmung zu erzeugen.« Vogeler: »Die Kirche machte mit.« Auch »der feige Mord entmenschter Soldateska an Rosa Luxemburg, Liebknecht ... brachte die sogenannten Christen ... nicht zur Besinnung, trotzdem jeder ehrlich denkende Mensch in den Worten über Krieg und Frieden von Karl Liebknecht einen tieferen christlichen Sinn entdecken musste, wie in den Phrasen der staatlichen Hüter des ›Wortes Gottes‹«.

Dass die »Wümme-Zeitung« und ebenso die »Worpsweder Zeitung« sich gegen die »Vergewaltigung der Pressefreiheit durch das Pressekommissariat des Arbeiter- und Soldatenrates Osterholz« verwahrt und den »gegen die Kirche gerichteten, von unbewiesenen Schmähungen strotzenden Artikel nicht aufgenommen haben«, wird von einigen der »staatlichen Hüter des Wortes Gottes« in einer Zuschrift an die Redaktion der »Wümme-Zeitung« »mit großer Genugtuung« vermerkt. Vogelers Wirken auf diesem

Gebiet scheint allerdings selbst den Genossen Unbehagen zu bereiten, denn die »Bremer Nachrichten« vermelden am 25. Februar: »Vor kurzem hat nun der Arbeiterrat Osterholz seinen bisherigen ›Presse-Kommissar‹, den Kunstmaler Heinrich Vogeler, der bekanntlich Kommunist geworden ist, abgeschüttelt und in einer Zuschrift an das Kreisblatt betont, dass man doch nicht dem Arbeiter- und Soldatenrat in die Schuhe schieben möge, was von einem einzigen Mitgliede geschehen sei.«

Aus dem Bourgeois ist ein Bürgerschreck, aus dem Kapitalisten ein Kommunist geworden. Wie einst Marx, verfasst der rote Paulus aus Worpswede ein »Kommunistisches Manifest«, freilich mit Rückgriff auf die Bibel: Wie die Könige und Hirten in dunkler Nacht den Stern des Glaubens, der Liebe und der Hoffnung über sich erstrahlen sahen, so erkennt die heutige Menschheit in der Revolution das Licht der Welt. Aus der sozialistischen Revolution sieht Vogeler »ein wunderbar bewegtes Leben nach einer höheren Kultur« hervorwachsen. Sozialismus, das ist: »die Fackel der Liebe zu erheben« und der gesamten Völkergemeinschaft voranzutragen. Während in der bürgerlichen Gesellschaft das Kapital die Macht verkörpert, verkörpert in der Kommune jeder einzelne die Macht über das Kapital. »Somit erkennen wir, dass Kommunismus zur absoluten Freiheit und Selbstbestimmung jedes einzelnen führt.« Die Aktivitäten für das Wohl des anderen erhöhen die eigenen Lebensbedingungen. Der Weg zur Kommune ist »einfach und klar«: Aufhebung jeglichen Besitzes. Die Kommune beleiht den früheren Eigentümer mit dem, was einst ihm, nun aber dem Staat gehört. »Jetzt ist er Kommunist.« Nicht mehr Herr, sondern Verwalter seiner Güter, seines Kapitals.

Unbehagen beschleicht den »neuen Lebensmann«: hohe Löhne, Abschaffung der Akkordarbeit, Achtstundentag – »Wo soll das hin?« – »Skeptisch und einigermaßen resigniert geht er in die Fabrik.« Schließlich sagt er sich: »Ich mache die Sache, so lange ich kann, dann ist das Kapital verbraucht, und die Arbeiter können sehen, was wird.« Aber »ein seltsamer Geist ist in die Leute eingezogen. Was gestern noch das ganze Unternehmen in Frage stellte, die Passivität und der persönliche, materielle Vorteil des einzelnen, ist ... völlig abgetan. Ein alles überwindender Wille, das Unternehmen auf gesunde Basis zu stellen, ist da, selbst bei dem geringsten Arbeiter, denn von heute ab ist das große Werk sein und erfordert seine ganze Kraft ... Die Fabrik wurde eine Kommune, die alle Lebensbedürfnisse ihrer Mitglieder in die Hand nahm und die eigenen Produkte als Austauschmittel nutzte«.

Erneut wundert sich der frühere Besitzer, doch diesmal »über sein vergangenes, sorgenvolles Leben mit den abertausend Überflüssigkeiten, mit den Verantwortungen, Verfügungen und Verboten, mit dem Heer von Beamten, Aufsehern und Kontrolleuren. Jetzt wurde jeder Wert umgesetzt, schaffte bessere Lebensverhältnisse und somit bessere Produktionsmittel für seine Mitarbeiter. Eine nie geahnte Kraft wächst ihm entgegen. Die früheren Hemmungen zwischen Arbeitgeber und Arbeitnehmer sind in wechselwirkende Kräfte verwandelt«.

Die sozialistischen Gesetze weisen dem »Lehensnehmer« den Weg. Diese mit Leben zu erfüllen, ist seiner Initiative überlassen. Kommunist ist der, der alle positiven Kräfte dem Ganzen dienstbar macht, alle negativen in schaffende Kräfte umwandelt oder, wenn krank und unbrauchbar, menschenwürdig versorgt. Vogelers Kommunist kennt »keinen Klassenhass, keine Vergeltung, keine Enteignung aus Rache«. Er will die »göttlichen Güter der Erde ... jedem Menschen dienstbar machen«.

Das Worpsweder kommunistische Manifest schildert, wie das Leben »so eines Kommunisten« aussieht. Für Wohnung und Lebensmittel sorgt die Kommune, »der alle Produktivmittel und aller Besitz zu eigen sind«. In der Schule lernt das Kind die Bedürfnisse der Gemeinschaft kennen. Der Geschichtsunterricht zeigt den »großen Kampf des kapitalistisch orientierten Menschen mit den kommunistisch Gesinnten durch alle Jahrhunderte bis zur Weltrevolution«, während die Religionsstunde den »logischen Weg der Ethik im Leben der Menschen« weist und das »Streben aller Religionen nach der kommunistischen Vereinigung« schildert, »wie sie die Weltrevolution verwirklichen wird«. Der Umgang mit den Zahlen baut sich »auf Anschauungen aus der Kommune auf«. Sinn der Schule und gleichzeitig eine sich »ewig steigernde Kraft« ist der immer währende Austausch mit den volkswirtschaftlichen Bedürfnissen. Die individuelle Veranlagung entwickelt sich inzwischen durch die Mithilfe der Kommune.

Manifest-Schreiber Vogeler: »Es ist ein Irrtum, zu glauben, dass die Kommune den Menschen proletarisiert: sie individualisiert die Massen.« Besonderen Wert ist »auf die Zufluchtshäuser für Kranke und Schwache und für Alte ... zu legen«. Rechnung zu tragen ist ferner dem »starken Bedürfnis der Industriearbeiter, in jeder Jahreszeit ihren Körper durch Arbeit in ländlichen Kommunen aufzufrischen«. Durch Übernahme der chemischen Fabriken verschwindet ein »Krebsschaden aus unserem Wirtschaftsleben. Die

Wucherpreise für die einfachsten Medikamente, die unsere intelligenteren Ärzte immer mit gerechter Erbitterung erfüllten, fließen nicht mehr in die Taschen der Aktionäre ..., die Präparate werden in weitgehendstem Maße der Gesundung des Volkes zugeführt«. »Zu neuer Blüte« wird sich das »rein völkische Leben« entwickeln, »den Menschen freut es wieder, die Gebrauchsgegenstände des täglichen Lebens individuell zu gestalten und fabrikmäßig hergestellte Massenware ... durch Handwerkskunst zu ersetzen«.

Der Weg zum Frieden, sagt Vogeler, ist gezeichnet, aber er liegt nicht zwischen den Paragraphen des Völkerrechts. Gehen kann ihn nur der »große Gläubige«, der auf den »dauernden, unzerstörbaren Frieden zwischen Mensch und Mensch, zwischen Volk und Volk« setzt, der »den tierischen Egoismus in sich überwand und das ewige Gesetz der werktätigen Liebe für sich und alle zurückerobert«. Dieser Werktätige der Liebe ist nur einer: der Kommunist. Und wie er ihn sich vorstellt, sagt Vogeler auch: parteilos und frei.

»Im Allgemeinen«, so die »Bremer Nachrichten« am 19. Dezember 1918, »folgte die Versammlung gern seinen in schöner Ausarbeitung vorgetragenen Ausführungen, gab ihm aber auch verschiedentlich durch Widerspruch ihre gegenteilige Meinung zu verstehen und bekundete ihm ihr entschiedenes Missfallen, als er von dem ›lächerlichen Glauben an die Nationalversammlung‹ sprach.« Vogeler hatte in einer öffentlichen Versammlung, »die den ... Saal ... bis auf den letzten Platz füllte«, unter dem Titel »Kommunismus und Weltfriede« sein Manifest vorgetragen. Eine mehr als dreistündige Aussprache schloss sich an. Die bürgerlichen Gegner hielten Vogeler und seinen anwesenden Freunden vor, »dass es in der heutigen Zeit mit ihren drängenden Aufgaben ein Verhängnis wäre, kommunistischen Ideen nachzuhängen, deren Verwirklichung dem jetzigen Geschlecht als ganz aussichtslos erscheinen müsse. Alle Versuche, sie doch in die Tat umzusetzen, würden schweres Unglück über das deutsche Volk bringen, wie denn auch bislang alle in bester Absicht gegründeten kommunistischen Gemeinwesen, z. B. der Jesuitenstaat in Paraguay, zu Grunde gegangen seien. Das möchten die ›Worpsweder‹ bedenken ... Herr Bardenheuer ... fragte, wie sich denn die Kommunisten den Wirtschaftsplan für die nächsten zwölf Monate dächten. Die Antwort blieb aus. Oder wollte sie Herr Uphoff geben? Von ihm wurde die Beschlagnahme aller Vermögenswerte – Beschlagnahmen sei man gewohnt – gefordert. Sie könnten dann den Besitzenden leihweise in pflegliche

Behandlung gegeben werden, bis die Enteignung durch den Staat erfolge, worüber vielleicht in manchen Fällen Jahrzehnte verstreichen würden. In seinen Ausführungen versicherte Herr Uphoff, dass die Spartakusleute ihre provozierende Sprache nur aus dem Grunde führten, um das Proletariat in Atem zu halten. Die Spartakusleute würden nicht zuerst schießen (Zurufe: Naiv!)«.

Unter der Überschrift »Die Insel der Unseligen« höhnt das »Bremer Volksblatt«: »Am Sonnabend sprach im Casino Herr Heinrich Vogeler über ›Gemeinwirtschaft‹. Die gähnende Leere des Saales machte denselben kläglichen Eindruck wie die vorgelesene Rede des Referenten. Was Herrn Vogeler mit seinem Ideal-Kommunismus anbelangt, so können wir ihn ruhig gewähren lassen, er wird den Gang der Weltgeschichte in keine anderen Bahnen lenken.«

Mit diesem »Ideal-Kommunismus« beschäftigt sich auch die »Vossische Zeitung«, in der Vogeler eine Anfrage, warum er Kommunist sei, u. a. so beantwortet: »Gespräche mit leitenden Männern, der ganze interne Aufklärungsdienst, die Kriegsberichte, die Zensur, die freudige Begrüßung der bolschewistischen Revolution bei anderen Völkern, der Frieden von Brest und Bukarest, zeigten mir klar, dass ich, wie Millionen von Männern, für die tiefste Unwahrheit hinausgezogen war. Damit begann ich für die Erkenntnis der Wahrheit alles einzusetzen, um die Last der Lüge nicht durch mein ganzes Leben weiterschleppen zu müssen. Im Januar 1918 schrieb ich, in dem freudigen Glauben an den Sieg des Rechtes, der Wahrheit, meine Vorahnung für den kommenden Zusammenbruch als logische Folge der fehlenden Ethik in dem politischen Leben unseres Volkes, an die höchste Stelle unseres Reiches und der militärischen Leitung. Folge: Ich wanderte in die Beobachtungsabteilung für Geisteskranke. In keiner Weise verbittert, nur durch das klösterliche Leben frei und gefestigt, lernte ich das Wort der Bibel verstehen: Liebet Eure Feinde. Waren sie es doch, die mich in die Anstalt schickten, die mir auch ohne ihren Willen diese klare Sicht in dem größten Werden der Menschheitsgeschichte vermittelten. Völlig parteilos, mit dem glühenden Wunsche, zu helfen, suchte ich nach meiner Freilassung in Vorträgen die Menschen aufzurütteln, sich von der entsetzlichen Blutschuld zu befreien, ihren Besitz und ihre Arbeitskraft rückhaltlos hinzugeben für den Neubau einer freien Gemeinschaftsordnung unter Menschen und Völkern. Grenzenlos, klassenlos, parteilos auf gegenseitige Hilfe gebaut, so sehe ich die neue Gesellschaft der Menschen, erfasse ich klar den einzigen Weg aus dem wirtschaftlichen Bankrott und aus dem

Bankrott unserer flachen Zivilisation, die wir Kultur nannten ... Dass diese Frauen und Männer meine kleinen Schriften zu Tausenden und Abertausenden drucken und verbreiten. Schriften, die sich gegen alle Gewaltmaßnahmen richten, zeigt mir, dass die arbeitende Masse lieber heute wie morgen jede Mordwaffe von sich wirft, ihre ganze Arbeitskraft dem Neubau der Wirtschaft und Gesellschaft widmen würde, wenn die Erkenntnis in den bürgerlichen Kreisen reifte, dass die völlige Hingabe eines jeden an die Gemeinschaft des Volkes der Läuterungsprozess ist, der unser Volk und die gesamte Menschheit dem höchsten Ziele entgegenführt, dem Frieden. Seien wir hart gegen uns selber, übersehen wir mit rückhaltloser Offenheit den ganzen Zusammenbruch, so müssen wir die Profitwirtschaft überwinden und zur Bedarfswirtschaft reif werden; nur auf diesem Wege liegt die Gesundung unseres Volkskörpers; das ist Kommunismus ...«

In einem Kommentar schreibt die Zeitung dazu: »Subjektiv ist danach seine Entwicklung zu erklären erstens durch bitterstes Kriegserlebnis, zweitens aber durch die rohe und geistwidrige Art, in der die Militärbürokratie eine Kundgebung des Menschenfreundes Vogeler beantwortete. Man steckte ihn ins Irrenhaus, und eben dort ist er erst zum Kommunisten geworden. Vielleicht wäre Vogeler, wenn ihn nicht rohe Kräfte aus seinem Gleise geworfen hätten, doch nicht auf der kommunistischen Insel gelandet. So erklärt Vogelers Bekenntnis vieles. Aber kann es anders überzeugen? Vogelers Reinheit und selbstlose Denkungsart mögen gerade in seiner Heimat Proselyten machen, aber kann er selbst sagen, dass er der Mann ist, der entscheiden könne, wie man von der ›Profitwirtschaft‹ zur ›Bedarfswirtschaft‹ übergehen könne? Können wir, solange wir Baumwolle, Weizen, Fett, vielleicht auch Tee und Kaffee brauchen, uns von den Gesetzen internationaler Wirtschaft ausschließen? Wir mögen uns innerlich noch so läutern, auch die geläutertsten Deutschen werden deshalb nicht eine Tonne Mehl und nicht einen Ballen Wolle geliefert bekommen. Seelenreinheit schafft leider noch keinen Weltkredit ... Deshalb hören wir Vogelers Bekenntnis mit Ergriffenheit an, aber wir versagen ihm die Zustimmung auf einem Gebiete, auf dem der reinste Künstler uns nicht sachverständig scheint. Noch mehr, wir hören den edlen Schwärmer teilnehmend an, aber wir fügen seinem Appell eine Warnung an. Nie waren Phantasten dem deutschen Volke gefährlicher als heute. Kann Heinrich Vogelers Arbeitsplatz anderswo sein als bei seiner Leinwand?«

Nein, antwortet Ludwig Roselius, der beinahe wörtlich seinem Freund die gleichen Fragen und Vorwürfe vorträgt. Während in einer vom »Deutschen Frauenausschuss für dauernden Frieden« veranstalteten Versammlung viele Zuhörer Vogelers Expressionismus der Liebe »mit Ergriffenheit ... zustimmten«, hält Roselius ihm entgegen, »dass schon vor 2.000 Jahren ein Größerer das Evangelium der Liebe vergeblich gepredigt habe«. (»Bremer Nachrichten« vom 20. November 1918)

In einem Brief, den er Vogeler nach diesem Abend im Bremer Gewerbehaus schreibt, heißt es: »Ihre Antwort, dass Ihr Thema besonders aktiv wirken wird, scheint mir ein Irrtum zu sein. Es ist nur aktuell, in Wirklichkeit ... verhindert es das deutsche Volk am Ausbau eines gesunden und vernünftigen, lebensfähigen Sozialismus, der allein imstande ist, unsere Zukunft zu retten. Sie geben uns paradiesische Bilder, ohne den Weg zu nennen.«

Bei der von Vogeler propagierten Einführung des Kommunismus würden im Deutschen Reich keine 30 Millionen Menschen notdürftig Nahrung finden. »Was soll mit den andern werden?« Roselius hält es »für ein großes Unrecht, Hoffnungen und Gedanken in dieser schweren Zeit anzuregen, welche unerfüllbar sind«. Ein »schweres und großes Unrecht« sei ferner, dass er in einer Frauen-Versammlung, die an den Sieg des Pazifismus glaube, weil der Militarismus überwunden scheine, den Frauen »die Waffen aus der Hand« nehme, »die sie in allernächster Zeit dringend und notwendig brauchen werden, um ihre neu errungene Freiheit verteidigen und schützen zu können. Der wirkliche Sieger in diesem Kriege ... ist weder der Pazifismus, noch der Sozialismus, sondern es ist der britische Maritimismus und Militarismus mit der dahinterstehenden Geldmacht«.

Für Roselius war das deutsche Volk »nicht hart genug hinter der Front«. »Allen anderen Völkern der Welt im Staatssozialismus und in produktiver Geisteskultur weit überlegen, unterlagen wir selbst der nüchternen brutalen Kraft sowie einer überlegenen Staatsmannskunst, die es verstanden hat, alle Leidenschaften, alle Parteien und alle Ideale des deutschen Volkes gegen dieses selbst auszuspielen.« Jetzt habe sie der Feind »an der Gurgel«. »Aus dieser entsetzlichen Lage können wir uns nur befreien, wenn wir uns keine Illusionen über das Geschehene und über die Zukunft machen.« Gelinge es »uns bürgerlichen Kreisen« nicht, die Arbeiter und Soldaten von der Richtigkeit eines geordneten Programms zu überzeugen, »so hat das Volk Goethes für die nächsten Hunderte von Jahren ausgespielt«.

Sozialismus und Selbstbestimmungsrecht seien fundamentale Gegensätze. Finde man keine Organisation, die diese Gegensätze im friedlichen Wettbewerb nebeneinander arbeiten lasse, »so wird Ihr Expressionismus der Liebe im Bürgerblut erstickt werden und Deutschland wird auseinanderfallen«. Das alles gesagt in »herzlichster Verehrung und Freundschaft« sowie mit dem Zusatz: Die soziale Neugestaltung der Welt könne nur durch harte und nüchterne Arbeit vorbereitet und nur durch die Völker selbst geboren werden, aus eigener Volkserkenntnis, nicht aber durch Zwang, »auch wenn wir ihn in das Gewand der Liebe kleiden«.

Vogeler, ebenfalls »in Freundschaft und mit herzlichem Gruß«: »Mein Expressionismus der Liebe unterscheidet sich nicht von den Zielen irgendeiner Religionsgemeinschaft, besonders vom Christentum; er will das Gleiche. Und noch nie ist ein Krieg aus Nächstenliebe entstanden, stets aus dem Missverstehen der christlichen Lehre. Dass irgendetwas an der Aktivität der Liebe zu erkennen ist, hat mir mein ganzes Leben gezeigt, und vor allem der Krieg, wo mir meine politischen Feinde ihre Herzen öffneten, um mit mir Unteroffizier zu kämpfen, seien es auch kommandierende Generäle. Die unblutige Revolution ist doch das beste Symbol der Aktivität der Liebe. Aktuell sind meine Worte nie, es ist ganz gleich, zu welcher Zeit sie geschrieben sind; sie sind zwanzig Tage vor der Revolution geschrieben und scheinen auf Sie noch aktuell zu wirken, was mir nur der Beweis ihres Dauerwertes ist. Betreffs des Weges: Hier draußen richte ich die Übernahme der Produktionsmittel durch den Staat ohne Bajonette ein, gelingt es mir mit diesen reaktionären Bauern ..., so genügt mir die Tat des praktischen Sozialismus sicher. Haben sich meine Träume erfüllt, warum soll ich so nicht weitermachen, nur der reine Idealist ist der beste Realpolitiker.«

Roselius: »Wenn die Revolution verhältnismäßig unblutig verlaufen ist, so liegt das daran, dass die Urheber der Revolution mit großer Geschicklichkeit verbreitet haben, in Frankreich und England sei es auch so. Mit Aktivität der Liebe hat das nichts zu tun.

Die Nächstenliebe ist aktiv seit ihrer Bekanntgabe durch Jesus Christus. Aktuell ist lediglich die Vogelersche Anwendung in Verbindung mit Malerei und Sozialismus. Der Kausal-Zusammenhang fehlt, es wird nur eine schwere Täuschung zurückbleiben. Wahrheiten aber hinterlassen kein Gefühl der Täuschung ...

Wie wenig kennen Sie doch das Leben. Ernsthaft glauben Sie, dass die kommandierenden Generäle sich mit Ihnen als Unteroffizier unterhalten haben. Die Leute sprachen mit dem berühmten Maler Heinrich

Vogeler. Sie täuschen sich selbst, wenn Sie glauben, durch Predigen kommunistischer Ideale den Bauern die Produktionsmittel nehmen zu können. Der Bauer fügt sich vorübergehend, weil er Denunziation und Terror fürchtet; sobald dieser Druck, der weit schlimmer ist und grausamer als eine durch Bajonette geschützte geordnete Verwaltung, nachlässt, wird sich der Unwille der Bauern gegen Sie kehren. Das Gefühl aber und die Gedanken der Bauern beeinflussen Sie durch Ihre Arbeit noch nicht um Haaresbreite. Sie dienen also nicht dem Sozialismus, sondern nur der Freude am egoistischen Experiment.«

Vogeler: »Kann sich der Sozialismus jetzt nicht auf ganz breite menschliche Basis stellen: ethisch, so fallen wir wieder zurück und müssen mit demselben Schwindel von 1914 anknüpfen; dann, wehe, werden wir von Revolution zu Revolution fallen. Ich ... verdamme jede Macht, die auf der Spitze der Bajonette ruht, und weiß, dass eine Weltanschauung, die sich auf Hass und Klassenhass aufbaut, zum inneren Krieg führt ... Selbstredend müssen wir mit allen anderen Völkern kommunizieren ...; wenn aber niemand mit dem Guten beginnt, frisst sich das Schlechte weiter. Wenn Deutschland ohne Bodenschätze wäre und ohne geniale Erfinder, Wissenschaftler, Chemiker usw., dann könnten keine 30 Millionen notdürftig Nahrung haben. Dass der arbeitende Mensch der wertvollste und einflussreichste in der Kommune ist, das ergibt sich von selbst, so auch bei den Russen ... Ganz recht, die russischen Verhältnisse können nicht einfach von uns übernommen werden. Gerade weil die ukrainische Frau so prachtvoll, zielbewusst arbeitet, ist sie die Herrschende: wenn Sie einmal diese Frauen beieinander gesehen hätten, so wäre Ihnen der freie, selbstbewusste Blick und die stolze Haltung als das Charakteristische erschienen.«

Roselius: »Pferde und Rindvieh, die gut zu fressen bekommen und täglich ihr Quantum Arbeit leisten, haben auch den freien, selbstbewussten Blick und die stolze Haltung der ukrainischen Frauen.«

Vogeler: »Sie glauben fest an die Macht des Kapitals, an die Maschinengewehre auf den amerikanischen Fabriken. Ich glaube lediglich an die lebendige Zeugung der Idee, an die rote Fahne.«

Roselius: »Ehrlichen, wahren Kommunismus gibt es überhaupt nicht, nicht einmal in einer Schafherde. Allen Reiz des Lebens finde ich persönlich in der Ungleichheit der Menschen ... Sie verlangen, dass das deutsche Volk mit dem Kommunismus beginnt, weil er gut ist. Den Beweis des Guten können Sie niemals führen. Sie selbst haben sich dem Gedanken nur genähert, um einen innerlichen Ausgleich für eine Seelenzerrissenheit zu finden, die Sie sonst zugrunde gerichtet hätte. Bei gewöhnlichen Menschen würde ich es Feigheit nennen, wenn man in einer unhaltbaren Lage nicht den Mut zur Härte und Klarheit gegen sich selbst findet. Bei Ihnen nenne ich es selbstgewähltes Märtyrertum, um einen neuen entsprechenden Ausdruck für Ihre Kunst zu finden.«

Vogeler: »Ich danke für die Märtyrerkrone. Wenn ich sie bei mir nicht entdecken kann und fähig bin, mein Leben zu intensivster Kraftentfaltung, zum reinen Aktivismus zu bringen, genügt mir das. Wie es wirkt, ist, wie Sie wohl aus meiner ganzen Weltauffassung erkennen können, gleichgültig,«

Roselius: »Sozialismus heißt doch wohl in erster Linie, das Gemeinwohl anerkennen und für seine Erfüllung sorgen. Wer ist nun der bessere Sozialist – ein Mensch, der die Wirklichkeit der Dinge sieht und erkennt und für die Gemeinschaft der Menschen, für deren Wohlbefinden in körperlicher und geistiger Beziehung wirkliche Leistungen vollbringt, ohne diese Menschen zu schädigen, ohne Rücksicht auf die Hilfsmittel, mögen sie nun der Sozialismus selbst oder aber Militarismus, Kapitalismus und wie immer sonst heißen, oder der Idealist, der eine unmögliche, theoretisch reine Form des Sozialismus der Menschheit zu bescheren wünscht, und durch das Aufwerfen dieser verführerischen, unerfüllbaren Gedanken die Menschheit so gegeneinander hetzt, dass sie sich gegenseitig ausraubt und totschlägt? ... Vielleicht waren die russischen Führer keine Mörder, sondern nur Idealisten, die einen kranken Körper durch Salzsäure wieder gesund machen wollten. Sie gaben aber nicht die bekannte ein-prozentige Lösung der Apotheken, sondern wandten, um es recht gut zu machen, die konzentrierte zehn-prozentige Lösung an ... Wissen Sie nicht, dass jetzt das Kapital seine Truppen nach Russland geschickt hat, um dem Morden der Sowjets, der Lenins und Trotzkis Einhalt zu tun?«

Vogeler: »Glauben Sie ... nicht, dass ein Pazifist einen Frieden machen kann; niemals kann es der Kapitalist ... Was nützen mir Pazifisten, wenn sie nicht Sozialisten sind? Das ist eitler Sport. Alle Pazifisten auf irgendeiner anderen Grundlage, die nicht bei dem völligen Umbau der menschlichen Gesellschaft anfingen, sind heute schon am Ende ihrer Weisheit ...«

Roselius: »Sie meinen, dass niemals ein Kapitalist Frieden machen kann. Wissen Sie nicht, dass Rothschilds schon sehr häufig Frieden gemacht haben und dass fast alle Friedensschlüsse durch den Zwang des Kapitals, indem die Kredite verweigert wurden, herbeigeführt worden sind? ... Ich kann Ihnen nur sagen, dass innerhalb 14 Tagen der Bolschewismus in Russland ausgespielt haben wird.«

Vogeler: »Eine praktische Frage: Können Sie mir 4.000 Mark leihen, wogegen ich Ihnen mein Bild ›Die Tänzerin mit den gekreuzten Armen‹ vom 1. Dezember ab als Pfand gebe? Wir sind hier gezwungen, eine Volksküche einzurichten.«

Roselius: »Um eine Volksküche einzurichten, gebrauchen Sie 4.000 Mark. In dem Dorf Worpswede, das sich über einige Quadratkilometer erstreckt und wo nur einige hundert Menschen wohnen – dort eine Volksküche! Ich müsste Ihnen jetzt ernsthaft den Rat geben, zum Arzt zu gehen, wenn ich nicht die Erklärung bei der Hand hätte: Sie sind nichts anderes mehr als ein Medium für die Kräfte, welche auf Sie einwirken. Ihre Bilder drücken das entsetzliche Elend, das die Menschheit befallen hat, aus. Da Sie als Maler nichts Unkünstlerisches zu produzieren imstande sind, so lösen Sie das Entsetzlichste doch wieder in Farbenharmonie und Rhythmus auf. Der Mensch Vogeler ist nun aber nicht dem Künstler Vogeler gleichwertig. Abseits Ihrer Kunst liegende Lebensbetätigungen sind weiter nichts als Spiegelbilder der eigenen Selbstsucht oder Reflexe der Selbstsucht Ihrer Mitmenschen ... Ihnen genügt es, Ihr eigenes Leben zu intensivster Kraftentfaltung, zum reinen Aktivismus zu bringen. Wie es wirkt, ist Ihnen gleichgültig. Das ist Egoismus, der an Fanatismus grenzt. Sie sind um nichts besser als der Protz, der mit seinem Auto, nur um die Lust an der Geschwindigkeit zu haben, Hühner, Hunde und Kinder niederfährt, ohne sich umzusehen ... Infolge Ihres neuesten ›Sports‹ haben wahrscheinlich verschiedene infizierte Dämchen keine Lust mehr zum Kochen; es macht ihnen mehr Spaß, Revolution zu machen, sie wollen daher andere Menschen für sich kochen lassen, und Sie, Heinrich Vogeler, sollen die Mittel dafür liefern. Ich möchte Spielereien in dieser ernsten Zeit nicht unterstützen. Geben Sie das Geld zur Linderung wirklicher Not, so will ich das Bild nehmen, aber nur dann,«

Vogeler: »Dass Kommunismus der Weg zur stärksten Ausbildung der individuellen Lebensform ist – das ist die zukunftsfreudige Erkenntnis unseres Weges.«

Roselius: »Wenn Sie ... behaupten, dass Kommunismus der Weg zur stärksten Ausbildung der individuellen Lebensformen ist, so belügen Sie sich selbst, denn Sie sind in Ihrer intensiven Kraftentfaltung und in Ihrem reinen Aktivismus die stärkste Verneinung des Kommunismus.«

Vogeler: »Ich kenne das Leben so wenig und die Menschen, dass mich kein Ereignis überrascht, weil ich jedes sich logisch entwickeln sehe.«

Roselius: »An Ihre Behauptung ... werde ich Sie eines Tages noch erinnern. Wie denken Sie sich übrigens in einem kommunistischen Staat die Sache mit dem Verkauf Ihrer Bilder? ... Bei dem Jahreseinkommen von 5.000 Mark bis 6.000 Mark kauft sich niemand Bilder für 500 Mark das Stück. Sie würden also wohl bald vor die Wahl gestellt werden, eine andere Arbeit zu suchen als das Malen. Ganz schlimm aber würde es werden, wenn in Ihrem kommunistischen Staatengebilde anstatt Zahlung in Geld die gegenseitige Leistung eingeführt wird ... Im kommunistischen Staat wären Sie ... auf Ihre nächste Umgebung in Bezug auf die Gegenleistung angewiesen. Ihre Bilder würde aber diese Umgebung wahrscheinlich nicht kaufen, da sie aus Moorbauern und Malern besteht. Wahrscheinlich würden Sie noch nicht ein Schwarzbrot für Ihre besten Sachen erhalten. Um leben zu können, müssten Sie sich dem Durchschnittsleben Ihrer Mitmenschen fügen und die Kunst drangeben.«

Vogeler: »Einliegend eine Zuschrift, betitelt ›Der Geist der Revolution‹, die ich baldigst zurückerbitte.«

Roselius: »Die Zuschrift ... stammt wohl nicht von Ihnen.« Nein, sondern von Carl Emil Uphoff, neben Vogeler Gründer der »Gemeinschaft für sozialen Frieden«, als deren Flugschrift dieser Aufsatz herausgekommen ist. Uphoff schreibt, die Revolution sei über Deutschland »hereingebrochen«, ohne dass das Volk auf dieses Ereignis vorbereitet gewesen wäre. Jetzt, wo sie da sei, drohe sie »in einem Sumpf, der leicht ein neuer und schrecklicher Blutsumpf werden kann, zu ersticken«. Ziel der Revolution sei es, »jenen Zustand ... herzustellen, wo zwischen Mensch und Mensch, Volk und Volk Brüderlichkeit herrscht«.

Drei Aufgaben stünden an: Beseitigung der Herrschaft des friedensfeindlichen Menschen, vorläufige Sicherung der Revolution in der Übergangszeit zwischen dem Umsturz der alten Ordnungen und dem Aufbau der neuen, Verwirklichung des »befriedeten menschlichen Zustandes bis zur Vollendung«. Der Friedensgeist der Revolution gestatte nicht seine »angriffsweise Ausbreitung«.

»Ist also die Zahl der Friedensfeindlichen noch so überwiegend, dass nur ein mörderischer und zugleich selbstmörderischer Kampf die Aufrechterhaltung der errichteten Friedensherrschaft ermöglichen würde, so muss die Revolution auf zwingendes Verlangen die Herrschaft abtreten und sich wieder der defensiven Mittel der Verweigerung des Dienstes und der Hergabe von Kräften bedienen sowie die geistige Offensive durch revolutionäre Erziehung und Organisation der friedensgewillten Menschen fortsetzen.

Ein Kompromiss zwischen friedensgewillten und friedensfeindlichen Menschen bzw. Völkern – also auch ein Friedensschluss – ist unmöglich.«

Wird die »angriffsweise Ausbreitung« auch abgelehnt, so ist es laut Uphoff doch sittliche Pflicht der Revolution, dem »Schrei der demokratisch Gesinnten« nach dem »gleichen Recht für alle« während der Sicherungszeit nicht nachzukommen, denn »dieses gleiche Recht für alle existiert ja noch nicht, sondern soll erst durch die Revolution geschaffen werden«, und außerdem sind »die Proteste der Anti-Revolutionäre ... nichts anderes als Kundgebungen von Menschen, die ihre mehr oder weniger große Bestialität noch nicht aufgeben wollen bzw. können«.

Entwaffnungs-, Enteignungs- und vorläufige Gesetzgebungsmaßnahmen müssten also mit »ruhiger Sicherheit« erfolgen. Es dürfe mit umso größerem Recht so verfahren werden, als es ja – falls sie die Mehrheit haben – in der Macht der Friedensfeindlichen liege, alle Revolutionstaten ungeschehen zu machen, Kapitalismus, Militarismus, Imperialismus von neuem aufzurichten. »Diese Unterdrückungsmächte durch ihre Maßnahmen geschwächt zu haben, daraus kann eben nur der Unterdrücker gegen die Revolution einen Vorwurf erheben.«

Ziel der Revolution ist die internationale sozialistisch-kommunistische Weltrepublik. »Ist sie aufgerichtet, so vollzieht sich in ihr nur noch der waffenlose Kampf des befriedeten mit dem kriegsgesinnten Menschen und der Kampf der Befriedeten untereinander um die Palme der höchsten Menschlichkeit.« Sieg werde es noch geben, aber der Sieger werde den Preis in »hochgemuter Demut« der Menschheit zu Füßen legen.

Uphoff bedauert, dass der Sozialismus noch immer von der »unglückseligen Idee« des Klassenkampfes, die ihren Gipfel in der Alleinherrschaft des Proletariats finde, befangen sei. Die »Ausbeutung« der Revolution zu Zwecken des Klassenkampfes und Verewigung des Klassenhasses stelle eine direkte Verfälschung der Revolution von 1918 dar. Nicht der Wille nach blutiger Rache und Vergeltung, sondern das Entsetzen vor der »bestialischen Schlachterei von Menschenmillionen« habe die Revolution entfacht. Dass trotzdem Hoffnung auf Sieg des wahren Revolutionsgeistes besteht, beweist ihm der »verheißungsvolle Anfang« der Bewegung: »Kein Gemetzel, keine Guillotine, kein raubender Mob. Die rote Fahne nicht wehend im Getümmel des Bürgerkrieges, sondern wie Morgenrot des Erstehungstages der befriedeten Menschheit. Die Flinte noch quer über dem Rücken des Soldat-Revolutionärs, aber durch höchstes Pflichtgefühl gebändigte Waffe, nur bereit für den äußersten Fall, wo der friedensgewillten Revolution Gefahr droht.«

Auch die Zahl der Todesopfer während der russischen Revolution sage nichts gegen deren großen Friedensgeist: »Die darüber zetern, mögen bedenken, wieviel Millionen Tote von den bald samt und sonders am Pranger stehenden Kriegsmachern der Kriegsbestie zur Beute in den Rachen gejagt wurden.« Das Rezept, das Uphoff der asthmatisch gewordenen Revolution verschreibt: Schluss mit dem »jämmerlichen Schauspiel der Zerrissenheit«. Alle sozialistischen Parteien und Gruppen müssten sich auf das Programm des »reinen, friedensgewillten Sozialismus ohne konservativen Proletarismus und ohne Klassenkampfgerede verpflichten und an Kapitalisten, Militaristen, Imperialisten die »Kraft des revolutionären Geistes erproben«.

An die Staatsmänner richtet er den Appell, sich im Angesicht der Völker die Hände »zum hohen Werk der Brüderlichkeit« zu reichen. Noch seien sie auf dem besten Weg, die Revolution hinzurichten. Anderes als »geistlose Noten und Verordnungen im Polizeiton« habe man von ihnen noch nicht zu hören bekommen. Sie sollen die Faust von der »Kehle des Weltfriedens« nehmen und sich von der Hoffnung der Revolution auf Händen tragen lassen – dann, so verspricht Uphoff, werden die »Geister der Gefallenen ... euch, den siegreichen Helden des Friedens, salutieren«.

Erheben sollen sich aber auch die »über 20 Millionen Seelen«, denen man die Söhne genommen habe oder die befürchten müssten, dass die jetzt noch Ungeborenen ihnen dereinst »abgezwungen« und für dieselbe Gier »hingemetzelt« würden, die Mütter also, und solche, die es werden wollen. Ihnen gibt Uphoff den Rat, der »Gemeinschaft für sozialen Frieden« beizutreten. »Schämt euch nicht, ... Idealistinnen zu sein«, ermuntert er seine zukünftigen Mitglieder, denen er die Verwirklichung des wahren Revolutionsgedankens und damit das »Schicksal der Menschheit« ans Herz legt, denn »irgendwann wird euch und uns die Welt geboren«.

Vogeler: »Mein Standpunkt ist mit beiliegender Schrift fixiert. Dahin treiben wir: hoffentlich durch Erkenntnis und nicht durch Blutvergießen. Mich werden Sie nie auf ... einer Barrikade finden, da ich für den Menschheitsfrieden eintrete.«

Roselius: »Der Inspirator dieses Werkes ist weder Idealist, noch ist er harmlos. Ich kenne aus Bremens Geschichte nur einen einzigen Geist, der gleich Abscheuliches, Vernichtendes und Boshaftes in süßlicher Maske ersann, nämlich den bösen Geist der Gesche Gottfried« (Giftmörderin, 1830 hingerichtet). »Wie Gesche Gottfried, so verführt der Verfasser durch eine schöne und ideale Außenseite, durch glatte, dem Instinkt der Menschen schmeichelnde Worte das Opfer. Die Lüge hat niemals ein fein durchdachteres Gewand gefunden als die Worte dieser Zuschrift ... Möge Gott denen gnädig sein, die es ohne Warnung lesen ... Wer ist in Deutschland denn je kriegslüstern gewesen? Vielleicht waren es eine Handvoll Leute, die sich zu bereichern wünschten ... Das deutsche Volk ... ist niemals kriegslüstern gewesen. In berechtigter Abwehr griff es gegen die Umklammerung Englands zu den Waffen ... Nicht aus Friedensgleichgültigkeit wurde bis jetzt gekämpft, sondern weil es uns Deutschen Schmach dünkte, ein fremdes Joch zu tragen, das uns der Lüge und der Ausbeutung wie Irland, Ägypten, Indien überlieferte ... Die Friedenssehnsucht im Volke war so stark und so sehr durch eine schlechte und zerfahrene Politik gefördert, dass schließlich die heimlichen Nager an der Wurzel der Eiche ihr schlechtes Werk vollenden konnten. Diesen Minderwertigen unseres Volkes will jetzt die Zuschrift eine Krone flechten ... Die Eiche fiel. Der Kaiser, vielleicht der friedfertigste, der je auf einem Thron gesessen, hat abgedankt. Das deutsche Volk aber lebt ... Ich ... sage Ihnen, so wahr es ist, dass Sie mich bei den Versuchen der Wiederaufrichtung des alten Systems, das diese Not über unser Volk gebracht hat, auf der Barrikade finden würden, so werden Sie mich dort auch finden, wenn die Heuchler und Schleicher, die uns einen anständigen Frieden vereitelten, nach der Macht langen ... Eingebildete ... Kränkung, eigene Laster und die Sucht, diese zu befriedigen, Größenwahn ..., Hysterie und Verbohrtheit sind die Gefahren dieser Menschen, die als Richter eingesetzt werden sollen über ein Deutschland, das vier Jahre in Treue zusammengestanden hat. Diese Menschen sind es, die es nötig haben, Ihr Programm der Aktivität der Liebe zu hören. Gleiches Recht für alle soll nicht gewährt werden, weil machtlüsterne ... Feiglinge oder Desperados und Anarchisten sich im Gewande des Terrors wohl befinden. Sie werfen mit Schlagworten um sich, ... um unter dem Deckmantel solcher Schlagworte ihr eigenes Schäfchen zu scheren, ohne Rücksicht darauf, ob Hunger und Not vor der Tür stehen ... Es kann auch sein, dass es das schlechte Gewissen der Leute ist, das sie antreibt, gellend ihre Stimme zu erheben, um ihren Verrat und ihre Verächtlichkeit zu bemänteln. Mögen diese Leute ohne Sorge sein, das gesunde Volk wird sich die Ergebnisse dieser Revolution nicht aus der Hand nehmen lassen.

Die Gleichberechtigung aller Menschen in Deutschland ist zu schwer bezahlt, als dass uns danach gelüsten könnte, anstatt eines milden und menschlichen Herrschers, wie unser Kaiser es war, den Kopf unter das Joch von Sklavenhaltern zu legen ... Das Schlusswort an die Frau ... klingt wie ein hohles Lied. Eine Versammlung, die es hört, wird dabei vergessen, dass die Erfüllung der tatsächlichen Forderungen der Zuschrift, nämlich die Internationale, die Kommune und die Beeinflussung deren Vertreter nichts anderes heißt als: wehrlose Überlieferung des gesamten deutschen Volkes der Schande, roheste Ausbeutung der Schwachen, körperliche Knechtschaft der Frau, Knebelung jeder Geistesfreiheit, Bürgerkrieg und Mord.«

Martha Vogeler: »Eben war Heinrich Vogeler bei mir im Zimmer und brachte mir Ihren Brief. Ich bin ja wirklich etwas sehr erstaunt darüber, denn nach Ihren Artikeln in der Zeitung vor einigen Wochen würde jeder gerade denkende Mensch Sie für einen Menschen halten, der den heiligen Willen zur Menschlichkeit in sich trägt und der entgegen aller Lüge und allem Verrat ein Volk leiten könnte. Wie konnte nur Minings Arbeit Sie zu solchen Äußerungen hinreißen, an die ich nicht glauben will und die Sie in so ein verzerrtes Licht stellen. Denken Sie jetzt nicht, dass ich meinem Mann beistehen wolle, denn er und ich haben jeder unsere Weltanschauung für sich; aber sehen Sie, wenn Sie trotz allem diesen nicht hochbegabten Kaiser Wilhelm lieben, so müssen Sie doch als Alldeutscher sprechen und nicht so, dass man glauben könnte, Sie wären Sozialist geworden. Wie Sie den Kommunismus hinstellen, wäre er ja lächerlich, aber bitte, lesen Sie Kropotkins ›Gegenseitige Hilfe in Tier- und Menschenwelt‹: das kommt unserem Willen zum Leben näher.

Mein Mann möchte Ihnen hiermit das Bild schenken, ich finde aber, dass Sie wirklich ein Schwarzbrot dafür schicken könnten, denn ich kann den Jammer der Hungernden bald nicht mehr ertragen. Wenn wir für die Bilder zuweilen Geld bekommen haben, so können Sie versichert sein, dass es nicht für uns allein war, denn wir haben das Geld nur als Mittel betrachtet, Elend zu erleichtern ... Also, lieber Herr Roselius, lassen Sie bitte das Bild bald abholen, und vergessen Sie das Schwarzbrot nicht, vielleicht reicht es, um fünftausend zu speisen.«

Vogeler: »Besten Dank für Ihren ausführlichen Brief, er ist mir wie ein Dokument aus uralter Zeit...

Mein Bild ... ist das Beste, was ich bisher gemalt habe, und mag es Sie später an einen Menschen erinnern, der sein ganzes Leben für die Idee der werktätigen Liebe einsetzte. Dass die missleitete Masse meine Kampfmittel nicht braucht und ein furchtbares Elend über unser Land bringen kann und wird, liegt daran, dass mich niemand finanziell stützt, um durch das geschriebene und gedruckte Wort die Bewegung in rein menschliche Bahnen zu lenken. Diese mangelnde Unterstützung derjenigen, die Mittel ... haben, wird die Revolution in fürchterliche Irrwege lenken, denen ich sowohl wie Sie zum Opfer fallen werden; dieses Ereignis wird mich nicht überraschen, sondern vollkommen vorbereitet finden. Aber die Überlebenden und unsere Nachkommen werden unter dem Stern leben, den wir über uns erkannten.«

Der Gegensatz scheint total, er ist es auch, wird es weiterhin sein: dennoch vollzieht er sich im Rahmen einer Freundschaft, die eher tiefer denn loser wird: an Stelle des Sie tritt das Du. »Gern würde ich Sie sprechen«, schreibt Vogeler kurz nach Ausbruch der Revolution dem Kontrahenten, Freund, Bewunderer und Käufer seiner Kunst. »Da ich Vorsitzender des A. R. bin, konnte ich nicht nach Bremen kommen, denn von dem erwachsenen Arbeitsfeld macht man sich keine Vorstellung bei unserem reaktionären Hinterland. Sonntag, also morgen, haben wir nun hier unsere große Volksversammlung zur Aufklärung der Lage des Bauern.«

Aber nicht nur vor den Torfbauern wirbt Vogeler für seinen hausgemachten Kommunismus. So referiert er zur Teezeit »bei Senator Kirchhoff, Graf-Moltke-Straße, über grundlegende Fragen in der Gestaltung unseres neuen Zustandes«, Er bittet Roselius sehr darum, dort zu sein, »Um mich eventuell zu widerlegen«. Vogeler: »Es geht ums Ganze.«

Angewidert berichtet er von einer Versammlung, die er tags zuvor besucht hat: »6.000 Arbeiter wurden hier durch die Appellierung an die niedersten Instinkte: Ersetzung des unter ethikloser Gesamtmoral zusammenbrechenden preußischen Militarismus durch die ebenso verwerflich anmutende Gewaltmoral der Straße, durch das eitle Marktbewusstsein, aufgebaut durch Klassenkampf, in Atem gehalten und zu lodernder Begeisterung aufgepeitscht.« Vogeler an Roselius: »Ich warne.« Die sozialistische Gesellschaft, Republik, sozialistisches internationales Gegenseitigkeitsverhältnis sei selbstverständlich auch sein Ziel. Nur »Krieg mit neuem Krieg ablösen ist Wahnsinn«.

Bremen, 10. Januar 1919: »Die Entscheidung ist gefallen! Um nicht mit in den selbstmörderischen Zusammenbruch der ka-

pitalistischen Wirtschaftsordnung hineingerissen zu werden, hat das werktätige Volk Bremens, das revolutionäre Proletariat, sein Schicksal in die eigene Hand genommen!
Über Bremen ist das Standrecht verhängt!
Die gesamte wirtschaftliche und politische Macht liegt in den Händen der proletarischen Volksregierung.
Bremen ist eine selbständige sozialistische Republik.«
Die Proklamation erfolgt nachmittags während einer Demonstration am Marktplatz, zu der kurz nach 16 Uhr – unter den Klängen der Garnisonskapelle – von allen Seiten Arbeitermassen und Jugendliche heranströmen. »Rote Fahnen wehten über den Zügen, in denen man Schilder bemerkte mit Aufschriften wie ›Hoch die sozialistische Republik‹, ›Nieder mit Ebert-Scheidemann‹, ›Hoch Liebknecht‹, ›Nieder mit Senat und Bürgerschaft‹, ›Hoch die proletarische Diktatur‹. Am Markt sah man das Rathaus von Bewaffneten umgeben, Maschinengewehre auf der Domtreppe, Börsentreppe sowie vor dem westlichen Rathauseingang, auch einzelne Bewaffnete zu Pferde. Der Marktplatz selbst war von Bewaffneten abgesperrt ... Unter lebhaften Hochrufen der demonstrierenden Arbeiter wurde ... vom Rathaus herab die Errichtung der sozialistischen Republik Bremen, Einsetzung eines Rats der Volkskommissare, völlige Ausschaltung von Senat, Bürgerschaft und Deputationen, Entfernung der Mehrheitssozialisten aus dem Arbeiterrat und ihre Ersetzung durch je 30 U.S.« (Unabhängige Sozialdemokraten) »und Kommunisten, weitere Bewaffnung der Arbeiterschaft und restlose Entwaffnung des Bürgertums ... verkündet. Nach der Proklamierung der Republik Bremen erfolgte noch ... unter starkem Beifall die Mitteilung, dass die sofortige Absendung eines Telegramms an die Regierung Ebert-Scheidemann beschlossen worden sei mit der Aufforderung, dass diese Regierung baldmöglichst von der Bildfläche verschwinden möge. Des Weiteren sei ein Sympathietelegramm an die russische Räteregierung abgesandt worden, in dem der Zuversicht Ausdruck gegeben worden sei, dass mit beiderseitiger Unterstützung der Revolution zum Siege verholfen werde.« (»Bremer Nachrichten«)
Die ausführende Regierungsgewalt übernimmt der Rat der Volksbeauftragten, dem neben acht anderen auch – als Mitglied der KPD – Ludwig Bäumer angehört. Außerdem gibt es den Vollzugsrat. Er besteht aus den Leitern der neun Kommissariate, die für die Bereiche Schul- und Bildungswesen, Polizei- und Gerichtswesen, Ernährungswesen, Steuer- und Finanzwesen, Volkswohlfahrt, Fabrik- und Arbeitswesen, Bau und Wohnungswesen, Schifffahrt-

und Verkehrswesen, Presse und Propaganda gebildet werden. Gleichzeitig kontrolliert der Vollzugsrat die Volksbeauftragten. Die einzelnen Kommissariate sind den beiden Organen unterstellt.

Grußtelegramme kommen vom Arbeiter- und Soldatenrat Cuxhaven sowie vom Arbeiterrat des Kreises Osterholz, der mit 20 gegen 2 Stimmen bei einer Stimmenthaltung der revolutionären Arbeiterschaft Bremens zu den Bestrebungen, das Ziel der »wirtschaftlichen Gütervergemeinschaftlichung« zu verwirklichen, seine »größte Sympathie« bekundet. Die rote Teufelsmoor-Mannschaft, Vogelers Heimat-Truppe, betont den gemeinsamen Kampf zur Erreichung des Zieles. Zugleich äußert sie ihr größtes Misstrauen gegen die derzeitige Reichsregierung.

Schon der 16. Januar aber ist der Anfang vom Ende: an diesem Tag nämlich sperren die Banken der Räteregierung die Kredite. Hauptforderung der Geldinstitute: Einberufung einer bremischen Volksvertretung. Die Regierung muss sich beugen. Am 21. Januar erklärt der Volksbeauftragte Dannat von der KPD im Arbeiter- und Soldatenrat: »Was die Konstituante für Bremen betrifft, so haben wir erkannt, dass wir eine Position genommen haben, zu der es noch zu früh war. Eine Position haben wir genommen, zu der es nicht zu früh gewesen wäre, wenn in Berlin und im Reiche die Dinge günstiger gekommen wären ... Wir haben die Position zu früh genommen und können sie nicht halten. Man hat sich im Rate der Volksbeauftragten entschlossen, einen Ausweg zu finden. Es wurde vorgeschlagen, Senat und Bürgerschaft wieder einzusetzen. Das wurde nicht beliebt. Man hat sich geeinigt auf die Konstituante, und da muss ich sagen, für meine Freunde aus der kommunistischen Partei, dagegen sind wir machtlos. Es sind so gewaltige Dinge, die uns als Machtfaktoren entgegengetreten sind, dass man im Augenblick zur absolutesten Passivität verurteilt ist ... In der Abstimmung sind zwei Stimmen dagegen gewesen, Jörn und Becker, zwei haben sich der Stimme enthalten, Bäumer und ich, aber nicht enthalten, um hier einen Rückzug zu machen, nein, aus dem Bewusstsein der absolutesten Machtlosigkeit heraus. Es war uns gleich, dafür oder dagegen. Wir sind machtlos gegen den Gang der Dinge, und es ist wirklich egal, wie abgestimmt wird ... Die Fraktion hat einstimmig beschlossen, in der Vollsitzung gegen die Konstituante zu stimmen. Ich sage, damit Klarheit herrsche: diese Abstimmung muss uns natürlich im Rat der Volksbeauftragten desavouieren, insoweit wir dort machtlos den Dingen gegenüberstehen. Die Fraktion hat eben anders entschieden, als wir im Rat der Volksbeauftragten beschlossen haben ... Wir müssen erklären, dass Bäumer, Jannack und ich im Rat der Volksbeauftragten im Augenblick nicht bleiben können. Wir können nicht gezwungen werden, für das Bürgertum eine Konstituante auszuarbeiten und die Wahlen dafür auszuschreiben. Das können wir nicht verantworten. Ich muss darum erklären, dass wir aus dem Rat der Volksbeauftragten zurücktreten.«

Noch in derselben Sitzung teilt Bäumer jedoch mit, »dass die Fraktion der Kommunisten ihren Beschluss dahin revidiert hat, dass sie es ihren einzelnen Mitgliedern überlässt, für oder gegen die Konstituante zu stimmen. Gleichzeitig erklärt die Fraktion der Kommunisten, dass sie davon absieht, die Mitglieder der Partei aus der Regierung herauszuziehen. Voraussetzung dieser Revision ist einzig und allein die, dass im Interesse der gesamten Arbeiterschaft Bremens versucht werden muss, die augenblicklich drohende katastrophale Lösung der Schwierigkeiten nach Möglichkeit zu unterbinden.«

Obwohl der Antrag zur Ausschreibung der Wahlen für eine allgemeine Volksvertretung – gegen 17 Stimmen der Kommunisten – angenommen wird, lässt Reichswehrminister Noske Vorbereitungen für ein militärisches Eingreifen der Regierungstruppen in Bremen treffen. Mit der Durchführung der Intervention wird Oberst Gerstenberg beauftragt. Ausgangspunkt für die »Stunde der Befreiung« (Gerstenberg) ist Verden.

Hier erscheinen »im Auftrag der Bremer Regierung die Volksbeauftragten Bäumer, Henke, Jannack und Drettmann, um ... Aufklärung über die erhaltenen Befehle und Vollmachten zu erlangen, da in Bremen vollkommene Ordnung herrsche. Die Herren wurden an die Reichsregierung in Berlin verwiesen, da die Division lediglich die gegebenen Befehle auszuführen habe und es darauf ankomme, Ordnung zu schaffen, und zwar wenn irgend möglich, unter Vermeidung jeglichen Blutvergießens, wozu die Gewähr gegeben wäre in der Entwaffnung der Bremer Arbeiterschaft. Hierauf antworteten die Bremer Herren, sie hätten ihre Arbeiter nicht so in der Hand, dass sie mit der Forderung auf Entwaffnung vor sie hintreten könnten. Bäumer erklärte noch: Würden wir diese Forderung stellen, würden wir von der eigenen Arbeiterschaft an die Wand gestellt werden. Der Schluss der Verhandlung klang dahin aus, dass die Division sich gern bereit erklärte, zu verhandeln, nicht über die Frage, ob die Aktion vor sich gehen solle oder nicht, denn das habe nur die Reichsregierung zu bestimmen, wohl aber über die Durchführung der Aktion, die natürlich außerordentlich erleichtert würde, wenn die Bremer Regierung selbst mithülfe an der Ausführung der von den Berliner Volksbeauftragten gegebenen Anordnungen«. (»Osterholzer Kreisblatt« vom 31 Januar 1919)

Die vier Bremer Regierungsmitglieder setzen sich auch mit dem Vorsitzenden des Berliner Zentralrates, Cohen, telefonisch in Verbindung, »um über das Ergebnis dieser Verhandlungen mit Berlin die Division Gerstenberg zu unterrichten. Die Division betonte demgegenüber, dass die Verhandlungen wohl von Interesse seien; bindend seien natürlich die von Berlin befohlenen Anordnungen. Die Bremer Abordnung wünscht von der Division die Zusage, dass diese bis zum Eintreffen des Entscheides aus Berlin nichts gegen Bremen unternehmen würde. Dieses Ansinnen wurde vom Divisionsstab ebenfalls abgelehnt. Gegen 2 ½ Uhr nachts fuhren die Volksbeauftragten dann im Auto nach Bremen zurück«. (»Bremer Nachrichten« vom 1. Februar 1919)

Die Stimmung bei der Division ist, wie die »Bremer Nachrichten« verkünden, »vortrefflich«, Säle und Schulen in Verden dienen als Massenquartiere, reichen aber nicht aus, so dass der größte Teil der Truppen in bürgerlichen Familien untergebracht wird, »wo sie herzliche Aufnahme und – was sie jetzt sehr zu schätzen wissen – eine warme Stube finden« ... Vom Führer bis zum letzten Mann seien sich alle des Ernstes ihrer Pflichten bewusst, und sie rechneten dereinst mit dem Dank eines jeden Deutschen dafür, »dass sie eintraten für die Wiederherstellung gesetzmäßiger Zustände, für die Aufrechterhaltung der öffentlichen und privaten Sicherheit«.

Der Rat der Volksbeauftragten setzt indes »alle Hebel in Bewegung« (»Bremer Nachrichten«), um die »pflichtbewussten« Gerstenberger von Bremen fernzuhalten. »Die Division hält aber fest an ihrem Auftrag: Einmarsch ... in die Stadt und Auslieferung sämtlicher Waffen der Arbeiter an sie. Andere Bedingungen gibt es für sie nicht.« (»Bremer Nachrichten« vom 2. Februar)

Am Sonntag, dem 2. Februar, begibt sich Leutnant von Pritzelwitz, Ordonnanzoffizier beim Stab der Division Gerstenberg, mit einem Papier folgenden Inhalts nach Berlin:

»Die Volksbeauftragten Bremens sind bereit, auf Verlangen der Reichsregierung zurückzutreten. Die bewaffnete Arbeiterschaft Bremen ist bereit, an den Korpssoldatenrat des 9. A.-K. alle Waffen und Munition abzuliefern. Der Oberste Soldatenrat Groß-Hamburgs und der Korpssoldatenrat des 9. A.-K. verbürgen sich für die Durchführung der Entwaffnung und für Wiederherstellung geordneter Zustände in Bremen. Die Mehrheitssozialisten Bremens und sämtliche Vermittler erbitten von der Reichsregierung die sofortige

Zurückziehung der Division Gerstenberg, da deren Auftrag restlos erfüllt ist. Die Division Gerstenberg erklärt, im Laufe des 2. Februar in die Stadt Bremen ... nicht einzumarschieren, falls kein Truppenzuzug von außen nach Bremen erfolgt.

Die Genossen Rusch (Siebener-Ausschuss Groß-Hamburg), Wrede (Siebener-Ausschuss Groß-Hamburg) und Graeger (Arbeiterrat Oldenburg) werden der Stadt-Kommandantur Bremen zur Kontrolle beigeordnet und halten die Verbindung mit der Division Gerstenberg aufrecht.

Genosse Lampl vom Zentralrat und Leutnant von Pritzelwitz, letzterer als Vertreter der Division Gerstenberg, überbringen dieses Abkommen der Reichsregierung.«

Unterzeichnet ist dieses Schriftstück u. a. von den Bremer Volksbeauftragten. Frasunkiewicz und Drettmann.

Die Antwort der Reichsregierung:

»Der Bremer Rat der Volksbeauftragten tritt sofort zurück. Es ist ... eine neue Bremer Regierung zu bilden aufgrund des Stimmenverhältnisses bei den Nationalratswahlen. Ablieferung der Waffen hat sofort an die neugebildete Regierung zu erfolgen, die sie der Division Gerstenberg überliefert. Sind diese Bedingungen einwandfrei erfüllt, wird die Division Gerstenberg Bremen nicht besetzen.«

Auf dieses Ultimatum folgt – »während weit draußen vor den Toren Bremens sich noch die Gegner um Macht, Recht und Ordnung des Stadtstaates kampfbereit gegenüberstehen und stellenweise schon nicht mehr ganz zu halten gewesen sind« (»Bremer Nachrichten«) – ein Gegenvorschlag der Räteregierung sowie der in den Konflikt eingeschalteten Vertreter von Hamburger und Bremerhavener Truppen:

»1. Rücktritt der jetzigen Bremer Regierung und Bildung einer neuen Regierung, die paritätisch zusammengesetzt ist unter Mitwirkung aller sozialistischen Parteien nach dem Verhältnis der abgegebenen Stimmen zur Wahl des Arbeiter- und Soldatenrats.

2. Die bewaffnete Arbeiterschaft erklärt sich bereit, die Waffen abzugeben an die einrückenden Hamburger und Bremerhavener Truppen, die alsdann die Sicherheit Bremens übernehmen und den Sicherheitsdienst organisieren.

3. Die Division Gerstenberg verpflichtet sich, in ihren jetzigen Stellungen zu verbleiben und den Einmarsch der Bremerhavener und Hamburger Truppen nicht zu behindern. Nach dem Einmarsch dieser Truppen rückt die Division Gerstenberg ab.«

Bei den Beratungen über diese Resolution erklärt Bäumer namens seiner Partei, dass sie dem Text zustimme. Einigkeit tue jetzt not, politische Gegensätze müssten liquidiert, der gemeinsame Feind, die Reaktion, mit allen Kräften bekämpft werden. Auf Widerspruch stößt jedoch seine Bemerkung, er lege den – einstimmig – angenommenen Gegenvorschlag so aus, dass die Ablieferung der Waffen erst erfolgen solle, wenn die Division Gerstenberg abgerückt sei. Möglicherweise unter Anspielung auf die Tatsache, dass Bäumer Jurastudent war, antwortet der Genosse Waigand von den Mehrheitssozialisten, er habe von jeher in der Bürgerschaft die Juristen bekämpft, weil sie leicht alles anders drechselten und auf den Kopf stellten. Wichtig sei jetzt vor allem, dass weiterem Blutvergießen vorgebeugt werde.

Man beschließt, die neue Regierung in einer Vollsitzung des Arbeiter- und Soldatenrates am 5. Februar um 13 Uhr zu wählen.

Zu diesem Zeitpunkt jedoch hat sich der Vorhang bereits gesenkt: »Es war am Vormittag 10 ½ Uhr« schreiben die »Bremer Nachrichten« in ihrer Ausgabe vom 5. Februar über die Ereignisse des Vortages, »als mit dem Knattern von Maschinengewehrfeuer zugleich auch das Dröhnen von Artillerieschüssen aus nächster Nähe des Stadtzentrums vernehmbar wurde.«

Die Division marschiert, der Todeskampf der Bremer Räterepublik hat begonnen.

Nach der in Weimar getroffenen Entscheidung, »dass der ... Vermittlungsvorschlag völlig unzulänglich und die Reichsregierung mit dem Einmarsch ... in Bremen einverstanden wäre ..., wurde seitens des Divisionsstabes sofort der Befehl gegeben, den Vormarsch ... wieder aufzunehmen« (»Bremer Nachrichten«).

Gegen 12 ½ Uhr an diesem, wie die »Bremer Nachrichten« es formulieren, »ewig denkwürdig bleibenden Dienstag« erscheint der Genosse Willems vom Arbeiter- und Soldatenrat in der Redaktion der Zeitung und überbringt folgende Anordnung:

»Die Regierung gibt bekannt, dass die Fortsetzung des Kampfes unmöglich ist. Sie gibt infolgedessen den Befehl, das Feuer sofort einzustellen und die Waffen im Rathaus abzugeben.
Der Rat der Volksbeauftragten
Der Kommandeur
gez. Liby.«

Dieser Befehl soll auf Aushangzetteln und durch Plakate schnellstens bekanntgemacht werden. Was auch geschieht: eine halbe Stunde später sind die ersten gedruckten Exemplare draußen. »Leider wurde ein Teil der Blätter von ... Arbeitern, die der Nachricht nicht trauten und von einem Kommandeur Liby überhaupt nichts wussten, den Frauen aus der Hand gerissen und vernichtet. Viele von den Arbeitern wollten weiter kämpfen und kümmerten sich um den Willen des Rats der Volksbeauftragten nicht.« (»Bremer Nachrichten«)

Ändern tut das aber an der Lage nichts mehr. »Ihr Blut ist nicht umsonst geflossen«, kann Gerstenberg in seinem Tagesbefehl vom 5. Februar vermelden, in dem er in »dankbarer Wehmut« der »Tapferen« gedenkt, »die aus unseren Reihen ihre Liebe zum Vaterlande mit dem Tode besiegelten«. Dort, wo das Erklingen der Domglocken nicht, wie für Gerstenberg, das Einläuten der Befreiung, sondern die Begleitung zur Niederlage ist, tröstet man sich damit, dass dieser 4. Februar 1919 immer seinen Platz in der Geschichte des Kampfes gegen eine »überlebte, hinfällig gewordene Gesellschaftsordnung« behalten werde.

Hoetger errichtet für die 30 Arbeiter und Soldaten, die bei der Verteidigung der Räterepublik den Tod gefunden haben, ein Ehrenmal, das später von den Nazis zerstört wird. An seine Stelle tritt eine von Georg Arfmann geschaffene Gedenkstätte. Die Enthüllung erfolgt am 6. Februar 1972 – 53 Jahre nach der militärischen Niederlage der Revolutionäre.

Die »hinfällig gewordene Gesellschaftsordnung« ergreift die Macht zunächst in Form einer neuen, provisorischen Regierung aus Mehrheitssozialisten, die alle Bürger dazu aufruft, »ans Werk« zu gehen. »Seit dem 10. Januar«, so wird verkündet, »stand Bremen unter der Gewaltherrschaft einer kleinen Minderheit. Der Wille der Volksmehrheit wurde unterdrückt, die Presse in einer bis dahin in Deutschland unerhörten Weise geknebelt.« (Die angeordnete Zensur hob der Arbeiter- und Soldatenrat indes nach elf Tagen wieder auf, stifte sie doch mehr Schaden als Nutzen; eine der betroffenen Zeitungen kommentierte: »Wir wollen ... nicht verschweigen, dass sich die Zensoren ... in freundlicher Weise bemüht haben, das Verhältnis erträglich zu gestalten und gewaltsame Eingriffe nach Möglichkeit zu vermeiden.«)

Weiter heißt es in dem Aufruf: »... der von der Gesamtheit der Arbeiterschaft gewählte Arbeiterrat« wurde »entrechtet, die Waffen aus der Hand derer, denen sie gebühren, in unberufene Hände gegeben, das Privateigentum missachtet, die Freiheit der Person verletzt, Tausende von Arbeitern mit Waffengewalt an der Arbeit gehindert. Dieser Miss- und Gewaltherrschaft war es vorbehalten, das erste Blutvergießen in Bremen heraufzubeschwören. Damit nicht genug, haben sich die Gewalthaber offen gegen die Reichsregierung aufgelehnt, unbekümmert um die Gefährdung der deutschen Einheit, unbekümmert darum, dass unsere Feinde einem bolschewistischen Deutschland weder Frieden noch Brot gewähren werden, unbekümmert auch um die Zukunft Bremens, das vom In- und Ausland als Hochburg des Terrors, als Feind der Freiheit geächtet, dem wirtschaftlichen Untergang entgegenging. Das Versprechen einer bremischen Nationalversammlung war nur taktisches Manöver, das haben die maßgebenden Führer selbst erklärt. In Wahrheit sollte am Rätesystem festgehalten werden, Bremen in einer bolschewistischen nordwestdeutschen Republik aufgehen.«

»Getragen« vom »Willen des Volkes« erklären die fünf provisorischen Machthaber im Auftrag der Reichsregierung den »Rat der Volksbeauftragten und den Vollzugsrat für abgesetzt, die Volkskommissariate und den Arbeiterrat für aufgehoben«. Man werde unverzüglich nach demokratischen Grundsätzen eine verfassunggebende bremische Nationalversammlung berufen. »Diese allein wird über Bremens Zukunft entscheiden ...«

Die geschaßte rote Crew aus Kommunisten sowie Angehörigen der Unabhängigen Sozialdemokratischen Partei Deutschlands hatte nach Beginn der Kämpfe zunächst noch im Rathaus getagt. Dann, 12 Uhr mittags, schlug dort ihre Stunde, und sie zog sich zurück. Die Ex-Volksbeauftragten Dannat und Bäumer sowie der Maler Kurt Störmer, während der Räterepublik Mitglied des Volkskommissariats für Presse und Propaganda und somit auch auf diesem Gebiet ein Kollege Vogelers, »sollen nach Leipzig geflüchtet sein«. (»Bremer Nachrichten«)

Der Hamburger Soldatenrat Rusch hat weder Bäumer noch die Bremer Genossen in guter Erinnerung. Diesen gibt er gar die Schuld an dem »Blutbad«. Die Hamburger hätten immer auf dem Standpunkt der gemeinsamen Aktion gestanden. »Von Hamburg waren ja Truppen zur Hilfe versprochen.« Doch die Zustände in Bremen seien »unglaublich« gewesen. »Unter den Bremer führenden Genossen der radikalen Richtung war kein Mensch, der eine Organisation aufbauen konnte, nicht einmal ein Kommando konnte man den Leuten anvertrauen. Nicht einer hat Befehle erteilt, sondern ein Dutzend Leute, die gar nichts davon verstanden.« Man sei zur Division Gerstenberg gefahren, um zu verhandeln. »Schließlich kam man zu der Abmachung, dass die Waffen binnen 24 Stunden nicht gebraucht werden sollten.« Rusch: »Von der Division ... sind die Abmachungen gehalten, aber nicht von den Bremer Arbeitern ... Wenn die Bremer Arbeiter die Abmachungen gehalten hätten, wäre ein Blutbad vermieden worden ... Er habe den Führer der Bremer Kommunisten, Bäumer, gefragt, ob seine Genossen die Waffen abliefern würden. Dieser sei aber einer klaren Antwort ausgewichen. Er, Bäumer, habe ihn gefragt, was nun mit den bisherigen Bremer Volksbeauftragten geschehen solle. Diese Frage war von einer gewissen Angst diktiert. Er habe Bäumer erklärt, dass er jetzt an die Spitzen der Massen gehöre, die er monatelang in unerhörtester Weise aufgestachelt hat. Nachher war Bäumer verschwunden.« (»Bremer Nachrichten« vom 11. Februar 1919)

Dieses Missverhältnis zwischen großen Reden und persönlicher Haltung in kritischer Stunde erlebt auch der Volksbeauftragte Dannat. »Wachet, dass ihr nicht in Anfechtung fallet«, hatte Bäumer noch am 19. Januar am Grab von drei Arbeitern getönt, die bei einer Demonstration in Bremen anlässlich der Ermordung von Rosa Luxemburg und Karl Liebknecht ums Leben gekommen waren. Bäumer gab, wie die »Bremer Nachrichten« mitteilten, »dem tiefen Schmerz über den Tod der drei Genossen Ausdruck, die ein unseliges, jähes, aus Missverständnissen und Verbrechen gewobenes Schicksal aus dem blühenden Leben, der Gemeinschaft der Werktätigkeit und aus der ernsten Arbeit am Werk der Revolution herausgerissen habe. Die Schuldigen werde man finden und richten. Schwere Tage seien ... über das revolutionäre Proletariat hereingebrochen. Mit ungeheuerlicher Grausamkeit übe der weiße Schrecken der Bourgeoisie sein Werk aus. Es sei gekrönt worden durch den an Wilhelm Liebknecht und Rosa Luxemburg begangenen Mord. Den Geist der Revolution werde man aber nicht töten können, und es komme die Stunde, in der sich der weiße in den roten Schrecken verwandeln werde. Der Krieg des Kommunismus werde die Erlösung der Menschheit von der Knechtschaft des Kapitalismus bringen und die Rache für die Toten sein ... Fest die Reihen schließen, damit die Entscheidung über das Schicksal der Menschheit herbeigeführt werde, sei die dröhnende Mahnung der Toten«.

Als es ernst wird, scheint Bäumer es jedoch vorzuziehen, sich hinter statt in oder gar vor die Reihen zu stellen. Von »Angst diktiert« kommt der Volksbeauftragte – »Er war das genaue Gegenteil von Vogeler« (so die Malerin Olga Bontjes van Beek, Fischerhude) zu Dannat, um sich zu verkriechen. Ein Mann von

Wort, nicht von Haltung. Er schreibt Gedichte – beispielsweise über Leute, die das haben, was ihm vermutlich fehlt: Format. So verfasst er einen Grabgesang auf Rosa Luxemburg, erschienen in Nr. 4 der »Monatsschrift für kommunistische Propaganda und Aufklärung«:

> Gebt Raum! Der rote Engel geht
> Den letzten Gang, den ihm die Welt bereitet.
> Gebt Raum der Spur, der letzten, die er schreitet.
> Gebt Raum und schweigt. Sein Flug ist laut und weht.
>
> Ich gebe meines Herzens letzte Kunde,
> Sie war die erste auch, die es Euch gab:
> Die Liebe überschattet jedes Grab,
> und ihre Freiheit heiligt jede Wunde.
>
> Seid wahr wie ich und zieht auf Euch Gericht,
> Dass sie die Qual aus ihren Herzen laden.
> Lasst Euch ermorden, lasst sie blutig baden,
> Es heiligt Euch und reinigt ihr Gesicht.
>
> Vergeltet nicht! Im Anfang war die Tat.
> Sie kennt Vergeltung nicht, weiß Rache nicht zu üben.
> Im Anfang war die Tat, und ihre Täter lieben
> Von Anfang bis zu Ende Tun und Tat.
> Lass ihnen Handeln, das sie längst berauschte
> Und das ihr Ende schon in Tränen taucht.
> Ich baute Euch Altar. Mein Opfer raucht,
> Und wehe Euch, wenn man es Euch vertauschte.
>
> Ich tat Altar. Ich zündete dem Gott
> Der Liebe und der Freiheit seine Gabe,
> Ich gab nicht mehr als mich, als meine ganze Habe.
> Sie aber bieten ihrem Gotte Spott.
>
> Er handelt sie als seine beste Ware
> Und preist sie an und kauft sie selber ein
> Und fault mit ihr und will verworfen sein
> Und rüstet seine Welt als ihre Bahre.

Die Stunde naht! Ihr Wesen will sein Ende
Und will Verwesung und will sie in Flammen.
Ihr, die Ihr Meine seid, schließt Euch zusammen,
Ich will zum Dach und Schutze meine Hände
Noch einmal über Eure Häupter tun.
So nehmt mich ein, und meiner Flügel Spreite
Bleibt um Euch, während ich entgleite
In Euer Herz und in ihm auszuruhen.

Gebt Raum! Der rote Engel weht
Sein letztes Gehen über diese Erde,
Und schweigt, dass seines Schweigens donnernde Gebärde
Als unserer Andacht eigenes Gebet
Das Zeichen seiner Auferstehung werde,
Wie es am Himmel unserer Zukunft steht.

Beachtet wird er schon: so ist Bäumer in der Anthologie »Menschliche Gedichte im Krieg« vertreten – immerhin neben Ernst Weiss, Gottfried Benn, Franz Werfel, Mechtild Lichnowsky, Else Lasker-Schüler, Martin Gumpert, Theodor Däubler und Johannes R. Becher. Auch ein eigener Band kommt 1918 heraus: »Das jüngste Gericht«. Zitat:

Höfe mit der Sorgfalt ihrer hundertjährigen Sehn
    sucht. Hinter alten
Stirnen wälzt sich der Tod einer neuen Geburt.
    Zwiesprache der Wände
Lockert Straßen und Gräber auf. Zukünftige
    Skelette beschworene Hände
Tasten in frische und faule Wunden: Brunst zu
    erkalten.
Wir warten, dass man uns die Morde bringt.
    Warten lange. Warten.
Wir kennen keine Tage mehr. Nächte sind uns
    fremder als verloren.
Wenn wir erst lauern ... Fluch den Müttern,
    welche uns geboren.
Monde kriechen über Kreuze. Unsere Schädel
    fletscht ein Sommergarten.
Wiesen stolpern ineinander.

Wenn auch kein Held, so muss er dennoch büßen: Bäumer wird in Bremen in »Schutzhaft« genommen. Von hier aus und »ehe es zu spät ist«, wendet er sich an die Redaktion der Zeitung »Der Kommunist« mit der Bitte, seine Zeilen sowie die Abschrift eines Briefes, den er an den bremischen Stadtkommandanten, Major von Engelbrechten, gerichtet hat, »ohne jeden Kommentar und Zusatz« abzudrucken. Seinen Nerven, so Untersuchungshäftling Bäumer, drohe eine Krise, »die möglich ... werden musste durch das gegen mich angewandte Verfahren«. Dieses Verfahren sei in seiner Unklarheit »mörderischer als Mord«, denn es foltere »zollweise«. Er klage nicht an, habe aber ein Recht, zu verhüten, dass man ihn anklage und die Verantwortung aufbürde für Dinge, »die ohne meine Absicht geschehen und die geschehen müssen, wenn in dem gegen mich angewandten Verfahren keine Änderung eintritt«.

Kollidieren seine Nerven mit »der Melancholie der Haft«, so fühlt er sich für die Begleiterscheinungen dieses Zusammenbruchs nicht mehr verantwortlich. Er appelliert nicht an das Mitleid des Stadtkornmandanten – »diese ideale Torheit ist mir fremd« –, sondern an dessen Vernunft: »Geben Sie mir Klarheit über mein Schicksal. Besteht die Aussicht, dass ich in absehbarer Zeit hier herauskomme, oder besteht diese Aussicht nicht?« Er, von Engelbrechten, habe ihn festnehmen lassen und ihn den Gerichten »preisgegeben«. »Sie haben mich wieder verhaftet, als die Gerichte die Absurdität eines Verfahrens gegen mich einsahen und meine Haftentlassung beschlossen.« Wie von einem Wegelagerer sei er auf der Straße aufgegriffen worden. »Sie halten unter Beugung des von Ihnen als bestehend anerkannten Rechts einen nach dem Gesetz dieses Rechts Unschuldigen in Haft.« Er brauche Klarheit, sie sei ihm in seinem jetzigen Zustand »alles«, und er habe einen Anspruch auf die Forderung, zu verhüten, dass er sich »wie ein Wahnsinniger« benehme.

Die Kraft, sich zu beherrschen, »geht gleichmäßig zurück«. »Lassen Sie mich binden, lassen Sie mich fesseln wie ein Tier ..., denn ich komme in die Lage, mich wie ein Tier zu benehmen.« Er hat nicht die Absicht, seine »Zelle zu beschmutzen, ihre dürftige Einrichtung zu demolieren ... Geschirre zu zertrümmern«. Auch will er seine Wärter, die ihn mit »rührender Menschlichkeit« behandeln, nicht angreifen. Aber er habe ein Recht, zu verhindern, »dass diese nicht bestehenden Absichten möglich werden«. Nach den Wiesen stolpern nun die Nerven, sie »brechen« gar: »Ich bin fertig, Herr Stadtkommandant ... Das Ziel ist erreicht.«

In der Erkenntnis, dass nur körperliche Schwächung ihn vor Gewalttätigkeiten schützen könne, »werde ich von heute ab ... keine Nahrung mehr zu mir nehmen ... Diese Ablehnung der Nahrung ist nicht der Entschluss einer normalen Entschlussfähigkeit, sondern ... das Produkt einer verzweifelten Entscheidung, die zu wählen hat zwischen einem langsamen Vertieren und einem schnellen, endgültigen Zusammenbruch«.

Nun, auch von einem »Vertieren« kann nicht die Rede sein, von einer raschen Entlassung allerdings ebenfalls nicht: Mitte Juni wird Bäumer als Zeuge in dem Prozess gegen den ehemaligen Vorsitzenden des Soldatenrats und späteren Bremer Stadtkommandanten, Maurer Bernhard Ecks, aus der Schutzhaft vorgeführt. Ecks ist u. a. angeklagt, am 10. Januar 1919 »vorsätzlich und rechtswidrig Menschen eingesperrt und des Gebrauchs der persönlichen Freiheit beraubt zu haben, indem er die Bürgermeister Dr. Donandt und Hildebrand, die Senatoren Bömers, Dr. Apelt sowie den Richter Dr. Kulenkampff hinderte, das Rathaus zu verlassen und sie in einem Dienstzimmer mehrere Stunden unter Bewachung zurückhielt« und »die vorstehend genannten Personen mit der Begehung des Verbrechens des Mordes oder Totschlags bedroht zu haben, indem er zu ihnen sagte, dass der erste beste der Anwesenden an die Wand gestellt werde, wenn ihm und seinen Begleitern oder den nach Delmenhorst geschickten Arbeitern etwas zu Leide geschehe«.

Der Angeklagte erklärt, dass man die Senatoren deshalb zurückbehalten habe, damit sie in Delmenhorst ihren Einfluss geltend machen konnten mit dem Ziel, eigene Leute, die man dort in Gefahr glaubte, heil zurückzubekommen. Bäumer, der eine Margarethenblume im Knopfloch trägt, meint, der Beschluss des damaligen Aktionskomitees wäre mehr davon ausgegangen, die Senatoren zu ihrer persönlichen Sicherheit festzuhalten als von der »mittelalterlich-romantischen Idee der Geiselfestsetzung«. Von einer Bedrohung habe er nichts gehört.

Anders die Erinnerung von Senator Donandt: Danach ist den hanseatischen Würdenträgern damit gedroht worden, dass sie eventuell »an den Sandhaufen« gestellt würden. Herr Bäumer habe sich später bemüht, den Eindruck etwas abzuschwächen und gesagt, »es würde wohl nicht so schlimm werden«, Bäumer und ein Zeuge namens Reimann (dem es noch lieber gewesen wäre, man hätte die Senatoren nicht im Rathaus, sondern im Untersuchungsgefängnis festgehalten, damit sie einmal fühlten, wie es dort aussähe) werden, da der Verdacht auf Mittäterschaft vorliegt, nicht vereidigt.

Ist er in seinen Briefen an die Genossen und an den Major von Engelbrechten ein nahezu erledigtes Stück Mensch, so war ihm im Vorwort zu seiner Schrift »Das Wesen des Kommunismus« die wochenlange Schutzhaft keineswegs eine Nervenmühle, sondern ganz im Gegenteil ein Hort des Friedens, ein Platz, der ihm »Muße, Ruhe und Geschlossenheit des Denkens« verschaffte. Sein ironischer Beifall gilt deshalb der bremischen Regierung und dem »Walten ihres herkulischen Armes der Stadtkommandantur«. Bäumer will die Abhandlung als »anspruchslosen Dank« für das von den Genossen (»Kein Unterschied ist zwischen Euch und mir«) entgegengebrachte Vertrauen gewertet wissen.

Die Diktatur des Proletariats, so Bäumer, besteht. »Nicht kraft Dekrets, sondern kraft ihrer Wirkung ... Ihr Wesen ist das Herz der Masse, das den Puls der Weltrevolution schlägt. Ihre Schwungkraft ist die revolutionäre Begeisterung, die Kraft, die äußerlich ohne Merkmale, ohne Reaktion auf vergängliche Vergangenheit das kapitalistische Bürgertum zu jenem ungeheuren und glücklicherweise enorm kostspieligen Aufwand seiner politischen Macht- und Gewaltmittel zwingt, ihm den teuren, ach so teuren Kampf gegen das Proletariat diktiert.«

Die Macht der Bourgeoisie ist das Kapital, das aber leidet an einer Schwindsucht, »die infolge der sich von Tag zu Tag katastrophaler gestaltenden wirtschaftlichen Lage Deutschlands bereits deutliche Anzeichen einsetzender Agonie ... zeigt«. »Das kapitalistische Bürgertum auf diesen ... sterbenden Boden gebracht zu haben, ist Aufgabe des Proletariats gewesen. Es auf diesem sterbenden Grund zu halten, es zu einer weiteren Verschleuderung seines Kapitals zu zwingen, dies Kapital täglich mit verringern zu suchen, das ist die gegenwärtig dringendste Aufgabe des revolutionären Proletariats, der proletarischen Diktatur.«

Elementare Grundlage des zukünftigen Rätesystems ist »der vom Kapital befreite und freie Zustand der Wirtschaft. Das Kapital selbst nimmt diese Befreiung vor, indem es sich auflöst. Es deckt seine ... Unfähigkeit als wirtschaftliches Betriebsmittel auf. Es offenbart die Widersinnigkeit jener Beweisführung, die das Kapital ... zur Bedingung eines geordneten Wirtschaftslebens überhaupt zu stempeln trachtete und noch trachtet. Es widerlegt die Logik jener Beweisführung durch die Tatsache, dass die kapitallose Wirtschaft, die mehrwertfreie, das heißt die Bedarfswirtschaft der Kommune produktionsfähig ist. Und zwar in dem Maße produktionsfähig, wie es ... die Bedürfnisse der Kommune erheischen. Steigert sich dieser

Bedarf, kultivieren sich diese Bedürfnisse, so steigert, kultiviert sich auch die Produktion in entsprechendem Maße. Über die Erfüllung ihrer Bedürfnisse hinaus zu produzieren, Kapital zu bilden, Mehrwert zu schaffen, lehnt die Kommune ab – aus Kultur. Lehnt sie ab, weil diese Ablehnung des Mehrwerts das einzige Mittel ist, die Welt vor der Wiederholung einer blutigen Katastrophe wie des Weltkriegs zu bewahren ... Der Klassengegensatz erlischt ... im Augenblick der kapitallosen ... Wirtschaft. Dieser Augenblick, der die Machtfähigkeit der ehemals kapitalistisch bevorzugten Klasse aufhebt, hebt auch ihre Kampffähigkeit auf, rechtfertigt auch nicht eine weitere Gegnerschaft des bisher als Klasse bestehenden Proletariats. Dieser Augenblick erweist den Klassengegensatz als allgemein geschwunden.«

Er offenbart freilich auch, »ob das Proletariat ... sofort zum Schöpfer gemeinwirtschaftlicher Produktionsverhältnisse geeignet ist« oder ob über der Menschheit »ein in der Weltordnung ruhendes kosmisches Gesetz katastrophaler Vergänglichkeit lastet«, das mit »natürlicher Vehemenz« und »ungeahnter Grausamkeit« die »Einsamung des Lebendigen« will und betreibt. Bäumer: »Es hieße zu sterben.« Die Art des Todes wäre eine Angelegenheit des »persönlichen Geschmacks und der persönlichen Geschicklichkeit«.

Wahrscheinlicher dünkt ihm indes die »Möglichkeit eines dritten Zustandes der zum Proletariat gewordenen gesamten Volksmasse«: »Es kann geschehen, dass im Augenblick der kapitallosen Wirtschaft die Klassengegensätze ... zu einem letzten eruptiven, gewaltsamen Ausgleich zwingen.« Wenn dann die Zeit der Klagen und Anklagen beginnt, »klage sich jeder von uns selbst an, der den Begleiterscheinungen dieses Ausgleichs verfällt«. »Wir sind«, kündet der auf apokalyptischem Ross trabende Worpsweder Dichter und Denker, »die eigene Ursache unseres Untergangs ... die eigenen Vollstrecker unseres ... möglicherweise unter der Schwelle unseres Bewusstseins schlummernden Willens«. »Letzter Trost« wird dann sein, »im Zeichen der wahr werdenden eigenen Gerechtigkeit zu erlöschen, von den Hügeln unseres Schmerzes das Land unserer Sehnsucht zu erblicken, das endliche Morgenrot menschlicher Freiheit im Auge, in den Tod zu sinken«.

»Sicher um dem Kommunismus näher zu sein, kehrt er den Kommunisten den Rücken«, kommentiert die »Arbeiter-Zeitung« im Sommer 1919. Gegenstand ihrer Mutmaßung ist der Austritt L. Bäumers aus der KPD, der er sich am selben Tag wie die Vogeler-Töchter Bettina und Marieluise, nämlich am 12. Januar 1919, angeschlossen hatte. Bei Bäumer handelte es sich allerdings um ein überwechseln in die Ende 1918 gegründete Partei. Bis zu diesem Zeitpunkt gibt es in Deutschland drei Gruppen innerhalb der radikalen Linken: den Spartakusbund, die Bremer Linksradikalen bzw. Internationalen Kommunisten Deutschlands (IKD) und die Internationalen Sozialisten Deutschlands. Auf dem Gründungsparteitag am 30. Dezember 1918 vereinigen sich IKD und Spartakusbund zur KPD. Die »Arbeiter-Zeitung« will »nicht prophezeien, aber Idealmenschen wie Vogeler ... werden Bäumers Beispiel folgen. Nicht um den u. s.« (Unabhängige Sozialdemokraten) »beizutreten, jedoch um dem Kommunismus umso näher zu sein, je weiter sie sich von den sogenannten Bremer ›Kommunisten‹ entfernen«.

Entfernt hat sich auch Revolutionstheoretiker Uphoff, der den Führern der Bremer Räterepublik »unverantwortlichen Dilettantismus« vorwirft und nun »vor aller Öffentlichkeit« protestiert »gegen die Verfälschung großer Ideen durch sinnloses Reden und Handeln, gegen revolutionäre Romantik und gegen Abenteuertum, gegen die Verfälschung des Willens der notgedrungen revolutionären Masse der Besitzlosen durch Verkehrung ihres heißen Willens nach dem wirklichen Frieden zwischen Mensch und Mensch in den Willen zur Feindschaft, zur Rache und Vergeltung«.

Gegen dies alles protestiere er als ein »Sprössling aus der Schicht der Ärmsten an Bildung und Besitz, der sich, legitimiert durch seine Werke, als einer ihrer geistigen Vorposten betrachtet«. Er will den »Kampf um die Neugestaltung der Dinge der Primitivität und Brutalität entkleiden und ihn ganz auf das Gebiet des Geistigen« hinüberführen, will den Bolschewismus aus Deutschland fern- und das Bürgertum erhalten, denn »die Not der Zeit verlangt Zusammenschluss aller, um die produktiven Leistungen zu steigern«. Gedanken, denen Bäumer im April 1919 in einer öffentlichen Veranstaltung in Bremen jede Logik abspricht und die von der Partei heftig attackiert werden. »Der Kommunist«, in Bremen erscheinendes Organ der Kommunistischen Partei Deutschlands (Spartakusbund), Bezirk Nordwest, über Uphoff: »Kinder müssen beim Spielen in die für sie eingerichteten Stübchen. Leute ohne politische Grundsätze sollen sich nicht in den politischen Kampf mischen ... Die Arbeiterschaft wird ... jene Leute, die im Gewande der ›seelenkundigen Menschlichkeit‹ umherwandeln, als das betrachten, was sie in Wirklichkeit sind: Gegenrevolutionäre.«

Armenkind Uphoff, der den »wahren Geist« der Revolution beschwor, erspäht einen neuen Geist, eine neue Menschheit, nachdem jene, »welche Führer waren« und die um »Judaslohn« Volk,

Geist und Schöpfertum »verraten« haben, ihre »Probe nicht bestanden« und »ratlose Herde« geworden sind. Uphoffs jetziger »wahrer Geist« möchte »aus der Vereinzelung heraus«, und sein Verkünder sagt auch, wohin er strebt: zur »Einschaft in der Gemeinschaft« nämlich. Das Volk, weiß Uphoff, »will dasselbe«.

Und noch einer will es, einer »von den wenigen, die Berufene sind« und dem Uphoff »das Schicksal des Volkes und der Menschheit an das Herz« legt: Bernhard Hoetger. »Seit Jahrhunderten« habe ein Architekt nicht mehr so gefühlt und gedacht. »Das Heraufkommen einer anderen Zeit ist nötig, damit dieser Schöpfermensch seine Kräfte spielen lassen kann.« Als »Vorbereitung auf das Neue« empfiehlt der »geistige Vorposten« dem »Schöpfermenschen«, in sich hineinzugehen, »immer tiefer in sich hinein ... bis auf den Urgrund«. Gemeinschaft wird erreicht durch »dauerndes Strömen des Geistes«. Nach der Uphoffschen Dauerstrom-Lehre fließen die Ideen von der Persönlichkeit in die Menschheit und von der Menschheit zurück zur Persönlichkeit. Konkret: »Der Führer trägt sein Volk und das Volk seinen Führer« – eine Formel, mit der sich für die nächsten 25 Jahre leben lässt.

Hoetger selbst scheint es nicht schwerzufallen, unter jedwedem Geist, ob rot oder braun, seine Kräfte »spielen zu lassen«. Vogeler urteilt über den chamäleonhaften Freund: »Er konnte reformierend, sozialdemokratisch, revolutionär-kommunistisch, demokratisch, feudal und faschistisch denken, so wie seine Kunst sich allen jeweiligen Richtungen anpasste.« Stets habe er sich bemüht, »in den schwankenden Zeiten ... der ... herrschenden politischen Strömung gerecht zu werden«.

Am 8. Februar 1919 melden die »Bremer Nachrichten«, »die Worpsweder Maler Heinrich Vogeler und Uphoff, die Leiter der ›Worpsweder Gemeinschaft für sozialen Frieden‹, deren kommunistische Pläne ... viel von sich reden machten, sind aus Worpswede verschwunden«. Während C. E. Uphoff ein Telegramm an die Redaktion schickt und dementiert, hat Vogeler sich tatsächlich davongemacht: »Ein Bremer Genosse ... überbrachte mir die Nachricht, dass Bremen sich nicht halten könne, und dass die Genossen verlangten, dass ich sofort verschwinde.« Für den Kommunisten und Gastgeber Gleichgesinnter – manchmal tagten die Räte auf dem Barkenhoff – bestand durchaus die Gefahr einer Verhaftung.

Vogeler fährt nach Hamm zu seinem Freund Dr. Emil Löhnberg, einem bekannten Hals-, Nasen- und Ohrenarzt, für den er im sauerländischen Willingen einen Sommersitz, das Haus im Stryck

– heute Hotelpension – gebaut hat. Löhnberg ist Kunstkenner, außerdem Sozialist und Jude, was dazu führt, »dass man in Hamm Löhnbergs Gesinnung negativ beurteilte und niemand ein Hehl aus seiner Ablehnung machte. Hier multiplizierte sich die untergründig schwelende Ächtung des Juden mit dem Befremden, das sein antibürgerliches Denken und Eintreten für progressive Kunst hervorrief« (so Ilsemarie von Scheven, die dem Weg dieses ungewöhnlichen Menschen nachgegangen ist). »Aus dem Ruhrgebiet meldeten sich in den Revolutionstagen auch Arbeiterführer bei Dr. Löhnberg – als Bahnarzt soll er einzelne Revolutionäre vor Verhaftung bewahrt haben. Ob wirklich die rote Fahne vom Giebel seines Hauses geweht hat, ist strittig, wenngleich alle Welt es behauptete.«

Auch Vogeler schreibt dies. Seinerzeit hatte er Löhnberg den Entwurf jenes sozialen Arbeiterdorfes geschenkt, mit dem er bei seinen Gönnern im bürgerlichen Lager abgeblitzt war. Der Arzt war ein Reisegefährte Vogelers gewesen, als dieser mit einer Studiengruppe England besuchte. Nach dem Tod von Paula Becker-Modersohn kauft er – auf Vermittlung Vogelers – sechs von deren Kinder- und Frauenporträts. Löhnberg muss sich stark für Paula Becker-Modersohn engagiert haben, denn Vogeler erwähnt ihn in einem seiner Briefe an Modersohn, in denen er von der Ausstellung bei Osthaus in Hagen berichtet. Er habe viel mit L. gesprochen über einen Artikel in der »Kölnischen«. Es werde ja »außerordentlich schwer sein für einen Laien, den richtigen Standpunkt zu finden«. Um was es genau geht, wird nicht ersichtlich – vermutlich aber handelt es sich um eine Verteidigung Paulas.

Für einen jungen westfälischen Maler, Alois Wiehagen, arrangiert der kunstsinnige Sozialist einen Aufenthalt auf dem Barkenhoff, wo Vogeler den Autodidakten – einen Handwerker vom Dorf – unterrichtet. Wiehagen malt auch das ebenfalls von Vogeler entworfene Landhaus von Löhnbergs Schwager in Brüssel aus. Durch die Arztfamilie – der er die Wohnung ausstattet – kommt Vogeler in Hamm in Kontakt mit Christine Merkel, einer Kunst und Künstlern aufgeschlossenen Frau, die mit bedeutenden Persönlichkeiten der Zeit in Verbindung steht. über Christine Merkel wiederum macht Vogeler die Bekanntschaft mit dem Hammer Brennereibesitzer August Asbeck, für den er als Garten- und Innenarchitekt tätig wird. Namentlich der »weiße Salon« ist dort noch heute im Gespräch.

In seinen Erinnerungen »Ein Mensch dieser Zeit« berichtet der Hammer Maler Max Schulze-Sölde von einer Unterredung, die in Löhnbergs Musikzimmer zwischen dem Arzt, Vogeler und ihm stattfand: »Ich wurde unter Kreuzfeuer genommen, stand zwischen dem mit kahlem Schädel und klugem Gesichte unbeweglich wie ein Buddha dasitzenden Dr. Löhnberg und dem flammenden Vogeler.«

Von Hamm reist Vogeler weiter nach Willingen, wo er sich in Löhnbergs Sommerhaus einquartiert. »Ich liebte dieses Haus als eine meiner besten Arbeiten und als einen wichtigen Faktor im Leben meines liebsten Freundes«, vermerkt er bei der Niederschrift seiner Erinnerungen. Es bedeutet, so äußert er 1922 in einem Brief, ein Stück Heimat für ihn. Das Haus, »wie ich es hier hinhaute«, lege sich in die Landschaft, »als sei es seit Jahrhunderten auf diesem Boden, an dieser Stelle gewachsen«. Bei seinem jetzigen Aufenthalt fühlt er sich allerdings weniger wohl, wenngleich er Martha und den Töchtern versichert, dass es ihm gut gehe: die Gegend wird nämlich durch »gegenrevolutionäre Banden unsicher gemacht«.

Wie trügerisch die Ruhe in dem abgelegenen Gebirgswinkel geworden ist, hat Vogeler inzwischen selbst erfahren; er wurde festgenommen und stundenlang verhört. »In einer westfälischen Zeitung«, berichtet er an die Familie, »muss gestanden haben, dass ich der Führer der Spartakisten in Bremen sei und geflohen wäre.« Vogeler vermutet, dass »diese Notizen, die durch die Zeitungen immer wieder gehen«, aus dem »geliebten Worpswede« stammen, »vielleicht von Karlchen ... Krummacher?« (ebenfalls Maler). An einem Abend jedenfalls – »ich hatte noch Besuch von einem Freunde bekommen« – spionieren »irgendwelche Kerle« um das Haus herum. »Der Hund bellte immer wieder.«

In der Frühe des nächsten Tages öffnet Vogeler das Fenster und späht in den Wald, der ihm »ungewohnt« erscheint. Es ist ihm, als sähe er Männer, die schnell wieder hinter Baum oder Gebüsch verschwinden. Wenig später taucht der Forsteleve auf. Er macht ein »bestürztes, ernstes Gesicht« und sagt: »Sie werden verhaftet, das ganze Haus ist umstellt von Bewaffneten.« Ein Hilfsgendarm, bis an die Zähne gerüstet, tritt herein. »Die gegenrevolutionäre Bauernbande, die da aufgebracht war, um mich zu verhaften, umzingelte das einsame Haus mit der größten taktischen Vorsicht, ging ... vorher in die Oberförsterei, sagte dem Forsteleven, er müsse sich bewaffnen, der Kerl in dem Haus würfe mit Handgranaten und was da sonst noch für Märchen sind. Den Freund von mir weckten sie auch noch. Da sie aber nur einen Haftbefehl für mich hatten, so weigerte sich dieser, mit zum Amtsgericht nach Corbach zu gehen, er ging mit den Bewaffneten nach Willingen zum Bürgermeister, der ihn bald laufen lassen musste, er reiste nachmittags auch gleich aus dieser unsicheren Gegend ab. (Nach den Märchenphantasien der Dorfbewohner soll dieser Freund der Berliner Polizeipräsident Eichhorn gewesen sein!) Also mich transportierte man per Bahn nach Corbach. Das Verhör im Amtsgericht dauerte lange, lange, lange. Erst schob jeder das Verhör und die Verantwortung auf den anderen, und wie mich der Assessor endlich vor hatte und in Gesetzbüchern wälzte, blätterte und studierte, unterbrach er immer wieder meine Protokollierung, um mit anderen Herren zu beratschlagen. Meine ganze politische Ansicht wurde protokollarisch zu einem wunderbaren Salat deutscher Sprache zusammengestellt, meine Beziehungen zu dem Bremer Krieg wurden vermutet, und die Herren waren ganz vernünftig und hoben den gerichtlichen Haftbefehl auf. Nun kam noch der polizeiliche, der aufgehoben werden musste. Der Landrat war gekommen, ich hörte ihn mit meinem Sicherheitsmann sprechen über die Möglichkeit der Züge nach Kassel, wohin er mich transportiert haben wollte. Aber nach einer Rücksprache mit den Richtern gab auch er mich frei. Ich hatte noch gerade so viel Zeit, im Galopp zur Bahn und war um 4 Uhr im Stryck. Sofort ging ich noch ins Dorf, um Bürgermeister und die aufgeregten dörflichen Gegenrevolutionäre zu beruhigen.«

Der etwas geheimnisvolle Freund, von dem in diesem Brief die Rede ist, war laut Vogelers »Erinnerungen« »der gewesene Volksbeauftragte der Bremer Räterepublik, Ludwig. Er war mit den anderen verantwortlichen Genossen von Geestemünde nach Hamburg geflohen«. Vogeler: »Er orientierte mich über die Lage.« Die Frage ist, warum Bäumer in dem Brief nicht mit Namen genannt wird – gerade weil die Zeilen doch an Martha gerichtet sind. Vielleicht hatte Vogeler Angst, die Post könnte geöffnet werden, und die interessierten Dienststellen erhielten dann einen Hinweis auf den Flüchtigen. Vor allem die Tatsache, dass die Dorfbewohner diesen »Freund« für den Berliner Polizeipräsidenten hielten, hätte es nahegelegt, dessen wirkliche Identität zu lüften. Da dies nicht geschieht, ist anzunehmen, dass Vogeler es mit Absicht unterließ.

»Nach dem Misslingen der deutschen Revolution« sieht der »flammende« Expressionist der Liebe »die ganze Handelswelt der bürgerlichen Konjunkturmenschen wieder aufleben«. Nur »mit Schauder«, schreibt Vogeler vor dem Hintergrund eigener Erlebnisse, denke mancher Mediziner, Feldprediger und Irrenarzt an jene Tage zurück, an dem ihm diese impressionistische Konjunkturenwelt »die Kämpfer überantwortete, die ihre Seelen befreien wollten von ... der Unmenschlichkeit, die sich bewusst geworden waren ihres Menschentums, ihres geistigen Lebens, sich entschieden hatten in der Überwindung des Ungeistes und nun als Irre die Anstalten der Geisteswissenschaft bevölkerten«.

Im Handeln der jetzigen Regierung offenbare sich wieder die äußerliche Weltauffassung der impressionistischen Menschen: »Sie gehen eine Verbindlichkeit ein, um die nächste Konjunktur zur Umgehung der Bindung zu suchen. Noch einmal winkt das bluttriefende Gespenst der falschen Vaterlandsehre und überschattet die jungen Keime der gegenseitigen Verständigung unter den Völkern.« Für Vogeler und die Seinen ist die Schuld am Krieg »völlig gleichgültig«. Sie wollen die »Quellen der Qualen« vernichten: »die Abhängigkeit, den Autoritätsglauben, die Sklaverei unter dem Kapital«, sie »ringen um das Selbstbestimmungsrecht des Menschen, um die Selbstverantwortung«. Jede Tat des Einzelnen müsse zeugen von der Menschlichkeit seines Schöpfers, müsse Ausdruck seiner liebenden Schöpferkraft, seiner Gottnatur, seines Friedens sein: »Das ist Expressionismus.«

Die Räteordnung ist ihm das »lebendige Symbol für die werdende Welt des sozialistischen Expressionismus: der Rat verkörpert die wirtschaftliche und die politische Macht und ist jeden Augenblick von der Diktatur des Proletariats abberufbar«. Rat kann nur der sein, bei dem sich Tun und sozialistische Ideologie decken. Woran es bei den deutschen Revolutionären – im Gegensatz zu den russischen – hapere, sei die fehlende »Revolutionierung der Köpfe«: der deutsche Genosse »predigt die Eroberung der politischen Macht, und wenn er sie hat, dann geht alles daran wieder in die Brüche, dass er nicht die ausgerichteten revolutionären Köpfe hinter sich hat, die die politische Macht gebrauchen können«. In Russland seien die Dinge bald so weit gediehen, »dass die Sowjets ... ohne Enttäuschung eine Nationalversammlung einberufen können, um die kommunistische Ordnung vom gesamten schaffenden Volke anerkennen zu lassen«. »Selbst die orthodoxe russische Kirche ist revolutionär geworden und predigt das Rätesystem, nachdem die Bolschewisten an keiner Stelle irgendeine lebendige Ethik, lebende Religion bekämpft haben, sondern nur die im Kapitalismus verseuchte äußere Form zertrümmerten.«

Wahre Demokratie sei nur im Kommunismus zu finden, die Bürgerdemokratie dagegen ist »intellektueller Schwindel des Impressionismus«. Vogeler ruft dazu auf, »die verwesende Welt des Konjunkturenmenschen zu verlassen« und durch Beispiel, durch

Tat im anderen zu wirken. Als Lohn verheißt er den »erkennenden Schöpfermenschen« die Reinheit des Herzens, ja mehr noch: die »Harmonie mit dem Unendlichen«.

Beispiel und Tat werden von Vogeler nicht nur gefordert, sondern auch praktiziert. Der Barkenhoff, noch im Glanz einer für seinen Erbauer vergangenen Zeit, wo er ein »arbeitsreiches, aber doch genießerisches Künstlerleben« führte, übernimmt eine neue, nicht weniger berühmte Funktion: er wird Wirkungs- und Lebensstätte für eine Kommune. Zu Anfang freilich wird mehr gelebt denn gearbeitet. »Kiek, kiek, de Kommunisten. De hebbt ower ne Freud an de Blomens«, höhnen die Bauern und weisen auf das emporschießende Unkraut. Man redet und streitet, und getan wird nichts oder nur wenig.

»Vorerst scheint der Barkenhoff«, so der »Hannoversche Kurier« vom 31. August 1919, »... dem Chaos zuzutreiben. Es wimmelt dort von Menschen, mit denen Heinrich Vogeler seine kommunistischen Ideen ins Praktische umsetzen will. Zu gemeinsamer Arbeit will er sie sammeln und die Erträgnisse der Arbeit mit ihnen teilen. Der Barkenhoff liefert alles: Nahrung, Wohnung, Kleidung. Aber er tut dies nicht aus eigenem Kräftegewinn, sondern Vogeler muss monatlich noch Tausende drauflegen, die er durch seine Arbeit als Künstler gewinnt oder gewonnen hat. Er ist natürlich trotzdem von der Erreichung seines Zieles überzeugt, der zierliche Mann mit dem hageren, bartlosen Bauerngesicht, um dessen Mund ein verkniffener Zug von Hartnäckigkeit liegt. In fünf bis sechs Jahren wird nach seinem Glauben der Barkenhoff eine Kommune sein, die sich selbst ernährt. Dazu wird der Besitz, dessen Schönheit für die Menschen große erhebende Worte bedeutet, nun ›nutzbar‹ gemacht. Auch aus den inneren Räumen verschwindet alles, was nur schön ist und nicht zugleich einem Zwecke dient ... Da ist einer, der gibt, und viele, die nehmen. Sein größter Irrtum ist: er baut auf der unbedingten Güte und Nächstenliebe der Menschen auf ... Mögen unter den Menschen, die der Barkenhoff an sich zieht, auch einige ehrliche Idealisten mit reinem Wollen sein, viele sind doch nur von der Gier hergeführt, zu nehmen, zu nehmen, zu nehmen. Und Heinrich Vogeler bleibt der ... Märchenkönig. Er dichtet jetzt mit seinem Herzblut, mit Dransetzung seiner Habe sein Märchen vom Kommunismus, von der Güte, dem Edelmut, der Hilfsbereitschaft und dem Friedenswillen der Menschen ... Vor mir liegt eines jener Flugblätter, die mir Vogeler gab, ein Wort zum ›Frieden unter den Menschen‹. Und ich denke an den seltsamen ›Frieden‹ unter den

Menschen des Barkenhoffs, an die Kämpfe jedes einzelnen mit sich und das Wundstoßen am Willen des anderen.«

»Unter den Menschen des Barkenhoffs« befindet sich inzwischen auch die Rote Marie.

Vogeler sieht sie das erste Mal an einem Totenbett: Johann Knief, zunächst Volksschullehrer in Bremen und später einer der führenden Linksradikalen, war – am 6. April 1919 – gestorben, und Vogeler zeichnete ihn. Vor seinem Tod ist Knief einige Zeit auf dem Barkenhoff gewesen, wo man für den Kranken ein Zimmer eingerichtet hatte. Als die Genossin Marie Griesbach in Berlin von dem ernsten Zustand dieses »starken, zielklaren Kommunisten«, der in der »Leninschen revolutionären Theorie und Taktik den einzigen Weg zum Sieg der internationalen Arbeiterbewegung« erblickte (Vogeler) hört, kommt sie nach Bremen. An der Beisetzung beteiligen sich die Arbeiter zu Tausenden: »Dem sehr auffallend mit rotem Stoff ausgeschlagenen Leichenwagen schritten außer der Musik Delegierte von Gewerkschaften und Betrieben, auch Abordnungen der Kommunisten in Braunschweig, Hannover, Mannheim und anderen Städten mit großen Kranzspenden voran. Zu beiden Seiten des vierspännig gefahrenen Leichenwagens schritten etwa 40 Mariner in Uniform, größtenteils aus Wilhelmshaven.« (»Bremer Nachrichten«) In »Der Kommunist« (dessen Redakteur Knief gewesen war) erscheint ein Gedicht von Bäumer: »Johann Knief und wir«.

Starbst Du? Wer will für diese Lüge zeugen?
Du kannst nicht sterben, Du bist uns geboren
Für alle Zeit. Dass wir Dich nicht verloren,
Wolln wir zum Zeugnis unsere Knie beugen.

Vogeler folgt dem Leichenwagen »mit in den vordersten Reihen«.

Marie macht auf ihn »den Eindruck eines sächsischen Fabrikmädchens, wie ich sie in Meißen nach Arbeitsschluss in Massen aus den Arbeitsstellen strömen sah. Sie trug ein einfaches weißgepunktetes blaues Kleid, der Zopf der roten Haare war im Nacken aufgesteckt, der Gang elastisch und kraftbewusst ... Ihr Temperament, ihre Liebe zum Leben, ihr Hass gegen den Krieg und seine Urheber ließen sie Worte finden, in denen widerklang, was die Masse fühlte. Wenn sie im schwarzen einfachen Kleid mit den Händen auf dem Rücken über die Bühne des Vortragsraumes schritt und ihr ›Sozialistisches Lied‹ sang, flogen ihr die Herzen der Arbeiter zu. Es lag eine verführerische Art in ihrem Auftreten«.

Diese »verführerische Art« ist auch der Polizei bekannt: »Sie spricht«, wie es in einem Bericht vom 15. November 1922 an den Landrat des Kreises Osterholz heißt, »klar und prägnant und erzielt durch ihre leidenschaftlichen und aufpeitschenden Reden starke Erfolge.«

Ihr behördlicher Steckbrief: »Griesbach. Beruf Arbeiterin. Geb. 26.11.1896 zu Dresden. Maria Griesbach, wegen ihrer roten Haare Rote Marie genannt« (ein Kosename, den Vogeler für sie gebrauchte und der – nach außen gedrungen – zu einem eingängigen Etikett für seine Trägerin wurde), »ist am 24.8.1917. wegen Aufforderung zum Hochverrat, versuchten Landesverrats, Aufforderung zum Klassenkampf und zum Ungehorsam gegen die Gesetze festgenommen und am 4.5.1918 vom Reichsgericht zu vier Jahren Zuchthaus und fünf Jahren Ehrverlust verurteilt worden. Am 14.10.1918 wurde sie begnadigt. Sie bekannte sich nun als überzeugte Kommunistin und wurde am 11.1.1919 wegen Teilnahme an den Unruhen in Dresden festgenommen und am 5.7.1919 zu 300 Mark Geldstrafe verurteilt. Sie soll nach der Ermordung des sächsischen Kriegsministers aufhetzende Reden gehalten haben. Am 11.8.1919 wurde sie hier« (in Bremen) »... festgenommen und durchsucht, ohne etwas zu finden, was auf kommunistische Kuriertätigkeit schließen ließ. Die Griesbach sprach 1919 wiederholt in kommunistischen Versammlungen.«

In der Verhandlung vor dem Reichsgericht in Leipzig hatte sich die junge Kriegsgegnerin – getreu dem Bebelschen Motto »Diesem System keinen Mann und keinen Groschen« und in sozialistischer Seele zutiefst enttäuscht von der zustimmenden Haltung der SPD in Sachen Kriegskredite war sie u. a. zu nächtlicher Stunde Flugblätter kleben gegangen – mit einer Bemerkung empfindlich in die Nesseln gesetzt: nämlich als sie auf den Vorwurf, sie habe das deutsche Vaterland geschädigt, mit der Feststellung antwortete, in erster Linie sei sie Mensch, dann Deutsche. Für dieses Bekenntnis verurteilte man sie zu einer weit härteren Strafe als die Mitangeklagten.

Nach der Entlassung aus dem Zuchthaus Delitzsch bei Leipzig findet man sie bald in der revolutionären Bewegung. So berichtet »Der Kommunist« über eine Rede der Genossin Griesbach in einer Gewerkschaftsveranstaltung in Dresden. »Sie charakterisierte das Treiben dieser Herren von der Rechten in der gebührenden Weise und erzählte dabei, dass der Regierungssozialist Schwartz unlängst in einer Sitzung des Dresdener Arbeiter- und Soldatenrats gesagt habe, man werde gegen die Gruppen der äußersten Linken, wenn sie ihre Ideen weiter propagieren, mit noch viel drakonischeren Mitteln vorgehen, als es die bürgerliche Klassenjustiz getan habe.«

Dieselbe Zeitung veröffentlicht am 14. Januar 1919 den »Brief einer Genossin«, den diese – die namentlich nicht genannte Marie Griesbach – aus Dresden an einen Mitkämpfer gerichtet hat.
»Mein lieber Karl!
Heute haben wir einmal Revolution in Permanenz gespielt. Ich sage Dir, ein Vergnügen ist es nicht, wenn man auf dem Platze liegt, hört um sich das Einschlagen der Granaten und sieht die Genossen blutig zerrissen, stöhnend liegen. Es ist einfach eine Gemeinheit, ein Verbrechen, das zum Himmel schreit. Ich bin wie durch ein besonderes Glück heil davongekommen ... Nach der Versammlung im Zirkus, die von einer glänzenden Stimmung getragen war, schloss sich ein Demonstrationszug von 6.000–7.000 Teilnehmern zusammen. Im Laufe der Zeit war er auf mindestens 10.000–12.000, und das ist nicht zu hoch gegriffen, angewachsen. Es wurden Schilder getragen: Es lebe der Kommunismus, der Bolschewismus, die Diktatur des Proletariats, Weltrevolution, Liebknecht und verschiedenes anderes mehr. Brausende Hochrufe. Ich war so glücklich, mitten im Zuge marschieren zu können, Seite an Seite mit mutigen, klassenbewussten Genossen ... Ich war ... in recht guter Schusslinie ... Wir kamen gar nicht recht zu Verstand, es fing Maschinengewehrfeuer an. Handgranaten wurden unter die nach allen Seiten flüchtende Menge geworfen, die vollständig wehrlos war ... Dieses Blutbad ist von den Sozialpatrioten mit Willen angerichtet. Es ist ein gemeiner, hinterlistiger Meuchelmord ... O wehe, wehe denen, die das Blutbad angerichtet haben. Wehe ihnen, wenn der Zorn des Proletariats über sie kommt, über sie, die Verräter, die Mörder, Meuchelmörder, wie sie schurkischer und verbrecherischer nicht sein können ... Ein zwanzigjähriger Genosse fiel neben mir ... Ich habe ihm versprochen und wohl nicht ich allein ... Rache, Rache für die meuchlings Gemordeten. Rache für das edle, rote Blut. Wir haben rote Fahnen! Sie sind jetzt echt rot, rot von Proletarierblut ... Ich könnte weinen, aber ich kann es nicht. Es ist wie ein Krampf in mir. Ich sehe immer die blutigen, zerfetzten jungen Körper ... Ich gehe jetzt ins Bett, es ist bereits ¼ 4 Uhr, und ich bin so müde, dass ich gar keinen Gedanken ausdenken kann.
Grüße alle (Dresdener) Bremer Freunde.
Höre mal, Karl, eben will man mich verhaften.   M.«
Zusatz: »Lieber Karl, eben ist sie fort ...

Mit Gruß
Schwester Gertrud und Eltern

Drei Mann stark kamen sie.«

Es handelt sich um eben jene Festnahme am 11. Januar, die in der zitierten Polizeiakte genannt wird.

Nach Kniefs Beerdigung erscheint die Rote Marie auf dem Barkenhoff – und bleibt. Vogeler über seine ehemalige Geliebte: »Für ein Mädchen, das nur das beschwerliche Leben in dumpfen Proletarierwohnungen gekannt hatte, musste dieses Haus, in dem jeder Raum seinen eigenen Zauber hatte, gleich den Wunsch aufkommen lassen«, hier ansässig zu werden. »Sie bewunderte die Bilder von Paula Becker-Modersohn, die Stillleben, die alte Bäuerin und vieles andere, das alte schöne Steingut aus Delft, die hohen Zinnkrüge und schöngeformten silbernen Armleuchter, vor allem aber die Bibliothek mit den herrlichen Büchern. Diese ganze Pracht war ja noch da, denn meine Familie war ja noch im Hause, wenngleich das Mädchen schnell erfasst hatte, dass unüberbrückbare Gegensätze zwischen den Familienmitgliedern in jedem noch so wohlwollend angefangenen Gespräch sehr schnell zum Ausdruck kamen.«

Über die Situation auf dem Barkenhoff berichtet Marie einer Bekannten in Berlin: »Jetzt haben wir hier arge Auseinandersetzungen gehabt. Besitzgier, bürgerliches Philistertum und unberechtigte Fraueneifersucht haben starke Diskussionen hervorgerufen. Die Kinder haben Angst um ihr ›Erbteil‹. Eine Frage, die für uns Kommunisten längst erledigt ist. Frau V. ist, trotzdem sie einen Freund schon längere Jahre hat und nie danach gefragt hat, ob es H. V. lieb ist, gar nicht sehr liebenswürdig gegen mich. Alle empfinden, dass sie eifersüchtig ist, wenn sie es auch unter allerlei Sachen zu verbergen sucht. Jetzt ist sie und die Kinder fort. Nun herrscht hier eine Harmonie, wie sie schöner nicht gedacht werden kann.«

»Wie ich Dich liebe«, schreibt Vogeler.

Er bewundert ihr »Eingehen, Erfassen, Verstehen«, den »ganzen tiefen Reichtum« ihrer »von keiner Bildung angekränkelten Natur«, die »aufnimmt wie tiefaufgeackerter Frühlingsboden«, findet es »herrlich«, dass sie lebt und »dass das Schicksal Dich zu uns brachte«. Schon als er ihren Namen und ihre Beschreibung in Dresdener Blättern gelesen habe, sei es klar für ihn gewesen, »dass Du eine Bedeutung in meinem Leben gewinnen würdest«. Vom »Urboden des Weibes« spricht er, von ihrem »frohen Optimismus«, ihrem Glauben. Ein Mensch, »frei geworden in den Stürmen des Lebens«. Dass ihre Erdbeeren auf dem Barkenhoff zu wachsen beginnen, scheint ihm ein »Symbol für Deine zukünftigen Tage«. »Ich entbehre Dich so«, klagt er, wenngleich er stark die seelische Nähe der zur Zeit abwesenden Geliebten fühlt. »Aber wir waren ja noch nie so recht innig vereint wie zwei Menschen, die zusammengehören.«

Vogeler: »Käme der Tag erst, käme er bald.« »Alles« in seinen Räumen spricht von ihr, »entbehrt Deinen Schritt, Dein Sein«. Er freut sich, dass sich auf dem Barkenhoff »immer mehr aufbauende Zukunftsmenschen einfinden. »Mit »größter Ruhe« müsse das »alte Gerümpel« beiseite geschafft und die kapitalistische Wirtschaftsordnung unmöglich gemacht werden. Mit Harjes und Disch hat es wieder »grundsätzliche Auseinandersetzungen« gegeben – und nicht die letzten, wie sich in der folgenden Kommunezeit noch herausstellen wird. »Dann kam Uphoff«, und nun werden es »überaus fruchtbare Stunden«. »Er hat mit dem Verstand die Dinge klar erfasst und trägt ein blankes geistiges Schwert in die Unterhaltung.«

Im Juni 1919 meldet »Der Kommunist«, dass die Genossin Griesbach verhaftet worden sei und sich im Gefängnis von Lilienthal befinde. »Die mittelalterlichen Verhältnisse dort gestatten es uns nicht, irgendeine Verbindung mit ihr aufzunehmen und für ihr geistiges und leibliches Wohl zu sorgen. Wir haben unsere vollste Augenmerkmale auf das Verschwinden politischer Gefangener in ländlichen Gefängnissen zu ziehen, da diese in völlig unzureichenden, unmenschlichen Verhältnissen, ohne jegliche Kontrolle der Willkür reaktionärer Landrichter ausgeliefert sind.«

Alle Versuche Vogelers, mit der Inhaftierten Verbindung aufzunehmen, scheitern »an der kalten, hasserfüllten Unmenschlichkeit Deines Richters ... Säßest Du doch wenigstens in Bremen, wo man die politischen Gefangenen wie Menschen behandelt.«

Er muss es wissen, hat er doch selbst dort einige Zeit hinter Gittern verbracht. Aus dem Untersuchungsgefängnis schreibt er den »lieben Arbeitsgenossen auf dem Barkenhoff«: »Die Nacht hat Euch hoffentlich nicht zu sehr aufgeregt. Da alles in Ordnung war, hatte ich meine absolute Ruhe, und keine Provokation der Weißgardisten hätte mich zu Dummheiten verleitet. Das war nun der dritte Überfall, aber Ihr habt nun mal gesehen, was für dunkle Typen die jetzige Regierung nötig hat und was für Vorwände einen endlich hinter Schloss und Riegel bringen. Die Weißgardisten waren doch wirklich ganz verhetzt und hatten sich auf Mord und Totschlag vorbereitet. Die Gespräche auf der Rückfahrt im Lastauto waren sehr schön, alles drängte sich zuzuhören, alle schämten sich tief, dass sie als Werkzeuge gegen uns gebraucht wurden. Dass sie bei uns bewirtet wurden anstatt mit Handgranaten beworfen, hatte sie doch etwas zum Nachdenken gebracht. In Bremen gab es viel Warten und Verhör.

L ... der Typ des kleinkapitalistischen Feldwebels, kann sich natürlich in unsere Ideenwelt nicht hineinleben und legte mir bald seine ganzen Seelennöte dar. In den Schreibstuben fand ich in den Pausen gut Gelegenheit ..., überall auf den ganzen Schwindel dieses hohlen Gebäudes zum Schutz des Kapitalismus aufmerksam zu machen. L ... ist nicht gefährlich, der ist nur brutal. Aber der andere, etwas schmale Kriminalist mit den blutdürstigen schwarzen Augen, der ist gefährlich. Durch meine Ruhe wurde er sehr aufgeregt, und ich konnte ihm in diesen Momenten gut in seine Seele gucken. Mit äußerster und sehr sympathischer Ruhe saß mir der Oberleutnant O ... gegenüber, der sich vielfach meine persönlichen Auseinandersetzungen mit L ... anhörte. Beim Wegführen in das Gerichtsgebäude rief er mich noch einen Augenblick in sein Zimmer, und es wurden zwischen uns Worte gewechselt, die tiefbefruchtende menschliche Beziehungen auftaten ... Eines fühle ich immer bei allen diesen Leuten, sie sind völlig erstaunt und überrascht über unsere Ruhe, unseren Optimismus und über die Sicherheit unseres Glaubens. Der Hunger, mit dem sie jedes Wort aufnehmen und mit völlig wertlosen Entgegnungen bekämpfen, ist ein Zeichen, dass ihnen etwas fehlt, dass ihnen die tiefste ethische Grundlage für ihr ganzes Tun fehlt.

Völlig unfruchtbar war mein Zusammenkommen mit dem Untersuchungsrichter. Da saß hinter der weißen Krawatte der preußische Beamte, die Klassenrechtsmaschine ohne irgendeine menschliche motorische Kraft in der nüchternen Erfüllung eines Rechtsdienstes ... Viel muss ich an unsere Freunde, an Euch alle denken, aber besonders an Brauer. Dieser Brauer, ein Mensch ohne jegliche persönliche Bedürfnisse, der sich unserem Barkenhoff mit seiner ganzen Arbeitskraft zur Verfügung gestellt hat wie die anderen Arbeitslosen, soll identisch sein mit Lieby. Von Lieby wurde mir hier ein ganzes Sündenregister vorgelesen. Da Brauer und Lieby ein und dieselbe Persönlichkeit, so freue ich mich, dass ich dem Verfolgten ruhige Tage und Wochen verschafft habe und dass er bei uns zu aktiver Arbeit gekommen ist. Ich bin ihm zu Dank verpflichtet. Ist Brauer und Lieby ein und dieselbe Persönlichkeit, so weiß ich durch meine Erfahrung mit Brauer, dass dieser niemals Geld genommen hat, um persönliche Interessen zu verbessern; wenn er Geld nahm, so nahm er es zur Hilfe für die Allgemeinheit der Arbeiter und revolutionären Soldaten. Dafür gebührt ihm Achtung und Hilfe in jeder Form. Hoffentlich hat er am Mittwoch sein Ziel erreicht. Ich muss mit meinen stärksten Wünschen an ihn denken, das Proletariat hat diese Männer notwendiger als mich, und dafür sitze ich gern meine Wochen, und seien es Monate, ab. Wie ich eingeliefert wurde, sah ich zufällig auf dem Hof Bäumer laufen. Hoffentlich sind dies seine letzten Tage. Auch so ein Exempel der Klassenmoral. Wenn man hier in den vier Wänden über alle diese Dinge nachdenkt, scheint mir doch der geistige Kampf recht unwichtig; gegen diese brutale, nüchterne Gewaltmoral ist wohl nur Gewalt am Platze.

Es ist doch immer ein wunderschönes, gesetzmäßiges Werden in der Revolution, wie die Reaktion durch Gegendruck die Kräfte der kommenden Welt immer selber lebendig macht, bis der Umsturz reif ist. Dass die Juristen, die eilfertigen Diener des bürgerlichen Gesetzbuches der Besitzenden, mit unmenschlicher Kälte ihre brutale Macht gegen uns gebrauchen, ist erklärlich, da heißt es Geduld haben ... Gebt diesen Brief an die Rote, sie ist mir wie der berauschende Duft der Frühlingserde. Hoffentlich hat sie Erfolg mit ihrer Arbeit.

Euer getreuer Heinrich Vogeler.«

Der Verhaftung ist also ein »Überfall« auf den Barkenhoff vorausgegangen. Amtliche Berichte schildern, wie diese Nacht-und-Nebel-Aktionen vor sich gingen. An der Razzia am 23. Mai 1919 beispielsweise nehmen teil ein Staatsanwalt, vier Kriminalbeamte, von der Regierungsschutztruppe Bremen u. a. ein Leutnant sowie 50 Soldaten unter Führung eines Offiziers. »Das Gelände, auf dem sich die Häuser Vogeler, Kornfeld und Störmer befanden, wurde ... von der Truppe umstellt. Gleichzeitig wurden unter der Führung der Kriminalbeamten und der beiden Gendarmen aus Worpswede Haussuchungskommandos gebildet und nach den drei genannten Häusern ... entsandt. Um 4 Uhr morgens begann die Durchsuchung der Häuser. Der gesuchte Eugen Lieby wurde nicht gefunden; es ist mit Sicherheit anzunehmen, dass er Worpswede endgültig verlassen hat ... Die Nachrichten über die im Hause Vogeler befindlichen Verstecke haben sich bewahrheitet.«

Nachrichten dieser Art kamen von einer Worpsweder Einwohnerin, die am 20. und 22. Mai zu Protokoll gegeben hatte: »Mein Vater hat das Haus V. gebaut, daher kenne ich es genau. Es befinden sich im Haus viele Verstecke. Der Kamin ist vom Keller aus aufgebaut, und es befindet sich unten ein freier Raum, in dem sich gut jemand verstecken kann. Es sind große Keller vorhanden; zu dem Keller im Neubau führt eine Treppe. Zu den übrigen Kellerräumen wird der Zugang von einem Zimmer aus durch eine Falltür sein, wie es in den Bauernhäusern so üblich ist. Diese Luke ist meist verdeckt durch Teppiche, Matten usw. Alles muss gründlich durchsucht werden. Auch die Rauchkammer, die sich auf dem Boden befindet, muss genau nachgesehen werden, denn auch da sind gute Verstecke. In der Wohnung neben dem Pferdestall, wo Entelmann wohnt, ist auch ein Keller. Der Heuboden über dem Pferdestall bietet auch Platz zum Verstecken zwischen Dach und Deckenboden. Es treiben sich viele Leute bei V. herum ... Die allgemeine Ansicht in Worpswede ist die, dass es nicht eher Ruhe gibt, bis die ganze Gesellschaft weg ist. Man sagt dort nach V. Verhaftung, dass man die Frau auch hätte mitnehmen sollen, denn alles zieht sich wieder nach Frau V. hin. Wie ich in einem Gespräch hörte, sollen auch allerlei Waffen bei Vogelers sein; Genaueres weiß ich aber nicht ... Ich erwähne nochmals, im Hause V. befindet sich ein großer Keller, von wo aus die Heizung aufgebaut ist; ich habe mich gestern nochmal danach erkundigt.«

Und ein Spitzel meldet am 19. Mai: »Am Sonntag hörte ich im Dorfe von zuverlässigen Leuten folgendes: Haus Vogeler besteht aus einem alten Hause und einem neuen Anbau. In diesem Anbau liegt in einem Zimmer ein großer Teppich, unter dem sich eine Falltür befindet. Frau V. hat diese Tür selbst einer Freundin gezeigt, die es selbst weitererzählte ...« Auch dieser Agent vernahm »überall«, dass »Frau Vogeler die Hauptperson der Bewegung sei, und dass alles aufhören würde, sobald Frau V. nicht mehr dort wäre«.

Der an der Aktion beteiligte Staatsanwalt schreibt in seinem Bericht: »Die Ehefrau Vogeler wollte über Lieby-Brauers Verbleib nichts wissen, auch verneinte sie das Vorhandensein von Verstecken, die nachher gefunden wurden« (in einem etwa anderthalb Meter hohen Raum unter dem Bade- und Schlafzimmer entdeckte man, wie Leutnant Steuding von der Regierungsschutztruppe mitteilt, einen »Eimer mit Urin, welcher nach seiner Beschaffenheit mehrere Tage alt war; außerdem war ... auf einem Tragebalken Staub abgewischt. Diese beiden Tatsachen deuten darauf hin, dass sich hier ein Mann einige Zeit aufgehalten hat«). »Auf Vorhalt gab sie an, an diese ›Räume‹ nicht gedacht zu haben. Vorgefundene Kassetten, die in den Verstecken lagen und in die mit ausdrücklicher Genehmigung der Ehefrau Vogeler Einsicht ... genommen wurde, enthielten Briefschaften aus dem Verkehr der Ehefrau Vogeler mit Bäumer ohne sachdienliche Bedeutung.«

Dem Angriff auf das Haus ist tags zuvor einer in der Zeitung vorausgegangen: Am 22. Mai veröffentlichen die »Bremer Nachrichten« den Leserbrief eines Ernst Niemeyer, der unter der

Überschrift »Heinrich Vogeler, der geschäftstüchtige Kommunist« versucht, dessen »Uneigennützigkeit ... als Kommunist« mit folgender Geschichte ins Zwielicht zu zerren: »Es war im Herbst vorigen Jahres, als Heinrich Vogeler im Gewand des feldgrauen Vaterlandsverteidigers nach Rumänien kam und auf Aufforderung der dortigen Militärverwaltung es übernahm, zur Unterstützung der Agitation für die achte Kriegsanleihe einige Plakate zu entwerfen. Es wird interessieren, dass alle drei Plakate wegen ihrer allzu alldeutschen Tendenz, die sogar der militaristischen Militärverwaltung in Rumänien über die Hutschnur ging, abgelehnt wurden; nur ein Plakat, das die Druck- und Büchereistelle bereits in Druck gegeben hatte, durfte innerhalb der militärischen Gebäude, nicht aber in der Öffentlichkeit angeschlagen werden. Und dieses gepanzerte Plakat stellte eine gepanzerte Eiserne Faust dar mit dem Texte: ›Das ist der Weg zum Frieden, die Feinde wollen es so.‹ Der feldgraue Maler Vogeler hatte ... absolute künstlerische Freiheit erhalten, und so hat Heinrich Vogeler, der Maler, sicherlich seinem innersten Empfinden Ausdruck gegeben. Oder sollte er ... um nichtiger persönlicher Vorteile wegen damals seine Gesinnung ins Gegenteil verkehrt haben? Allerdings, Heinrich Vogeler hat sich ... für seine Entwürfe den Betrag von 1.500 M eingefordert und erhalten, obgleich so viele Millionen anderer Feldgrauer in all den Jahren nicht nur Kopf und Hand, sondern Gesundheit und Leben für das deutsche Vaterland ohne Entschädigung hingegeben haben ... Ich muss es anderen oder ihm selber überlassen, mir erst zu beweisen, dass Heinrich Vogeler den Kommunismus nicht ebenso als melkende Kuh ansieht wie früher den Patriotismus.«

»Damit der besagte Anwurf, der in seinem Tone schon den Unwillen vornehm denkender Menschen erregen muss, im Drange der Ereignisse nicht ganz unwidersprochen bleibe«, lässt ein Heinrich Boesking, der »dem Kommunismus Vogelers vielleicht ebenso fern« steht wie der »vermutlichen politischen Auffassung des Herrn Dr. Niemeyer«, dem »Fußtritt« für den »verhafteten Heinrich Vogeler, der sich also zur Stunde nicht wehren kann«, umgehend eine Erwiderung folgen. »Angewidert« verurteilt er die Attacke auf einen »Menschen und Künstler, dessen ethische Qualitäten noch keiner anzuzweifeln gewagt hat, ganz gleich, ob seine politischen Ideale sich als verstiegen oder verfrüht bezeichnen lassen oder nicht«.

Gegen den »Schmähartikel« wird auch in »Der Kommunist« von einem früheren Angehörigen der Militärverwaltung in Rumänien heftig protestiert. Die »Arbeiter-Zeitung« empfindet den

Angriff gegen den »allgemein geachteten, feinsinnigen Künstler, noch dazu zu einer Zeit, wo ihm die Freiheit entzogen ist«, als so »haltlos, so grob« und auf einer so niedrigen Stufe stehend, »dass er die Entrüstung jedes gerecht denkenden Menschen herausfordern muss«, Am meisten empört sie jedoch die Tatsache, dass ein Leserbrief dieser Art überhaupt erschienen ist. Für die Zeitung offenbart sich in dem Elaborat die »ganze Gesinnung dieser bürgerlich militärischen Kreise, eingeschlossen die Publikationsorgane, die sich ihnen zur Verfügung stellen, der Hass gegen die Revolution, die ihnen ihre Privilegien entziehen will, nachdem sie sich an ihrer führenden Stelle, samt ihren Monarchen als so gänzlich unfähig erwiesen und das Volk, das ihnen leider so lange freie Hand gelassen, in unendliches Elend gestürzt haben«.

Aber Vogeler antwortet auch selbst. Aus Zelle 45 des Untersuchungsgefängnisses schreibt er:

»Weshalb ich Kommunist bin, habe ich öffentlich bekannt. Wofür ich als Kriegsfreiwilliger hinauszog und wofür ich meinen Patriotismus einbüßte, weiß jeder, der im Felde mit mir zusammentraf. Dass wir 1914 um Sinn und Ziel des unmenschlichen Krieges beschwindelt waren, hat uns der ›vaterländische Unterricht‹ und der ›Friede von Brest-Litowsk‹ bewiesen.

Als dreiste Irreführung muss ich öffentlich kennzeichnen:
1. dass drei Plakate meiner Hand von irgendeiner militärischen Stelle abgelehnt sind, ihre allzu alldeutsche Tendenz ist somit die freie Erfindung des Herrn Dr. Niemeyer;
2. die gepanzerte Eiserne Faust ist nicht von mir entworfen, gehört somit nicht in seinen anwürfigen Artikel;
3. der Text ›Das ist der Weg zum Frieden, die Feinde wollen es so‹, ist nicht von mir.

Für die Kriegsanleihen habe ich nur zwei Plakate entworfen. Einmal einen gegen den schwarzen, vielköpfigen Drachen der Lüge verzweifelt ankämpfenden Feldgrauen mit dem Wortlaut ›Der Wahrheit den Sieg!‹ Der Text wurde nicht genehmigt, mein höherer Vorgesetzter änderte ihn. Auf Befehl. Ob das Plakat jemals gedruckt wurde, habe ich nicht verfolgt, da es in der veränderten Form seinen Sinn verloren hätte.

Das zweite Plakat stellt eine auf den Spaten sich stützende Arbeiterfrau dar, die sehnsüchtig in die Ferne sieht. Der Text war einfach: ›Die Heimat ruft!‹

Beide Plakate stellen Marksteine des inneren Kampfes dar, den ich durchzufechten hatte ... Was ich damals für ein Honorar bekam, weiß ich nicht mehr. Ich weiß, dass ich durch die hohe Summe überrascht und dankbar war, da ich selber in Schuld und meine Familie notleidend war. Ich war plötzlich in den Stand gesetzt, Lebensmittel aus Rumänien nach Hause zu senden. Durch meine späteren unentgeltlichen Arbeiten für die Militärverwaltung und die Zusendung einer umfassenden Sendung bester Drucke von meinen Radierungen und wertvollen, unersetzlichen Reproduktionsplatten glaube ich auch diese hohe Schuld, die mir Herr Niemeyer vorwirft, einigermaßen gesühnt zu haben.« (»Bremer Nachrichten« vom 26. Mai 1919)

E. N. gibt jedoch keine Ruhe: Vogeler sei, heißt es in einer Antwort auf die Antwort am 29. Mai, für ein »ungewöhnlich hohes Honorar« im kriegsverlängernden Sinn tätig gewesen, und das noch im Spätsommer 1918 »nach jenem Brief an den Kaiser«.

Vogelers »Schlusswort für Herrn Dr. Niemeyer: Setzen wir an Stelle des Jahres 1918 das Jahr 1917 für meinen rumänischen Aufenthalt, so erhellt sich der ganze Sachverhalt. Anfang 1918 wurde ich schon infolge meines Protestes gegen den Gewaltfrieden von Brest-Litowsk als geisteskrank aus dem Heer entlassen«.

»Um dem viel angegriffenen Herrn Vogeler das Wort nicht abzuschneiden«, veröffentlichen die »Bremer Nachrichten« in derselben Ausgabe, der vom 3. Juni, diese Stellungnahme:

»Bisher sind fünf Haussuchungen von bewaffneter Macht auf dem Barkenhoff vorgenommen worden. Meist kamen die Weißgardisten mit einem großen Aufgebot von Mannschaften bis an die Zähne bewaffnet, auf schweren Widerstand vorbereitet, in den Nachtstunden zwischen 3 und 5 Uhr. Alle Nachsuchungen verliefen ergebnislos. Um den unsinnigen Gerüchten, die den Zweck haben, mich und meine Familie den verhetzten Bürgern auszuliefern, entgegenzuarbeiten, stelle ich fest:

1. Dass ich jederzeit den bürgerlichen Gerichten zur Verfügung stehe.
2. Dass die lebende oder tote Rosa Luxemburg nicht bei mir gefunden worden ist.
3. Dass weder Maschinengewehre noch Handgranaten noch sonstige Waffen bei mir gefunden wurden.
4. Dass kein Widerstand geleistet wurde. Im Gegenteil behandelte man die Truppen und Spitzel auf dem Barkenhoff als Gäste.
5. Dass man keine Verbrecher bei mir gefunden hat.
6. Als lichtscheues Gesindel wurde nur ich verhaftet. Von den Arbeitslosen, die mit mir auf gemeinwirtschaftlicher Basis arbeiten, wurde niemand festgenommen.

7. Russische Gelder wurden nicht gefunden, auch sind in keiner Form Beziehungen zu russischen Geldern da.

Alle jene Zeitungen, die nicht gewillt sind, sich selber schuldig zu machen an einer Pogromtreiberei ..., bitte ich, diese Zeilen abzudrucken. Die Quellen der unwahren Treibereien sind in Worpswede zu finden, nicht unter Bauern, sondern in sogenannten Künstler- und Spekulantenkreisen und in der Worpsweder Zeitung.«

Kommentar der »Arbeiter-Zeitung«: »Diese Erklärung sitzt.«

Die Moor-Postille ist in der Tat recht rufmörderisch am Werk. »Entzückend« ist es für sie, »die Hingebung zu sehen«, mit der Vogeler, »ein politischer Dilettant ersten Ranges«, »persönlich den Hederich hackt«, den er »in Reinkultur zieht«. Früher habe er sich nach der Biedermeiermode gekleidet, heute gebe er sich russisch. »Dieser Mann versucht allen, derer er habhaft werden kann, seine glorreichen Ideen von der ... Arbeitsgemeinschaft aufzudrängen.« Er tue hierbei wie »ein unschuldiges Lamm«.

Unwiderstehlich sei er besonders »einer gewissen Sorte von Damen«. Wenn man sich ihn etwas näher betrachte, mache man die Entdeckung, dass er »im Innersten seines Herzens gar nicht so fromm ist«. Wie man aus seinem Familienleben »zu Genüge« wisse, habe er einen »schwächlichen Sinn«. Er mache Gesten, »die ihn in den Augen seiner Mitwelt als Kraftmeier erscheinen lassen könnten«. Deshalb benutze er jeden Moment, um sich ins Gerede zu bringen.

Das feindselig gesonnene Worpsweder Blatt kennt auch »das Sittenbild in der Familie des Herrn Heinrich Vogeler, ein Sich-gehen-Lassen, welches jeder Beschreibung spottet«, und das »ohne Rücksicht auf seine drei unmündigen Töchter«. »Dieser Mann« beschimpfe alles, was ihm im Wege stehe. »Im Volksmunde heißt er König Heinrich. Er träumte längst von einem kleinen Krönchen. In seinen Radierungen hat er sich als König dargestellt. Und seine edle Frau? Man denke sie sich als Königin Martha oder mindestens Frau Minister Bäumer.«

»Auf billige Weise« und auf »Kosten des Volkes« bringe man sich heute leicht durch Heuchelei und Frechheit in einflussreiche Stellung, ob man nun faul sei »oder ein blöder Dilettant«. Der Kommunismus der Ostendorfer Künstler ist der »Worpsweder Zeitung« »der verlogenste der Welt«. Die Kommunistenkünstler hätten sich während des ganzen Krieges »nichts abgehen lassen, sie waren stets tadellos gekleidet und lebten herrlich und in Freuden«. »Achtung Landleute!« appelliert das Blatt an das gesunde Volksempfinden. »Ihr seid gewiss schon oft Leuten begegnet, die auf dem Wege nach

Ostendorf zu Vogeler waren oder die von dort kamen, und manche habt ihr darunter gefunden, denen ihr nicht im Dunkeln begegnen möchtet. Habt die Augen offen! Wie die Herrschaft des Kommunismus wirklich aussieht, zeigt der vor dem Münchener Volksgericht verhandelte Geiselmordprozess. Lest den Bericht über diese grauenhaftesten Revolutionsmorde aller Zeiten! Diese Schandtaten wurden von Kommunisten verübt. Die Hauptverantwortlichen waren Russen, und Vogeler schwärmt für alles, was russisch ist.«

Das Kommando der Regierungsschutztruppe für Bremen sucht die Stimmungsmache gegen Vogeler dadurch zu schüren, dass es eine »märchenhafte Geschichte« mit der Bitte um Veröffentlichung an die Zeitungen schickt. Einem verheirateten Arbeiter sei nämlich auf dem Barkenhoff ein »Riesengehalt von sage und schreibe 50 deutschen Pfennigen pro Stunde« gezahlt worden. Ob Vogeler und seine Gesinnungsgenossen glaubten, dass ein Mensch »nebenbei von der Idee der alles versöhnenden Menschenliebe und der Wohlfahrt der Gemeinwirtschaft, die täglich gepredigt wird, satt werden kann?«

Das »Bremer Volksblatt« bringt am 15. Juni Vogelers Antwort: »Auf dem Barkenhoff fanden sich im Frühling arbeits und obdachlose Kommunisten zusammen, die den Willen hatten, auf dem Grundsatz ›allen Besitz und alle Arbeitskraft für die Gemeinschaft‹ ein Zusammenleben zwischen den Gleichgesinnten neu aufzubauen. Tagelohn wurde ... nicht gezahlt, hingegen alle Einkünfte in dem Betrieb fruchtbar gemacht. Bei einem Kommunisten, dessen Luxusbedürfnisse die Anforderungen der anderen übersteigen (gleich Wohnung und Verpflegung), sind für diese Bedürfnisse Tagesgelder ausgezahlt worden (der sogenannte 50-Pfennig-Lohn). In Zeiten der Not ... verließ der betreffende Landarbeiter den Hof, um, wie er selbst sagte, rein kapitalistisch zu arbeiten. Die freie Wohnung blieb ihm, wenn sie auch für eine andere arbeitslose Familie dringend notwendig ist. Logischerweise landete der Landarbeiter ... bei der Regierungstruppe, wo alle jene Leute landen müssen, denen die Revolution nur ein klingendes Geschäft ist und keine innere Angelegenheit.«

Marie, die zweifach rote, wird ebenfalls ein Thema für die Presse. Vogelers Gesinnungs- und Bettgenossin, diesem an rhetorischem Können überlegen, ist für die eine Zeitung eine ehemalige sächsische Kellnerin, für die andere eine »Schäferin mit Tituskopf«, für die dritte ein »Schädling am Baum des Lebens«, wobei dasselbe Blatt in der derselben Ausgabe dem unter anderem Namen aufgetretenen »Schädling« Anerkennung zollt. »Die fettesten und schmutzigsten Schwindelgeschichten«, konstatiert Vogeler, »Stammen immer aus der Worpsweder Zeitung.« Er ruft alle »ehrlichen Arbeiter« auf, gegen die »Presseschwindler« vorzugehen, »die eine Pogromstimmung gegen einzelne proletarische Kämpfer bereiten«.

Talent und Ausstrahlung der »Roten« sind jedenfalls enorm. »Und wie sprach sie«, gestehen die »Bremer Nachrichten« in ihrem Bericht über eine Versammlung der Kommunisten. »Stand auf einmal auf der Bühne samt ihrem Tituskopf, die Hände leicht nach hinten zusammengelegt und sprach ... Ohne Erregung scheinbar, klar und prägnant, jede Silbe scharf akzentuiert, dass auch im entlegensten Winkel des Saales nicht eine verloren ging. Ohne große Gesten, ohne lautes Pathos, und doch leidenschaftlich aufpeitschend. Etwa folgendes: ›Die Revolution wird nicht in Speck und nicht in Mehl ersticken. Und wenn auch noch viele von uns ins Gefängnis oder gar ins Zuchthaus wandern, wir wissen, was wir zu tun haben. Wir wissen, dass in unseren Händen eine andere, eine ganz andere Macht liegt als die eines lappigen Stimmzettels. Arbeiter und Arbeiterinnen! Man sagt Euch, dass Sozialismus Arbeit ist, und man ruft Euch zur Arbeit. Aber wir leben ja nicht in einem sozialistischen Staat, und solange das nicht ist, wissen wir, dass wir durch Nichtarbeit das kapitalistische System zermürben und zertrümmern müssen. Wir werden siegen in dem Kampf, der zwischen Kapital und Arbeit entbrannt ist. Denn uns kann die Bourgeoisie nicht vernichten, sie braucht uns. Aber wir können die Bourgeoisie vernichten, wir brauchen sie nicht. Und deshalb, Genossen und Genossinnen: Tut, als ob Ihr etwas tätet, aber lasst die Hände ruhen und tut nichts; tut noch weniger als nichts. Und noch eins. Oft, wenn ich durch die Straßen Bremens gehe, sehe ich Arbeitermädel Arm in Arm gehen mit den bewaffneten Knechten des Kapitaldieners Noske. Ihr Väter, sprecht freundschaftlich mit Euren Töchtern und sagt ihnen, dass es einer Arbeitertochter unwürdig ist, mit einem bezahlten Arbeitermörder zu gehen.«

Die da zum getarnten Streik aufruft, liefert den gescholtenen Geschlechtsgenossinnen in puncto Liebe selbst das Beste – wenn auch exklusive – Vorbild. »Viel, viel habe ich Dir zu schreiben«, heißt es in dem Brief, den Vogeler ihr ins Gefängnis des nahen Lilienthals schickt. Er werde das aber erst tun, wenn man sie nach Dresden transponiert habe, denn er halte es für völlig sinnlos, »über diesen Weg unser Bestes zu geben«. »Ist die Zelle reinlich oder verlaust?« erkundigt er sich. Er ermuntert die Gefangene: »Kind, sei stark und froh.« Sie soll an Leviné denken (einen der Führer der Bayerischen Räterepublik, zum Tod verurteilt und hingerichtet), »mit welch einfacher, froher Kraft er unverbundenen Auges vor den Gewehren der entmenschten Söldner stand«. Der Tod Levinés habe die Arbeiterschaft »ganz unheimlich aufgewühlt«. Auch das Ausland erkenne plötzlich, »dass die Bestie des Militarismus voll und ganz die Zügel wieder ergriffen hat«. Sie solle nur tapfer aushalten, das Opfer Levinés habe »ungeheure Schichten in Bewegung gebracht«.

Aber auf seine Briefe kommt – ihm »völlig unbegreiflich« – keine Antwort. Rast- und ruhelos wandert er abends durch den Garten »zu den Plätzen, wo wir zusammen gesessen haben«. Der »einfache, menschliche Verkehr« zwischen ihnen werde durch die Unterschlagung der Post unmöglich gemacht. »Sind das« fragt Vogeler erbittert, »denn keine Menschen mehr, die uns gegenüberstehen?« »Wie schön« wäre es für ihn im Bremer Gefängnis gewesen, »wo alle Beamten auf unserer Seite sind und alles Liebe für uns tun, ohne in den dummen, blinden Hass verfallen zu sein.«

Der Ex-Häftling an die Geliebte: »Wie musst Du leiden.« Gut steht es dagegen mit dem Land. Es hat geregnet, »und alles ist im Wachstum«. Dennoch: »Täglich, stündlich« denkt er, dass sie nun plötzlich auftauchen müsste. »Aber wo mag sie sein, die Rote, woran mag es liegen, dass kein Wort von ihr überkommt?« überall gebe es schwere Unruhen, »sie gehen von keiner Partei, von keinem Führer aus, es ist, als wolle sich das Proletariat über alle hinweg einigen«. »Wann«, so klagt und fragt »immer nur der Deine«, »werde ich durch Deine roten Haare fahren können, wann sehe ich Deine wasserhellen Augen wieder auf mir ruhen?«

Bald, so scheint es am 2. Juli, denn »endlich, endlich, endlich« ein Lebenszeichen von ihr »und die Aussicht, dass Du kommen wirst«. Marie allerdings hat diesen Optimismus nicht. Nach Empfang seines Briefes notiert sie auf dessen unteren Rand: »Geliebter, deine Sehnsucht teile ich, aber nicht die Hoffnung.«

Trennung gilt es jedoch nicht nur in Haft-, sondern auch in freien Zeiten zu ertragen: als gefragte Rednerin ist die »Rote« häufig unterwegs. Manchmal allerdings dauert ihm ihre Abwesenheit zu lang, denn »ich friere ohne Dich«.

Der Barkenhoff ist inzwischen zu einem Wallfahrtsort geworden: »Pastoren, Bildhauer, Künstler ... und viele Frauen kommen, um über Kommunismus zu hören von Mensch zu Mensch.« Vor allem sonntags herrscht Hochbetrieb, »Die Syndikalisten waren da«, berichtet er der fernen Rotmarie, »dann zweimal einzelne Offiziere in Zivil, offenbar mit bestimmten Aufträgen. Was sind das nur für Menschen, die sich verzweifelt an ein vergehendes Weltbild hängen.«

Einmal erscheint ein »völlig Resignierter«: Maler, Lehrer und Schauspieler, der Vogelers Schriften gelesen hat und daraufhin aus Thüringen herwandert. »Wir haben viel zusammen gesprochen.« »Etwas anstrengend, aber vielleicht für die Zukunft fruchtbar«: der Besuch von 6.000 Unabhängigen Sozialdemokraten. Ein andermal bringt der von dem Lehrer Hermann Böse geleitete Bremer kommunistische Arbeitergesangverein »Ständchen über Ständchen« auf dem Barkenhoff. »Es waren an die 500 Leute, die auf dem Platz vor dem Haus lagerten.« Ein Chor aus Osterholz gesellt sich noch hinzu. Anwesend ist ferner der Arbeiterrat von Hansa Lloyd – Männer, »die sich politisch orientieren wollten«. Alle sehen sich auch die Ausstellung an, in der Vogeler zahlreiche Bilder hängen hat. Oft kommt er »nicht einen Augenblick zur Ruhe«: »Studenten, Arbeiter, Schriftsteller, Redakteure, ein Pastor, ein Ingenieur«. »So ging es bis acht Uhr abends in einem fort«.

Das, was er zu sagen hat, soll jedoch bald auch im Druck vorliegen. »Wer was will«, muss dann eben »lesen, lesen, lesen«. Vogeler: »Ich gehe ja sonst kaputt, hatte heute schon kaum noch Stimme.«

Dem aus der Haft zurückgekehrten Bäumer (»Ich ... freue mich auch für Martha, dass die ewigen Aufregungen zu Ende sind«) stellt er ein erstklassiges Zeugnis aus: »Die Tage und Wochen im Gefängnis haben ihn zu einem glänzenden Kämpfer gemacht.« Er werde nun wissenschaftlich schreiben und die »festen Unterlagen für die kommende Zeit« erstellen – »klare, schöne Arbeiten, die wir alle brauchen können.« Dann sei noch ein »schönes, schönes Drama« entstanden. Aus dem Parteileben wolle Bäumer sich indes ganz zurückziehen: er sei ausgetreten, teilt Vogeler seiner feuermähnigen Kämpferin mit.

Doch Bäumer überlegt es sich bald wieder anders. Die KPD, von Spaltung bedroht, findet in ihm einen Verfechter des Einheitsgedankens. Während einer Mitgliederversammlung der Bremer Kommunisten riss er, wie es in einem politischen Lagebericht der örtlichen »Staatssicherheitsbehörde« heißt, »alle Anwesenden durch den Hinweis auf die kommenden Kämpfe mit sich fort«. Seine Rede sei ausschlaggebend gewesen für das Ergebnis des Abends: nämlich keine Trennung.

Im selben Lagebericht wird übrigens ein in Bremen aufgefangener Funkspruch zum Geburtstag der russischen Räteregierung wiedergegeben: »In einigen Tagen wird das russische Proletariat den zweiten Jahrestag eines großen Sieges feiern. Schon zwei Jahre hindurch verteidigen die russischen Genossen unsere gemeinsame Sache mit ungewöhnlichem Heroismus und rufen die Arbeiter der übrigen Länder unter die roten Fahnen. Von allen Seiten von Feinden umgeben, sowohl von Verbündeten wie auch von deutschen Verrätern des Sozialismus blockiert, wehrt sich Sowjet-Russland. Zwei Jahre blutet es aus 1.000 Wunden. Mit Hilfe von ausländischen Freunden haben sie uns Licht und Kohle genommen. Man hat uns des Brotes beraubt, allstündlich und allaugenblicklich die Zähne der Internationalen seinem Körper. Aber trotzdem steht das russische Proletariat auf der Wache. Alle Kräfte der Alten Welt oder Räuber und Henker, alle Bankiers haben ihre Anstrengungen gegen die erste proletarische Diktatur der Welt vereinigt. Wilson ... Lloyd-George und der römische Papst, der verachtungswürdige Noske und Clemençeau. ..., die finnischen Menschenfresser und die rumänischen Spitzbuben, und dennoch steht die Kommunistische Partei Russlands, unsere ruhmvolle Avantgarde, am Steuer der Wacht ... überall, wo ehrliche Arbeiterherzen schlagen, da schließen sich die Proletarier der Losung an, die vor zwei Jahren von den russischen Genossen aufgestellt wurde, die ganze Macht für uns! Noch nie war der Andrang der Gegenrevolution der ganzen Welt so rasend wie augenblicklich. Fortsetzung folgt!

Auf Wiedersehen!«

Bremen gelte, wie es in einem anderen Lagebericht heißt, bei den Kommunisten als der sicherste Ort. »Sie sind der Meinung, dass sie hier tun und lassen können, was sie wollen, da die Regierung nicht wage, sie zu stören.« So sei geplant gewesen, den Parteitag der KPD, »an dem bekanntlich stets viele steckbrieflich verfolgte Leute teilnehmen«, in Bremen stattfinden zu lassen.

Vogeler hofft, dass seine Schrift, die ihn vom Reden entlasten soll, bald herauskommt. Das Thema: »Siedlungswesen und Arbeitsschule«. Berichtet wird – unter anderem – von den eigenen Erfahrungen, dem Versuch, auf dem Barkenhoff »bespöttelte Ideologie in die Tat umzusetzen«. »Wir Arbeiter teilten jede Arbeit unter uns. Wir wählten einen Arbeiterrat von dreien. Einen für Finanz, einen für Produktion und einen für Konsum. Um alle Bedürfnisse der Arbeitenden voll kennenzulernen am eigenen Leibe, verbat ich mir eine Wahl in den Arbeiterrat. Dem Arbeiterrat wurde aller Besitz übergeben: alle Einnahmen, alle Ausgaben, alle Verpflegung ging durch seine Hand. Das Geld wurde innerhalb der Kommune völlig abgeschafft, und nur der Finanzrat verkehrte mit der Außenwelt kapitalistisch.

Nun hatte jeder Arbeiter Anrecht auf Wohnung, Kleidung und Nahrung in dem Maße, wie es im Besitz vorhanden war oder geschaffen wurde; aber auch jeder hatte die Sorge, die Verantwortung für das Ganze.

Da der Arbeiterrat jeden Tag abberufen werden kann, ist die Kontrolle genau, und überall stellte sich der gesellschaftliche Verkehr, die Arbeit auf gegenseitige Hilfe. So brachte mich die Arbeiterschaft sehr bald in mein Atelier zurück und nahm mir fast jede körperliche Arbeit ab, aus der praktischen Einsicht heraus, dass ich dort oben für die Gemeinschaft besser schaffen könnte, wie Dünger auskarren. Andererseits hatte ich gezeigt, dass mir Düngerkarren genauso wertvoll erscheint wie Bildermalen, wenn die Gemeinschaft des Düngerkarrens als Nächstliegendes bedarf. Ein Arbeiter, der in der Gemeinschaft einem Künstler die körperliche Arbeit abnimmt, ist in Wirklichkeit Mitschaffender an dem Kunstwerk, das vermittelst seiner Arbeitsübernahme von Künstlerhand entsteht.«

Vogeler – »Ich ... bin kein Idealist, sondern ein einfacher, praktischer Materialist« – betrachtet so eine kommunistische Insel im kapitalistischen Staat als ein Kampfmittel: »Sie wird durch die Tat mit dem bürgerlichen Märchen aufzuräumen haben, dass das Proletariat nicht gestalten kann.« Die größte Gefahr für den Bestand der Kommune liege nicht in der kapitalistischen Umgebung, sondern in der kapitalistischen Gesinnung einzelner Mitglieder. »Eigentlicher Sinn« der gemeinwirtschaftlichen Gründung ist, »aus ihr eine Arbeitsschule wachsen zu lassen, wie sie den Kommunisten vorschwebt«. Einziges Ziel dieser Schule: der »produktive Mensch«, einziges Lehrmittel: »das lebendige Leben«. Spielend soll das Kind »das Glück der freien Arbeit, die eigene schaffende Kraft im Wirtschaftsleben der Kommune erkennen lernen«. Die Schule, ein Hofbetrieb mit Werkstätten, muss die »innere Organisation des Rätesystems verkörpern«. Alle Techniken der modernen Wissenschaften kommen hier – bezogen auf die Landwirtschaft – als Lehrbeispiele zur praktischen Anwendung, doch ist die Schule selbst so produktiv, dass sie einen Teil des örtlichen Wirtschaftslebens – der Dorfkommune – darstellt. Ansonsten bildet sie »ein in sich abgeschlossenes Gemeinschaftsleben« im »innigen Zusammenleben der Geschlechter«. Der nackte Körper wird das »heiligste Ausdrucksmittel unseres seelischen Gleichgewichts«.

Da die Arbeit in der und für die Kommune den Mitgliedern zwar keinen Profit, dafür aber »Lebensglück« bringt, ist man frohen Herzens den ganzen Tag tätig. Eine »von Arbeitenden festgelegte Ordnung für eine ländliche Kommune« nennt als »vornehmstes Gesetz« die »gegenseitige Hilfeleistung in allen Dingen« sowie die »Hebung der Arbeitsfreude«. Erreichen wollen dies die Genossen unter Respektierung eigener zehn Gebote, denen zufolge
- jeder auf das Läuten der Hausglocke pünktlich zu erscheinen hat;
- niemand sich eigenmächtig aus der Küche Verpflegung besorgen darf;
- jeder sich immer wieder seiner Lehrpflicht durch das lebendige Beispiel bewusst werden muss;
- Geldverkehr innerhalb der Kommune ausgeschlossen ist;
- Bücher und Zeitschriften nach Gebrauch in die Bibliothek zurückzubringen sind;
- weibliche Handarbeiten in den dazu hergerichteten Werkstätten erledigt werden;
- mit Rücksicht auf die geistig Arbeitenden Ruhe im Haus herrschen soll;
- persönlichen Aussprachen größte Wichtigkeit zukommt.

Dieser – auszugsweise zitierten – Hausordnung hat sich jedes Mitglied zu fügen.

Die Arbeitsschule »als Aufbauzelle der klassenlosen menschlichen Gesellschaft« macht Vogeler noch einmal zum Gegenstand einer Veröffentlichung, ebenso wie er dem von ihm propagierten »innigen Zusammenleben der Geschlechter« ein eigenes Heftchen widmet. Anders als die alte Schule, die Bildung und Wissen dazu benutzt habe, um Autoritäten und Abhängigkeit zu schaffen, erziehe die Arbeitsschule Kinder und Erwachsene zu selbständigen und selbsthandelnden Menschen, »die sozusagen eine Staatsfunktion immer in sich fühlen und durch die Tat verkörpern: die Verantwortung für das Wohl Aller«.

Das Zusammenarbeiten der Lehrenden und Lernenden ist »ein kameradschaftliches, ein Geben und Nehmen, eine Frage – eine Antwort; keine neue äußere Methode, nie verödend im Dogma, stets abhängig vom Wandel der Tage«. »Das Kind, dessen erste hemmungslose Befreiung durch Körperpflege und Gymnastik bis zum Tanz hervorgerufen wird, lernt zuerst im eigenen Spielgarten die Materialien der Natur kennen.« Es beginnt frühzeitig mit der Pflege der Tiere und macht sich dann mit den Arbeitsgeräten sowie deren Pflege vertraut. Anschließend erfolgt – »im innigen Zusammenhange mit dem gemeinwirtschaftlichen Leben« – das Studium der wichtigsten Arbeitsformen.

Gegner dieser Schule sitzen sowohl in den rechten als auch in den linken Parteien. »Die einen glauben, der Mensch ist schlecht, und das müsse so bleiben ..., die nächsten sagen: ihr verführt die besten Kräfte zu einem kleinbürgerlichen Idyll.« Kommunarde Vogeler: »Die mögen einmal kommen in dieses Idyll.« Aufbau einer solchen Zelle heißt nämlich »täglich verbraucht« zu werden von einer Bewegung, »die alle menschlichen Ansprüche« an die Mitwirkenden stellt. Da sind »die Parteidogmatiker mit dem unerschütterlichen Glauben an Autorität, bürgerlich verseucht durch die alte Erziehung: Ethik und Bildung und Sozialismus dürfen sie den Genossen erst ›geben‹ nach der Eroberung der Macht! Es sind die alten Menschen, die verkalkten Skeptiker, die an sich selber und an die Zeugungskraft ihrer eigenen sozialistischen Tat nicht mehr glauben«.

Vogeler ruft all denen zu, »die noch einen Rest zeugender Jugendkraft in sich fühlen« und die »ihre letzte gestaltende Kraft nicht an den Selbstmord hingeben wollen«: »Helft Arbeitsschulen zu errichten, die ... den Geist der neuen Zeit verkörpern.« Unterschriftensammler, »Protest- und Resolutionsfabrikanten« bringen keine Lösung, »heute gilt nur die Tat«. »Nicht Personen solltet ihr vernichten, sondern das System. Beginnt damit in eurem eigenen Leben durch das gelebte Beispiel. Die Tat, das Sein ist revolutionärer als das Wort.«

Zur befreienden Tat wird den Genossen auch die Liebe. »Dem Weibe«, das mit »gelindem Schauer« an das Eherecht der bürgerlichen Gesellschaft »mit seiner versklavten Besitztendenz« zurückdenkt, ist sie »das lebendige Symbol für die alles befruchtende Kraft des revolutionären Werdens«. »Als einzige Bindung gilt die höchste Entfaltung der Liebeskraft; sie immer fruchtbarer zu gestalten, ist die Aufgabe von Mann und Weib.« »Harte Selbstzucht, freieste Hingabe an den Mitmenschen bereiten der Liebe den Weg zur Freiheit. So wie das Schulwesen der kommunistischen Gesellschaft ein außerordentliches Gewicht darauflegt, alle körperlichen Hemmungen und damit parallel alle seelischen Hemmungen zu lösen durch ein Turnen, das dem völlig entkleideten, freien Körper zuteil wird, so liegt eine große Wichtigkeit für das freie erotische Leben darin, dass die verschiedenen Geschlechter von Kindheit an mit den Erwachsenen beiderlei Geschlechtes sich in freier Natur ohne Bekleidung eine Zeit des Tages bewegen.«

Auf diese Weise werde die sexuelle Liebe »von allen dumpfen Hemmungen und Fesseln« befreit: »Männer und Frauen stehen nebeneinander, ihren gesunden Körper betrachtend als Ausdrucksmittel losgelöster Freiheit und richtunggebender Kraft.« Nur wer den »letzten Besitzfanatismus an der Seele oder an dem Körper eines anderen«, die »letzten bürgerlichen Hemmungen« überwindet, »ist reif für die Freiheit der Liebe«. Die freie Liebe wiederum treibt den Menschen zu einer »ausgeprägten geistigen und körperlichen Zuchtwahl«, deren Wesen »Zeugung der Tat« und damit Sozialismus ist. Die äußere Form für den Liebesbund beschränkt sich in der kommunistischen Gesellschaft auf eine »verwaltungstechnische Registrierung«. Prostitution ist überflüssig, »denn die Freiheit der Liebe bringt die Menschen zur Erfüllung ihrer höchsten Liebeskraft und zur geistigen Befreiung«.

Was aber, wenn Genossen, »die erotische Bindungen eingingen, durch einen Dritten das Verhältnis gestört sehen und sich lassen müssen?« Beginnt nun das Ringen um den »Besitz des Menschen?« »Gewiss nicht«, sagt Vogeler. In dieser Stunde »wird sich die ethische Kraft des Sozialismus bewahrheiten in der Hilfe und in der völligen Bejahung des Bruders, der Schwester«. Kein leichter Kampf, gewiss, »er wird noch einmal alle Konjunkturen aus der bürgerlichen Ideologie« in Erscheinung treten lassen und »zu Handlungen verleiten wollen, die deinem Bruder, deiner Schwester Leid bringen«. Der so in Versuchung Geführte muss erkennen, dass er noch von den »bürgerlichen Traditionen des Besitzfanatismus« verseucht und es noch nicht wert ist, »die Freiheit der Liebe ganz zu leben«.

Die Hingabe der »Roten« ist es, der Vogeler die Entstehung »dieses kleinen Werkes« unter dem Titel »Die Freiheit der Liebe in der kommunistischen Gesellschaft« zuschreibt. Er möchte gern mit ihr »irgendwo einen Monat einsam sitzen und arbeiten«, damit er ein Buch vorlegen kann, das »eine völlige Übersicht gibt und in alle Winkel leuchtet«. »Wird die Zeit kommen?« fragte der 47-jährige, der »in allen Stunden des Tages« an die so viel Jüngere denkt. Ihm, der sich als der letzte, also einfachste Soldat der Revolution ansieht, ist sie nicht nur Geliebte, sondern auch sein »proletarisches Gewissen«. Als Porträt gerät sie ihm zur Kunst.

Mit dem Buch »Friede«, das 1922 erscheint, unternimmt Vogeler übrigens den Versuch, »in alle Winkel zu leuchten«. Veröffentlicht werden die Ansichten über Kohle, Gott und Tod im Bremer Angelsachsen-Verlag, einem Unternehmen des Freundes Ludwig

Roselius. »Bevor ich«, so schreibt Vogeler ihm im September 1922, »das Manuskript an Diederichs weitergebe, möchte ich fragen, ob es auch etwas für den Angelsachsen-Verlag ist.« Es ist, und drei Monate später kann Roselius, der zu dieser Zeit in New York weilt, zu seiner »großen Freude« den in »Druck und Ausstattung sehr gut ausgefallenen« Band in Empfang nehmen. Die ersten Seiten des Buches füllt das Märchen vom lieben Gott, das all denen übermittelt wird, »die gelitten haben für den Frieden«. Dann folgen die Betrachtungen der Dinge aus der Vogeler-Perspektive.

Frieden: »Friede ist Bewegung zum Gleichgewicht durch die gestaltende schöpferische Kraft der Menschheit ... Friede ist ordnende Bewegung aus der Vielheit zur Einheit ... Kein endgültiger Zustand, sondern ein fortdauerndes Ordnen in der Materie und das Gestalten mit ihr unter dem Gesetz der Ewigkeit.«

Der historische Materialismus: »Das wirtschaftliche Sein bestimmt das Bewusstsein, sagt Marx. Das Bewusstsein bestimmt das wirtschaftliche Sein, sagt uns schon der ganze Gang der Revolution. Man hüte sich, als historischer Materialist die Umdrehung zu vergessen ... Der Mensch versuchte in seiner Eitelkeit immer wieder, sich aus den Gesetzen der Natur, aus der Abhängigkeit von dem kosmischen Selbsterhaltungstriebe, der Liebe, des Erkennens und des Einordnens herauszustellen, als Beherrscher und Lenker der Naturkräfte ... Der Mensch als Selbstzweck spukt in den Hirnen der Philosophen als losgelöstes Gespenst der Einsamung, des Untergangs ... Ein ganz bestimmtes, in den Kräften der Umwelt liegendes Gesetz wirkt sich in der Gesellschaftsbildung der Menschen aus, in all den ethischen und sittlichen Äußerungen und offenbart sich in der Materie ... Die Parteimenschen, die unter der geistigen Diktatur einer Ideologie leben, die die Vorgänge nur im wirtschaftlichen und politischen Leben sehen, haben in der Partei ihre historische Aufgabe zu erfüllen, mit deren Erfüllung in der klassenlosen Gesellschaft diese Sekte ausstirbt ... Der dogmatische Parteimann hat berechtigte Angst vor jedem kosmopolitischen Denken, desto stärker muss der verantwortliche Kräfte lösende Erzieher, Lehrer und politische Gestalter die großen allumfassenden Zusammenhänge in der Natur der verschiedenartigen Materie erkennen. Parteidogmen werden ihn von außen schon genügend hemmen bei der Loslösung selbständiger schöpferischer Kräfte ... Wieder wird man erkennen, ... dass es so unendlich schwer ist, sich selbst loszuwerden an die Gemeinschaft der Menschen. Aber erst dann beginnt die Morgenröte der neuen Zeit. Der historische Materialist, für den es ja keine

Trennung von Geist und Materie geben kann, findet seine Weltanschauung als ein Gleichnis der ganzen Relativität des Kosmos. Seine Weltanschauung baut sich nur aus eigenem Erleben auf, er verwirklicht innere Erlebnisse, die in der Umwelt ihre Gleichnisse finden .... Die neuen Menschen werden in ihrer Relativität positiv zeugend zueinander stehen müssen, nicht im Kampf Aller gegen Alle, wie die Goldordnung es erwirkt ... Der kürzeste Arbeitsprozess ist der wirtschaftliche Aufbau der Natur. Damit hat sich jeder Wissenschaftler, jeder Erfinder, jeder Künstler auseinanderzusetzen.«

Die Kohle: »Die Kohle war die motorische Kraft der letzten Kriege und Mordprozesse der Welt. Ihr liegt in Verbindung mit dem Gold die Vergiftung und Vernichtung der Gesellschaft der Völker und Menschen ob, falls sie nicht durch den kürzesten Arbeitsprozess dem Aufbau und der Erneuerung der Erde wieder zugeführt wird ... Wir haben zu forschen, ... ob die Kohlenflöze, diese unerhörten Vorräte von Sonnen- und Erdenenergien, nicht dasselbe ökonomische Gesetz in sich tragen, dem die gesamte Materie unterliegt ... Im Chaos des Zusammenbruchs haben wir den kürzesten Weg von der Kohle zur Ernährung zu finden ... Lasst uns endlich Frieden schließen mit den göttlichen Kräften, dass die Kräfte der Gestirne und der Erde, die Kohle, den Boden bereiten für ein neues, erfülltes Menschentum.«

Gold: »Das Gold hindert den natürlichen Prozess der Rückkehr der Menschen zur Erde, zur versöhnenden Mutter aller Dinge, die die Ernährungsbasis für alle bedeutet ... Das Gold vernichtet die sittliche Forderung in den menschlichen Moralgesetzen: Nationalisten verwandelt es in Menschen, die sich jederzeit mit jedem Feindbund alliieren, wenn es darum geht, die Klassenherrschaft zu verewigen und die Diktatur des Goldes über das Menschenrecht aufzurichten.«

Wissenschaft: »Wissenschaft selber ist nur eine Funktion des kosmischen Selbsterhaltungstriebes und nur dann für das Fortbestehen des menschlichen Geschlechtes von Wichtigkeit, wenn das Wissen schafft, das heißt, wenn es aus tiefem, religiösem Gefühl organisch wächst, um die Bindung mit dem ewigen Gesetz zu finden und sich diesem hingibt ... Das Leid zwingt die Menschen, immer wieder so zu forschen, dass sie die ewigen Gesetze über sich anerkennen, nachdem der vermeintliche Beherrscher der Natur durch seine Eitelkeit zur Vernichtung alles Menschlichen verführt worden ist. Die Hauptaufgabe der Wissenschaft ist, das Wesenhafte in dem Gesetz Natur zu erkennen und den Menschen durch sein Schaffen in die natürliche Bahn einzureihen ... Wer fähig ist, die geistigen Vorgänge dem allgemeinen Prinzip der Natur (kosmischer Selbsterhaltungstrieb, Liebe, Gesetz, Gott) unterzuordnen ... ist fähig, die natürliche Weltordnung zu erkennen, die Menschheit und sich in die Ordnung der gesamten Materie einzureihen, d. h. in seiner Gehirnsubstanz, in seiner psychischen Einstellung kann er die Hemmungen freimachen, um selber zur Einheit zu kommen ... Die Auswirkung der großen Wissenschaftler ist stets ein Teilstück des Gesamtgeschehens und wirkt schöpferisch gestaltend für die Gemeinschaft der Menschen. So steht Albert Einsteins Relativitätslehre entscheidend in dem großen Werden unserer Zeit ...«

Kunst: »Das künstlerische Schaffen ist die Offenbarung der Liebe, ist die Hingabe an die Materie, ist das Einswerden mit dem Gesetz, welches in uns allen, in jeder Kreatur, jedem Baum und Stein, im Feuer wie im Wasser, in der Erde und den Gestirnen innewohnt. So ist das Werk des Künstlers der Friede, den er schließt mit dem Unendlichen. Der Künstler ist nur Werkzeug des Allgesetzes ... Das Werk, das ihn verlässt, fällt zeugend zurück in das All, an die Menschheit. Nur das ist Kunst, das uns die ewigen Gesetze offenbart.«

Erziehung: »Die neue Erziehung ist eine gärtnerische Tätigkeit, sie räumt die zerbrechenden Ideologien, die Hemmungen der Umwelt, die Reste der alten Lernschule fort, um den jungen Menschen wachsen zu lassen in seine individuelle Erfüllung. Die Bindung mit der Materie zu suchen und das Gestalten mit der Materie ist der Sinn der Schule ... Es handelt sich bei dem Erzieher darum, die Grundwellen des Seins, die Urinstinkte der Menschheit mit seinem Verstand zu erkennen und zur Gestaltung der neuen Gemeinschaft der Menschen zu bringen. An Stelle der intellektuellen Autorität steht die Wirklichkeit, das lebendige Beispiel. An Stelle der besitzenden, genießenden, wohltätigen Liebe steht die harte, gestaltende, zeugende, werktätige Liebe, die auch das Verhältnis zwischen Mann und Frau zur Freiheit und zur individuellen Erfüllung beider führt ... Nur wo das ›Ich‹ zeugend gestaltet im ›Du‹, wo das Selbst sich loswird, völlig besitzlos macht, durch die Hingabe an das Werk der Gemeinschaft, fühlen wir die ewigen Schwingungen des Eros ...«

Gott: »Gott ist Bewegung, das ewig Zeugende, das Ungeformte, das sich immer wieder in der Materie offenbart als zeugendes, sich fortpflanzendes Gesetz ... Es gibt keine Materie, in der Gott nicht ganz ist ... Das lässt uns erkennen, dass auch wir Werkzeuge sind des Gesetzes, und in uns wird die Kraft des Gesetzes wachsen, und unser Werk wird ... die Stimme des Schöpfers. So wird das ›Ich‹ sich hingeben im All und auferstehen im Freund, im Bruder, in der Schwester, im Volk, in der Menschheit, im All ... Der Mensch erkennt Gott erst, wenn er sich selber los ist, zeugende Schöpferkraft! Denn Gott ist die Liebe, die Liebe ist des Gesetzes Erfüllung, Gott ist um uns, in uns und durch uns hindurch in dem Werk, in der Wirklichkeit, die durch uns mitgeschaffen wird und unser Richtmaß bleibt.«

Über den Tod: »In der Geschichte der Materie Mensch sehen wir ... immer wieder, dass starkgeistige Menschen, die sich nur als Werkzeuge des Allgesetzes betrachten, in denen also starke Bindungen der Liebe zum Menschen ... im Umsatz waren, die Hingabe an den Tod als einen einfachen, sie erfüllenden Vorgang der Wandlung nahmen. Tod ist für sie kein Opfer, kein Märtyrertum ... Jeder wahre Wissenschaftler ... erkennt, dass das Wissen, welches in ihm zeugte, sich hingeben und sterben muss, um aufzuerstehen, um zu werden für das Zukünftige ... Der Tod des Wissens, hingegeben an das Leid des Volkes, ist der Weg zur Einheit: Volk, Menschheit, klassenlose Gesellschaft, Wirtschaftseinheit, Gemeinwirtschaft ... Das neue Leben ist der Tod des Persönlichen durch Erfülltsein und Hingabe im Gesetz des Ganzen. Das ist der Tod, der Gesetz zeugt und Recht ... Tod und Auferstehung in der verbleibenden Materie Mensch? Was wissen wir? Oder Auferstehung in irgendeiner anderen Materie: Blume, Baum, Kristall oder Stern? Jedenfalls in einer Materie, die sich mit dem Gottesgesetz besser erfüllt wie der hasserfüllte, zerstörende Übermensch, der die Gesetze der Natur zu beherrschen glaubte ...«

Als »Friede« erscheint, ist Marie zwar noch auf dem Barkenhoff, nicht mehr aber Vogelers Geliebte.

Jetzt, 1919, heißt es in einem der Briefe, die er an seine »Rote« schickt: »Wie wunderbar ist unsere Liebe.« Er sagt auch, was sie so wunderbar macht: die »gegenseitige Zuneigung im Geiste«. Eine Liebe, die sich nur in »heißen Umarmungen nach außen« zeigt, betrachtet er mit Misstrauen. Bei Marie nun findet er erstmals »dies eine, dies größere«, eine Liebe »ohne Eifersucht, ohne Besitzverhältnis, in der Ferne so innig befruchtend wie in der Nähe«. In der Nähe aber doch wohl mehr, denn, wie gesagt, der Ruf nach Heimkehr ergeht immer wieder an die Reisende in Sachen Sozialismus. (»Blut muss fließen«, ruft jemand in einer Versammlung.

Marie: Nein, der Arbeiter ist zu schade, um auf den Barrikaden zu verbluten). Vogeler hofft, dass sie beide die kommende Zeit, für die er sehr düster sieht, überleben »und nicht den vertierten Noske-Garden in die Hände fallen wie Landauer und Leviné«. An anderer Stelle verweist er auf den »unverwüstlichen Glauben, für den wir leben und sterben können«.

Vogeler berichtet ihr von einer Zusammenkunft mit Fritz Wolffheim, dem führenden Hamburger Kommunisten, der mit Dr. Heinrich Laufenberg den – von Lenin als »himmelschreienden Unsinn« abgelehnten – Nationalbolschewismus propagiert. Er habe »viel Interessantes erzählt: vieles, vieles, was ich ... mit Dir, nur mit Dir besprechen müsste«. Laut Notiz der Bremer Sicherheitsbehörde vom 7. Mai 1920 sind »die Kommunisten in Worpswede ... sämtlich Anhänger der Richtung Wolffheim geworden«.

Von der »seltsamen, nonnenhaften« Tänzerin Lotte Bacharach erhält er einen Brief aus Holland: Sie möchte ihn sprechen. »Wie wünschte ich, dass Du die einsame Kunst dieses jungen, merkwürdigen Menschenkindes kennenlerntest ... Sie ist die Schülerin eines russischen Tänzers Sacharow, ging aber einen ganz eigenen Weg. Lebt wie eine weltverlorene Träumerin in frommster Askese. Im Tanz ist sie wie eine verrückte Nonne, die alles Irdische von sich wirft und mit Blumen, Wind und Sonne eine entzückte Zwiesprache lebt. Seltsam, eine solche Erscheinung in unserem Jahrhundert, sie ist wie aus der Zeit der Gotik.« Vogeler ist ein »naher Freund« von ihr, er würde ihr gern erzählen von »unserem leisen Glück«. In Berlin erlebt er eine Vorstellung der »verrückten Nonne«. »Es war eine sehr einheitliche Stimmung aus einer alten, tiefreligiösen Welt.« Die Kritiken seien gut gewesen, »wenngleich dies Berlin ganz und gar auf Amüsantes gestellt ist«.

Er liegt hier in Fehde mit der Frau des erschossenen Eugen Leviné. Oslik, wie sie genannt wird, kämpft »wie ein Tiger« um ihn und sucht ihn von seinen »bürgerlichen Kommunismusversuchen zu heilen«. Vogeler an Marie: »Vergeblich.« Die Zusammenstöße gehen »bis an die Grenzen des Möglichen«. Er hat fast das Gefühl, diese Frau könnte ihn »umbringen«, um »das Proletariat von einem gefährlichen Dilettanten zu befreien«.

Mag sie sich auch »wie ein Tiger« auf ihn stürzen: dem Namen nach ist sie lediglich ein »kleines Eselchen«. Dies nämlich bedeutet das tschechische Oslik. Zwar sei das, schreibt Rosa Leviné am 11. März 1972 aus London, keine schmeichelhafte Bezeichnung,

»Leviné meinte aber, dass Esel sehr sympathische Wesen seien ...«

Das wird vielleicht auch Vogeler empfunden haben, besucht er doch zwischendurch mit Lette Bacharach den Zoo – »eine angenehme Erholung nach so viel Menschen«.

Für seinen Schulplan sei das Kultusministerium als Versuch »sehr zu haben«. Was nun bevorsteht, ist »Arbeit, Arbeit, unerhörte Arbeit«. Doch obwohl es gut läuft auf dem Barkenhoff: Vogeler würde »alles verlassen«, wenn ihn nicht die Überzeugung zurückhielte, mit dem, was er da »in 25 Jahren intensivster Arbeit« geschaffen hat, »der Zukunft des Proletariats« helfen zu können. »Ich kann nicht fort«, erklärt er der Geliebten. »Die Arbeiterschaft kommt immer wieder und glaubt so fest an das, was wir wollen. Gehe ich heraus auch nur für kurze Zeit, so bricht alles zusammen.« Er würde seine innere Ruhe »wie ein Pflichtvergessener« verlieren, wenn er diesen »durch und durch unsympathischen Kampfesboden« verließe. »Hätte ich«, klagt er der fernen »Roten«, »einen Menschen, einen Tatmenschen, der vollkommen im Sinne des Proletariats den ganzen Besitz in die Hand nähme und für die Zukunft als Arbeitsschule aufbaute, dann würde ich mit Dir bis ans Ende der Welt wandern mit dem festen Gefühl, dass ich meine Pflicht getan hätte ... So müssen wir uns auf dem Barkenhoff unser kleines inniges Reich zusammenbauen.«

Die Stimmung hier sei ruhig und sympathisch, berichtet er ein anderes Mal. Sorgen bereitet ihm indes Fidi Harjes, der auf dem Hof eine Metallwerkstatt unterhält. Vogeler fürchtet, dass durch ihn ein Missklang aufkommt, er habe da große Ähnlichkeit mit Martha, »die allerdings noch giftiger denken kann«. Im Übrigen hat er eine »schöne Arbeit«, die er gern mit ihr verrichten möchte: »den alten Schweinegarten als Garten für Küchenkräuter ... zurechtzumachen«. Diese »intime Pflanzenpflege« denkt er sich »so schön« für sie. »Es muss wirklich eine Lust sein, das Gärtchen anzusehen.«

Neben der Sorge ums Gemüse steht das Bemühen, in öffentlichen Auftritten die andere Seite »in die Enge der Erkenntnis zu treiben«. »Alle sagen, dass mein Vortrag in der Gemeinwirtschaftlichen Vereinigung ... die Leute sehr aufgewühlt hat.« Der Versuch eines Redners, alles wieder »unfruchtbar zu machen«, sei durch seine Diskussion misslungen. In Münster füllen »Ca. 500 Menschen« den großen Hörsaal der Universität: Bürgertum, Militär, Hochschulkreise. »Sehr bald« entsteht eine »ungeheure Erregung«, einige verlassen den Saal. Durch eine »harte Aufrüttelung der Seelen« erreicht Vogeler jedoch wieder »Grabesruhe«. Man wirft ihm vor, dass er nicht über Kunst spricht, dass er sie als »Symbol der menschlichen Zustände« ansieht. Dann die Diskussion. »Die ältesten Professoren verteidigten die alte Welt, und ich brauchte ihnen nur zu danken, dass sie sich offen zu den Verwesenden rechneten, und die Jugend wurde wach, und das Autoritätengespenst sank zusammen wie ein ausgetrockneter Luftballon.« Jüngere Hochschullehrer wollen sich »aus der Situation ... retten«, indem sie sich zu den Jugendlichen hinüberschlagen. Einem »evangelischen Prediger« »und allen sogenannten Christen, die im Saale waren«, zeigt er den »Weg zu sich selber ... und zum lebendigen Christentum«. Nicht dem Christentum, sondern der Kirche gelte der Kampf. »Liebe Rote, es war ein Wogen, eine Aufregung, die Gesichter veränderten sich, Entrüstung, Erstaunen, Friede, Erwartung, Kampf wechselten mit Hohn, Resignation und Wut.« Für Vogeler ein Abend, »wie ich ihn gern habe«.

Jedoch hat sein Triumph einen Trauerrand: Marie erlebte eine Fehlgeburt. Aber es sind nicht »die zerstörten Hoffnungen, die mich betrüben, es ist jetzt nur die Sorge um Dich, wie wirst Du das nehmen, wirst du mutig sein ...?« »Könnte ich Dich doch eine Stunde sehen«, schreibt er aus Münster – einer Stadt, die er »sehr schön« findet. »Die Kirchen. Da hängen übrigens oben noch die Käfige, in denen man die Wiedertäufer aufhängte.« Alles das hätte er gern mit ihr gesehen, »vor allem auch das Museum«. Er soll für die Universität am Treppenhaus ein Bild malen, dann werde er häufiger hierherkommen.

Vogeler und sein Barkenhoff erscheinen den jungen Menschen wie ein Leuchtturm, den sie von allen Seiten ansteuern. »Man kann sich«, schreibt er der »Roten«, »gar nicht mehr retten vor Leuten, die in unsere Siedlung wollen.« Vor allem nach seinem Auftritt in Münster drängen viele in die Kommune. »Wenn wir ... nur genügend Ernährung bekommen könnten.« Und außerdem: »Man muss ja sehr, sehr wählen.« Wenn sie zurück sei, »müssen wir den Stamm Kommunisten aussuchen, die uns helfen wollen«. Eine »ganze Masse« zieht es auch nach Russland – er, Vogeler, soll die Auswanderung in den Ural organisieren, »aber das werde ich nicht tun«. Mit seinem »proletarischen Gewissen«, also mit Marie, möchte er »zuerst die hiesige Kommune aufrichten«; sollte diese sie nach Russland zum Studium schicken, »dann ist es gut, und wir beide werden wandern«.

»Wir beide ...«

»Der Duft Deines Wesens, Deines Körpers, Deiner Haare ist wie der Morgen dieses wundersamen Maimonats.« Nur er sieht manchmal, was hinter ihrem »strahlend frohen« Gesicht steht: »dieses unsagbar traurige, versunkene Antlitz, wenn Du Dich unbeobachtet glaubst«. Es bedrückt ihn in seinen »wachen Träumen«, und er möchte sie davon »erlösen«.

Aber dann, 1921, ein »harter Brief«. »Tat er Dir weh?« fragt Vogeler seine »liebe Rote«. »Oder zeugte er in Dir ... Klarheit, Willen und etwas von den großen, tiefen Gefühlen, die ich für Dich in meinem Innern trage? Ich möchte es wissen! In dem Augenblick, wo Du den Brief gelesen hattest, hätte ich Dein rotes Haupt zwischen meinen Handflächen haben mögen, um durch Deine Augen tief auf den Urgrund Deiner Seele hinabzusteigen. Fänd ich dort keine Bitterkeit mehr und den reinen Widerglanz der Wahrhaftigkeit, die Dich umgeben – so schiene auch auf mich der Glanz des ewigen Meeres: Marie –.«

Er scheint, dieser Glanz: »Dank, Dank für Deinen Brief.« Mit »wenigen, einfachen Worten« hat sie ihm »Ruhe, eine innerliche Befestigung gegeben«. Ihm ist, als müsste er ihr zu Knien sitzen und ihre Hände küssen. Er fühlt, wie ihre Liebe »losgelöst von allem Besitzenwollen – kosmisch ist«.

Mag ihn das Kosmische dieser Liebe auch beglücken: der Verlust der »Roten« bedeutet gleichwohl einen seelischen Absturz. Er verliert sie als Geliebte an einen Mit-Kommunarden namens Walter Hundt. Dieser ist, nachdem er zuvor bei dem Worpsweder Bauern Monsees gelernt hat, als Landwirt auf den Barkenhoff gekommen – »ein gesunder, kräftiger Mensch, der meine ganze Sympathie hatte und die Landwirtschaft sehr hoch brachte«, wie Vogeler nachträglich konstatiert – allerdings mit einer »schweren Sprechweise, so dass er für einfache Menschen nicht leicht zu verstehen war«.

»Wir haben ..., Walter und ich, zwei neue Terrassen am Hang gebaut«, teilt er Marie in einem Brief mit, den er im Zug schreibt. Er war in der Kreisstadt Osterholz beim Landrat, um sich »mit diesem Mann auszusprechen«. Ohne Erfolg: »In dem Hirn, dem verkalkten, hat man keine Zeugungskraft mehr. Der Schluss war sein Triumph: Noch haben wir nicht das Reich des Geistes, noch regiert überall das Gold.« Vogeler: »So wollen wir den Götzen Mammon vernichten und das Reich des Geistes aufrichten.« Sein Traum ist es, zusammen mit der »Roten« eine »umfassende geistige Arbeit« zu leisten, »und das wird auch mal kommen«.

Und ein andermal: »Lieber Walter. Marie soll sich keine Sorgen um mich machen, ich gehöre zu Euch beiden, arbeite an mir, dass unser gegenseitiges Verhältnis tiefsten Vertrauens immer fester wird. Lasst Euch nicht von außen andere Dinge erwecken. Marie darf niemals zwischen uns beiden in ein Chaos kommen, und dafür werde ich sorgen in voller Bejahung ihres Seins. Jetzt, wo sie alle, alle Glücksmöglichkeiten in sich werden sieht, müssen wir beide dazu beitragen, dieses höchste Glück der Mutterschaft für ein Weib voll und ganz zu erfüllen, zu bejahen und in frohem Werden zu leben. Sie darf keine Furcht haben, dass ich sie verlasse. Jetzt weniger denn je; die Heiligkeit des von Dir gesegneten Leibes wird meine tiefsten Impulse überwinden, wie Dein Vertrauen und Deine Freundschaft ihnen Richtung gab. Sei froh in Deinem tiefsten Glück, dass Dir diese unvergleichliche Frau gibt. Herzlichst Mining.«

Marie geht nach Frankfurt, um sich dort als Säuglingspflegerin ausbilden zu lassen. In dieser Zeit tritt eine »schwere Entschließung« an Vogeler heran: Maurice Disch möchte ihn am 1. Mai mit in Moskau haben. Über Disch, einen Maschinenbau-Ingenieur, heißt es in einer Akte der Bremer Sicherheitsbehörde vom 15. November 1922: »Er ist einer der Organisatoren des KP-Bezirks Nordwest. Er unterzeichnete 1920 einen Aufruf der Nationalbolschewisten Laufenberg und Wolffheim, Hamburg. In der radikalen Bewegung Bremerhavens nahm er eine führende Rolle ein und gehörte eine Zeitlang der sich nach dem Parteitag in Heidelberg bildenden Opposition an ... Als Führer der Opposition nahm er als Delegierter an dem Kongress der Roten Gewerkschaftsinternationale 1921 in Moskau teil, wo er eine internationale Seeleuteorganisation zu schaffen versuchte, was jedoch missglückte, so dass Disch verärgert nach Deutschland zurückkehrte ... Weiter ist Disch neben seiner Delegiertentätigkeit auf Einladung der russischen Regierung aufgrund einer von ihm ausgefertigten Arbeit über das Transportwesen drei Monate in Russland gewesen ... Nach einer zuverlässigen Mitteilung soll er sich mit Vogeler überworfen haben, weil er ihm einen großen Betrag unterschlagen hat, den er von der Arbeitsgemeinschaft zur Beschaffung von Werkzeugmaschinen erhalten hatte. Diesen Betrag soll er für seinen Bedarf verbraucht haben ...«

Eine solche Affäre hat es in der Tat gegeben. Schon vorher verliert Vogeler »fast« das ganze Vertrauen in Disch: »Maurice bleibt der intellektuelle Skeptiker, Konjunkturmensch. Ich bin darüber traurig. Viel, viel ist durch ihn verfahren.« Und nachdem er wegen Disch vors Amtsgericht gezogen ist, dort aber nichts gegen ihn unternehmen kann: »Das Leben wird schon eine andere Abrechnung mit diesem korrupten Bruder vorhaben.«

Disch also will, dass Vogeler in die Sowjetunion fährt. »Es ist«, schreibt dieser an Marie, »eine Möglichkeit vorhanden, legal über die Grenze zu kommen und dort Gast zu sein.« »Mit allen Sinnen« würde er zugreifen, wenn er nicht »so gehemmt wäre in dem Augenblick«, wo er an ihre Gebärstunde denke. »Liebe, kannst Du mir sagen, wann es nach Deiner Berechnung sein muss? Das russische Angebot würde mir ja nicht wiederkommen, da es für den Roten Gewerkschaftskongress in Moskau gilt, und ich gerne ginge, um Material zu sammeln, mit dem auch wir beide sprechend durch Deutschland und Italien ziehen sollten.« Es drängt ihn »mächtig« nach Russland, nur die Sorge um die schwangere »Rote« ist ihm ein »schweres Gepäck«, wird ihn »aber desto schneller wieder heimbringen«.

Doch Russland bleibt für den Russland-Schwärmer vorerst noch ein Traum: Disch reist allein.

»Wenn es mir doch gelänge, in den Seelen vieler Menschen die tiefe Selbstverantwortung für den Sozialismus zu wecken und sie von dem Dogma der Parteien zu erlösen«, hofft und klagt Vogeler in einem Brief an Marie. Er werde in Hamburg im großen Gewerkschaftssaal sprechen, »der fasst etwa 6.000 Personen«. »Es ist überall angezeigt.« Am Tag zuvor hält er für Anarchisten einen Vortrag über die Arbeitsschule. Kehrt er von solchen Reisen nach Worpswede zurück, erkundigt er sich mit leisem Spott: »Na, wen grüßt man?«

»Die ganze Versammlung hat entschieden für uns Stellung genommen«, berichtet er nach Frankfurt. Auf Vogeler war wieder einmal geschossen worden, doch diesmal in recht »doppelzüngiger, gemeiner« Weise. Fidi indessen hat vor den Leuten in Bremen »die Dinge klargelegt« und damit den gegen Vogeler persönlich geführten Angriff abgewehrt. »Du fehlst hier«, schreibt dieser der Lyrisches produzierenden Kommunardin:

Ich liebe dich
Bruder, liebe dich
du Menschheit.
Liebe erfüllt mein Sein,
meine Taten sind liebegeboren.

Ihre Mutterschaft werde ihm »ganz neue Wege zu einer kosmischen Erfassung des Mutterseins zeigen«. Als er in der Universität der Main-Metropole zum Thema Arbeitsschule referiert, sind Marie und Hundt dabei. »Wie immer«, erinnert sich dieser,

»trägt er seinen schwarzen Beiderwandrock, als Kragen und Schlips die für ihn charakteristische schneeweiße Halsbinde, mit einer Gemme gehalten.« In der Diskussion melden sich sowohl die »Rote« als auch der Schollenmann. Für die kosmische Geliebte steht auf dem Barkenhoff ein »grünes, lichtes Zimmer« bereit, das Vogeler »große Freude« macht: »Es passt zu Dir.«

Von Vogeler erwarten alle »Wegweise aus völlig destruktivem Zustand« – von ihm und, wie er schreibt, von Ludwig Bäumer. An ihn, der sich mit Martha und den Kindern in Schleswig-Holstein aufhält, richtet er den beschwörenden Appell, »doch wirklich ... einmal ein lebendes Beispiel« zu praktizieren. Gemeint ist der Barkenhoff. Hier sei die Möglichkeit des Beispiels »voll und ganz gegeben, wenn nur die Persönlichkeiten da sind, die in keinem Augenblick persönliche Ansprüche und Vorteile geltend machen«. Er (Bäumer) könne sich nicht vorstellen, »mit welchen Hoffnungen jetzt die Arbeiterschaft auf unser geringes Leben sieht«. Nachdem ihm die einzelnen ihr Herz ausgeschüttet hätten und der feste Glaube an die Sache wieder aufgerichtet sei, herrsche nun der stärkste Arbeitswille und eine »frohe, harmonische Stimmung«. »Nun muss ... der Wille erwachen, die alten bürgerlichen Hemmungen über Bord zu werfen und das neue Leben mit allen Kräften auf gegenseitiger Hilfe zu beginnen.«

Vogeler verweist auf Fidi Harjes: »Wenn so ein Mann für mehrere tausend Mark Werkzeuge, Material und Maschinen auf den Hof bringt und ganz einfach damit rechnet, dass dieses Material der Gemeinschaft gehört, niemals, auch nicht mit seinem Ausscheiden zurückgenommen werden kann, dann muss ein derartiger Arbeiter doch auch fühlen, dass von anderer Seite ihm die gleiche Stütze entgegenkommt.« Vogeler: »Alle denken an Dich, wie wir im Winter unser Holzmaterial schlagen, um für Dich im Walde eine Arbeitskabine zu bauen.« Bäumer brauche keine Angst zu haben, dass irgendetwas »diktatorisch festgelegt und dogmatisch durchgeführt werden soll, nur muss das Arbeitsprogramm den Geist der Gemeinschaft, wie er unter uns herrscht, tragen«. »Es geht, lieber Ludwig«, weiß Vogeler, »nur diese Rückfälle müssen überwunden werden.«

Er hat Zeichnungen angefertigt für die kunsthandwerklichen Tätigkeiten von Marieluise und Bettina. »Dann werden hoffentlich die Beschuldigungen dort schwinden, dass ich daran schuld bin, dass später das Geschäft in Schmucksachen einmal schlecht geht.

Erst müssen doch mal welche gearbeitet sein.« Sein und Bäumers Zusammenarbeiten, davon ist er überzeugt, »wird immer fruchtbarer werden. Wir müssen uns nur alle einer festen Ordnung unterwerfen, sonst kommt wieder diese widerliche Verrechnerei, die zwischen Dir und mir ... , Harjes, Martha Harjes, Marie Griesbach einfach nicht existiert und nur immer wieder durch derartige Auseinandersetzungen geweckt wird«.

Das »es geht«, erweist sich freilich als Irrtum: es geht weder mit Bäumer noch mit Martha. Eine Integration in die Arbeitsgemeinschaft findet nicht statt. Martha – so berichtet es Tochter Bettina – schlägt folgende Regelung vor: Vogeler und die Kommune erhalten von ihr einen Bauernhof, wo – anders als auf dem Barkenhoff – Landwirtschaft in der angestrebten Form betrieben werden könne. Sie selbst würde mit den Kindern auf dem Barkenhoff bleiben und ihn als das bewahren, was er bis zu diesem Zeitpunkt ja noch immer ist: ein festlicher Besitz. Vogeler jedoch lehnt ab. Martha beschließt, an anderer Stelle in Worpswede – im Schluh – ein eigenes Anwesen zu errichten und sich dort niederzulassen. Es wird so etwas wie ein Ersatz-Paradies, denn nahezu das gesamte Barkenhoff-Inventar wandert mit hinüber. Zurück bleibt u. a. ein Flügel, den Löhnberg Vogeler geschenkt hat.

Ein Besuch bei der Familie nach dem Einzug in das neue Haus hat ihm, wie er seinen Kindern schreibt, »wieder gezeigt, ... mit welch brutaler Verneinung Eure Mutter unserem ehrlichen Streben entgegensteht«. Er müsse daher zu ihnen sprechen, da die »vergiftete Atmosphäre mir heute die ganze Konsequenz aufgerollt hat, die aus diesem .... Verhältnis zwischen einem Vater und seinen Kindern entstehen muss«. Was er in den letzten Wochen getan hat, »tat er nicht für Eure Mutter, sondern nur darum, Eure Zukunft sicherzustellen«. Ihnen gehöre eine Lebensarbeit an Bildern, Platten usw. »Mutter hat lediglich die Verwaltung nach Eurem Willen.« Die Aufnahme von 40.000 Mark auf den Barkenhoff, die Verpfändung seiner Lebensversicherung sei von ihm nur zugesagt worden, um sie von den Schulden dieses »maßlos teuer erkauften luxuriösen Hauses im Schluh zu entlasten«. Er tat es »nach Rücksprache mit unseren Barkenhoffleuten: ob sie gewillt sind, durch ihre Arbeit für Euch die Zinsen aufzubringen«. Harjes habe sich erboten, die erforderlichen Mittel zu beschaffen. »Ihr selber wisst, dass ich heute so arm bin wie der Ärmste hier auf dem Hof und dass nur die anstrengendste Arbeit von uns allen das

Land produktiv ... erhalten kann.« Dennoch, so schließt er, werde der Barkenhoff einmal der Platz sein, »wo Ihr Kinder aus aller Not landen werdet«. Die Last des Lebens und das Chaos würden erst über sie hereinbrechen, »dann aber bin ich da in meiner ganzen Liebe, die trotz aller Verunglimpfung über Euch steht in Eurem ganzen Leben«.

»Da wir hier auf dem Barkenhoff nun ein klares Verhältnis mit Euch resp. besonders mit den Kindern haben müssen, um den Ausbau der Werkstätten zu beenden, bitten wir Euch, den Kontraktvorschlag zu unterschreiben, damit die Unklarheiten, aus denen alle bisherigen Missverständnisse gewachsen sind, endlich keinen Boden mehr haben«, heißt es in einem Brief an Ludwig Bäumer vom 15. Februar 1922. Mit Unterzeichnung des Vertrages werde hoffentlich, so Vogeler, »Wieder eine Kluft überwunden«.

Bettina sieht diese Kluft weniger in der Gesinnung als in der praktischen Durchführung: hier habe alle Last auf ihrer Mutter gelegen. Deren tägliche Aufgabe und Sorge sei es gewesen, die vielen Menschen, die auf dem Barkenhoff wohnten oder dort vorsprachen, in diesen Notzeiten satt zu bekommen und überhaupt die ganze Funktionsfähigkeit von Haus und Hof aufrechtzuerhalten. Manches Wertvolle sei damals von Leuten, die dort lebten, gestohlen worden: zum Beispiel Rilke-Handschriften und Silberwaren. Ihre Mutter habe den Vater in jeder nur denkbaren Weise unterstützt, jedoch die Unmöglichkeit erkannt, das, was Vogeler wollte, an dieser Stelle in die Tat umzusetzen.

»Nirgends Hingabe, starre Verteidigung der Besitz- und Erbrechte«, schildert Vogeler in einem Brief an Roselius die Haltung seiner »früheren Familie«. »Du weißt, dass die Arbeitsschulidee ursprünglich eine Brücke für meine Kinder sein sollte, um von der mechanistisch-menschlich-autoritären Welt des Kampfes aller gegen alle in die organisch sich aufbauende Welt der Bejahung des Mitmenschen zu wachsen, die den Glauben an die Erlösung des Schöpferischen in alle Menschen trägt.« Aber zwingen will er niemanden, »auch meine Töchter nicht«, in die neue Welt der Hingabe allen Wissens, allen Besitzes und aller Arbeitskraft einzutreten und an der Lösung des Leides durch die eigene Tat mitzuwirken.

Die Tatsache, dass seine Kinder »sich von dem Aufbau des Barkenhoffs trennten«, war, wie er 1923 aus Moskau an Martha schreibt, für ihn »das Schwerste, das in mein Leben hereinkam«. Sie und die Kinder wussten, »wie hart meine Lebensrichtung dadurch geworden ist und durch welche Wege der Armut und Entbehrung es ging und weitergehen wird. Aber das Werk steht da ohne ihre Mithilfe und wird einen Rahmen, eine Auswirkung bekommen, die auch einmal die Mitwirkung der Kinder wieder benötigt«.

Seine Familie, so teilt er Roselius mit, sehe in ihm nicht mehr den schöpferischen Menschen, »dem man hilft, sondern den ›Fremden‹, den man ausbeuten muss, dessen schöpferische Kräfte sich nun im Geschäft für die Kinder auswirken sollen«. Das sei, wie er sich denken könne, »ein kleines Gleichnis für die ›un‹menschliche Einstellung meiner tiefsten, wichtigsten Gestaltungskraft gegenüber«. Ihm als Freunde brauche er nichts weiter darüber zu sagen.

Als »gut und vernünftig« bezeichnet Roselius den ihm zugesandten Text eines Vertrages zwischen Heinrich Vogeler und Martha Vogeler einerseits und der Arbeitsschule Barkenhoff andererseits, dessen Sinn es ist, »ein positives, friedfertiges, aufbauendes Arbeiten zwischen den Vertragsschließenden zu ermöglichen und gegenseitige Entlastung anzustreben«. Danach verpachtet Heinrich Vogeler »im Einverständnis mit Martha Vogeler ... den Barkenhoff zinslos auf die Dauer von 30 Jahren an die Arbeitsschule Barkenhoff e. V. zur freien Ausgestaltung für eine Schule im Sinne Heinrich Vogelers. Dafür verpflichtet sich Heinrich Vogeler, sich aller Rechte zu enäußern, die ihm aus Besitztümern außerhalb des Barkenhoffs zustehen (Häuser, Grund und Boden ..., Mobiliar, Platten und Kunstwerke, die bereits überwiesen sind). Die Arbeitsschule Barkenhoff e. V. verpflichtet sich ihrerseits, den Besitz in keiner Weise zu entwerten, insbesondere kein Material aus dem alten Besitzstande zu entfernen; sie ist vielmehr gewillt, die Werte durch Arbeit zu vermehren.« Es handelt sich bei diesem Abkommen um jenen Kontraktvorschlag vom 15. Februar 1922, den Vogeler zur Überwindung »einer Kluft« und mit dem Ziel, »ein klares Verhältnis zu schaffen«, an Ludwig Bäumer »als Vertreter der Lebensgemeinschaft Martha Vogeler und Kinder« schickt.

Bäumer selbst wird von Vogeler am 26. Juli 1920 zu dessen »Generalbevollmächtigten« bestellt. Er darf die erteilten Befugnisse auch »ganz oder teilweise auf einen anderen übertragen«. Durch diese Vollmacht ist Bäumer jedoch nur berechtigt, auf Vogelers Barkenhoff-Grundstück eine Hypothek von 80.000 Mark anzuleihen.

Am 27. Februar 1923 erklärt Vogeler, Bäumer aus einem Darlehen 500.000 Mark zu schulden. »Das Kapital ist unverzinslich und sechs Monate nach Kündigung zurückzuzahlen.« Die Kündigung ist ausgeschlossen bis zum 1. Februar 1928. Im Dezember 1925 wendet sich Bäumer schriftlich an die Hypothekenaufwertungsstelle Lilienthal: »Ich habe auf dem Grundstück Heinrich Vogelers ... eine Hypothek von 500.000 M und beantrage die Aufwertung dieser Hypothek entsprechend den gesetzlichen Aufwertungsbestimmungen. Die Hypothek ist eingetragen im Grundbuch des Amtsgerichts Lilienthal, von der Ausstellung eines Hypothekenbriefes wurde seinerzeit Abstand genommen. Soviel ich erfuhr, ist der Besitz Heinrich Vogelers ... an eine andere Gesellschaft übergegangen ...«

So ist es. Bäumer hat inzwischen Martha und Worpswede verlassen. Er hatte die Frau des Schriftstellers Hans Wagenseil geheiratet, die mit ihrem Mann in Worpswede lebte und sich dann scheiden ließ. Bäumer fungierte in Worpswede als Geschäftsführer des von Martha übernommenen Hotels »Brunnenhof«, vormals Wohnsitz von Hoetger, den dieser selbst erbaut und in dem er eine »Unmenge Kunst« (»Bremer Nachrichten«) zusammengetragen hatte. In der Nacht vom 9. zum 10. Mai 1923 brannte das Etablissement – »wegen seiner völlig aus dem Rahmen fallenden architektonischen Eigenart das Ziel mancher Kunstfreunde und Ausflügler« (»Bremer Nachrichten«) – ab. Bei den Löscharbeiten half auch die Barkenhoff-Kommune. Für den Verdacht, das Feuer sei von den Kommunisten des Barkenhoffs gelegt worden, ergaben sich, wie es in einem »streng geheimen« Schreiben der Polizei an den Landrat Becker heißt, »keinerlei Anhaltspunkte«. »Bäumer, der zur Zeit des Brandes in Worpswede auf dem Nachhauseweg gewesen sein will, soll vorher geäußert haben, dass es das Beste wäre, wenn der ganze Kasten abbrenne« (Akte der Staatsanwaltschaft Verden). Sein eben zitierter Brief in Sachen Hypothek kam aus München, wo er ins Verlagsgeschäft eingestiegen ist. Der Briefkopf nennt neben der Anschrift auch die »Fifth-Avenue-Bank« in New York.

Anschluss an das Leben findet Bäumer nicht mehr, hat er möglicherweise nie besessen. Vielleicht sind die vergangenen Jahre nur ein Aufschub gewesen: ein Angestrahlt-Werden von Situationen und Personen, die ihn trugen. Das Ende jedenfalls gleicht dem Beginn seiner Geschichte: er weiß nicht weiter.

Und also löscht er sich aus.

»In der Stille des Heide- und Moorgürtels von Worpswede wächst seit zwei Jahren eine Siedlungszelle, der Barkenhoff. Heinrich Vogeler hat sein Land und seinen Besitz einer Gemeinschaft ... zur intensiven Bewirtschaftung übergeben. Zwar sind viele Rosenbüsche und Parkgänge verschwunden, und auf dem früheren Tennisplatz wachsen Himbeeren, aber unsere zehn Kinder der Arbeitsschule finden die roten Träubchen der Johannissträucher und die Kirschen und das Zwergobst nicht weniger geschmackvoll. Die Erwachsenen, welche die Siedlung tragen, sind die Kristallisation vieler Menschen und Nöte, die in den letzten beiden Jahren über den Barkenhoff hinweggegangen. Wieviel begeisterte Jugend ist immer wieder zur Mitarbeit angetreten. Freideutsche, Akademiker, proletarische Jugend. Sie fielen nach kurzer Zeit von selbst heraus. Sie sahen nur die Gemeinschaftsfreude, nicht die harte Gemeinschaftsnot, sie sahen das Beglückende: Hinein in die Erde; sie brachten Feuer, Schwung und besten Willen mit, aber es gehört eine besondere Zähigkeit und Gesundheit dazu, die Entbehrungen, Arbeiten, Schicksale und die Unsicherheit einer Aufbausiedlung, wie es der Barkenhoff ist, zu bestehen. So verblieben denn als Stamm außer Heinrich Vogeler ein Tischler und Zimmermann, ein Schlosser und Schmied, zwei Landwirte und Gärtner, ein Gärtnerschüler, eine Lehrerin, vier Frauen für Küche und Haushalt und die zehn Kinder, die zum Teil Waisen und Halbwaisen sind. Von den erwachsenen Männern sind drei allein durch Verwundung Kriegsbeschädigte und vier solche, die als Arbeitslose zu Heinrich Vogeler kamen. Sie haben bereits zwei Jahre die ›produktive Erwerbslosenfürsorge‹ und Siedlungsfrage auf ihre Weise zu lösen versucht. Sie haben sich bis heute weder durch das Misstrauen der bürgerlichen Umwelt noch durch Spott und Verdächtigungen aus dem proletarischen Lager an ihrem Werk irre machen lassen. Es ist ihnen in zwei Jahren gelungen, zehn Morgen Wiese und Zierland aufs intensivste gärtnerisch zu bewirtschaften, sie haben 3 bis 4 Morgen Ödland gerodet und kultiviert, sie haben Werkstätten eingerichtet, ein kleines Wohnhaus und einen großen Schuppen mit eigenen Kräften gebaut; sie haben vier Waisenkinder ohne eine Vergütung durch Kommune oder Angehörige in ihre Pflege genommen. Sie haben den Kleinbauern ihre zwei Pferde ohne Entgelt geliehen und vereinzelte Nachbarn schon zur Gemeinwirtschaft und gegenseitigen Hilfe erzogen; sie sind als Tischler und Schlosser gekommen, wann man sie rief. Sie haben mit einem Wort begonnen: ernst zu machen. Sie sind von der Phrase zur Tat übergegangen ... Die Proletarier sahen in dieser wenig lauten Arbeit, die jenseits von Streik und Masse lag, eine Flucht vor der ›Aktion‹, ein romantisches Idyll und ließen es nicht an bittern Worten fehlen. Der Bürger aber witterte Furchtbares. Er sah in dieser Zelle besitzloser Gemeinwirtschaft den Anfang vom Ende, die Anarchie, die Sintflut. Man sieht sich enttäuscht und sieht sich um. Von einem großen Teich strecken sich nach dem Südhang einer Mulde zahlreiche Saat- und Verstopfbeete. Darüber steigen in dreifachen Terrassen Tomaten- und Maispflanzungen an; und dort arbeitet ein Mensch. Mit entblößtem Oberkörper (es bestätigt sich). Dieses Wesen aber weist den heranschnürenden Gast mit mehr oder weniger freundlichen Gebärden zu den hochgelegenen, langgestreckten Reihenfeldern, auf denen Sommergemüse, Kohl, Wurzeln und Salate in dichtem Wachstum stehen. An vereinzelt abgeernteten Stellen sind schon die neuen Winterpflanzen gesetzt. Schachbrettartig sind alte Beeren- und Buschobstrabatten für Bohnen und Erbsen kultiviert. In einer Niederung wächst Mais, Hanf und Flachs. Jedes Fleckchen Erde ist aufs äußerste ausgenutzt. Ich sah eine solche gärtnerische Intensivierung des Landes bisher nur in Flandern. über dem Gartenland an der Waldgrenze liegt ein prächtiger Kartoffelacker, der erst im letzten Jahr aus gerodetem Ödland geschaffen. Ein anderer Teil ... ist zur Obstwiese und Koppel für das Vieh vorgesehen ... Rings um den großen Innenhof liegen die Wirtschaftsgebäude und Stallungen. Daran schließt sich eine Schlosserei und Schmiede, eine Schreinerei und Tischlerei und eine im Bau begriffene Töpferei. Mit einer Zahl Nachbarn wird in Form des Naturalaustausches und der Gemeinwirtschaft verfahren: etwa eine Deichsel gegen ein halbes Fuder Torf, oder eine Schlosserreparatur gegen einen Bienenkorb, oder Ausleihen der Pferde gegen Bestellen der Weide. Viele aber haben versagt und abgelehnt; der Barkenhoff hat die Hoffnung nicht aufgegeben. Aber da er selbst viele Dinge noch mit Geld bezahlen muss, so ist er genötigt, von denen, die seine Bereitwilligkeit verneinen, aber seine Pferde brauchen, auch Geld anzunehmen. Es ist schon eine Tat, dass 20 Menschen unter sich besitzlose Gemeinwirtschaft und gegenseitige Hilfe so restlos und konsequent verwirklichen konnten. Ihr Verhältnis zur Umwelt der Privatwirtschaft und des Profits ist für sie nur ein Übergang, eine Brücke aus dieser Zeit in eine neue Zeit.«

Dieser Bericht wird in der Zeitschrift »Tagebuch« und auch in den »Bremer Nachrichten« veröffentlicht. Sein Autor: Friedrich Wolf. Der Arzt und Schriftsteller entstammt einer bürgerlichen jüdischen Familie. Nach dem Krieg wirkt und kämpft er auf Seiten der radikalen Linken. Zusammen mit seiner Frau kommt er auf den Barkenhoff. Aus diesem Worpswede-Aufenthalt resultiert das Schauspiel »Kolonne Hund«. Bekannt sind vor allem die Stücke »Cyankali« und »Professor Mamlock«. Als Wolf die Kommune verlässt, geschieht dies ohne seine Frau, vielmehr geht er mit einer anderen, die er dann auch heiratet. Käthe Wolf bleibt Mitglied der Arbeitsgemeinschaft. Ihr Mann nimmt seine Tätigkeit als Arzt wieder auf, zunächst auf dem Land, dann in Stuttgart.

Seine Gegnerschaft zum Abtreibungsparagraphen bringt ihn in Kollision mit den Gerichten. 1933 emigriert er, landet später in einem französischen Internierungslager, aus dem er jedoch – er hat inzwischen die sowjetische Staatsbürgerschaft erhalten – nach Russland ausreisen kann. Deutschland sieht er 1945 als Truppenarzt der Roten Armee wieder. Er wird der erste DDR-Botschafter in Polen. Wolf stirbt 1953 in Berlin – ob auf natürliche Weise, hat man angezweifelt.

Alhed Kantorowicz widmet ihm in seinem Buch »Exil in Frankreich« einige warmherzige Seiten. Er sieht in Wolf zu einem guten Teil einen »Romantiker ..., der mit den Ideen des neunzehnten Jahrhunderts Freiheit, Gleichheit, Brüderlichkeit und soziale Gerechtigkeit erkämpfen wollte«.

Ein Porträt der Kommune findet sich auch in einem Brief, den die Barkenhoff-Leute an die Zeitung »Der freie Arbeiter« richten: »Man spricht so viel davon, dass wir aus der Zeit herausgefallen seien; Idealisten, die wirklichkeitsfremd sind, dass wir starr wie der Tod seien, eben durch die Idee. Aber unser Idealismus – wenn er einmal so genannt sein soll – gipfelt darin, dass wir dauernd unseren körperlichen Zusammenbruch anerkennen. Wir sind keine Dogmatiker, die abgeschlossen von der Umwelt ihre Welt aufrichten, die es ablehnen, fremden Geruch zu riechen ... Wir haben ein Ziel, nämlich ... einzugehen in das Weltall. Bringen wir selbst es nicht mehr restlos fertig, da wir durch Erziehung und Überbildung unfähig sind, Triebmenschen zu sein (d. h. mit unserem Gewissen die Natur zu verkörpern), so doch die Nachfolgenden ... Die kommunistischen Stätten sind nicht mehr zu suchen, sondern sie sind in sich selbst aufzurichten ... Jede Kritik ist gleichgültig, wenn sie nicht im Beispiel liegt. Achtung liegt letzten Endes nur in der Tat, nicht im Wort ... Wir glauben ... in den Verhältnissen der Zeit zu stehen, auf der einen Seite nehmen, auf der anderen Seite geben und revolutionäre Menschen bilden, die der anderen Welt nicht mehr bedürfen und fähig sind, sie abzubauen. Man wird verstehen, dass wir dauernd vor dem Bankrott stehen müssen, so lange nicht genügend revolutionäre Menschen da sind, dass unser immer drohender Bankrott, der Mut dazu, Triebkraft für andere zur Tat ist.«

Die Arbeitsgemeinschaft gibt außerdem Monatsbriefe heraus, in denen ihre Haltung fixiert ist. Der Oktoberbrief 1920 beispielsweise beschäftigt sich mit der Lage in der sozialistischen Bewegung: »Ein Monat schärfsten geistigen Kampfes ist vorüber. Parteikommunisten stellten in verzweifelter Bedrängnis Dogmen auf, die die Massen in bestimmte Bahnen zwingen sollen. Ein logischer Werdegang in der Entwicklung der Partei, den jeder, der von den letzten bürgerlichen Traditionen unbeengt ist, bejahen sollte. Hier liegen die historischen Aufgaben der kommunistischen Partei, um unentschiedene Masseninstinkte einer internationalen Kampfesbasis zuzuführen, um den Bankrott der kapitalistischen Ordnung zu liquidieren: die Erfassung allen Besitzes und jeder Arbeitskraft zum Aufbau der klassenlosen, sozialistischen Gesellschaft.

Ein wütender Kampf der kommunistischen Partei gegen den von ihr selbst als Gespenst am Leben erhaltenen Nationalbolschewismus (der jeden Sozialismus oder Kommunismus ausschließt, da die klassenlose Gesellschaft ja auch keine Grenzen zwischen den Völkern erhalten kann) zeigt die Schwächen der kommunistischen Führer. Dieselben natürlichen Strömungen des Nationalismus, die Tschitscherin geschickt bei den verschiedenen russischen Völkern zur völligen Befreiung und Selbstbestimmung ihres völkischen Lebens im Kommunismus loslöst, müssen in den ängstlich beengten Parteigemütern deutscher Kommunisten einen unreinen Kampf gegen Personen auslösen. Die Spitzelverdächtigung jedes Kommunisten, dem die Revolution keine Parteiangelegenheit ist, sondern der bis tief in die Reihen der bürgerlichen Gesellschaft den Klassenkampf trägt, ist die symptomatische Erscheinung für die kleinbürgerliche Ideologie, die die Partei als letzte bürgerliche Organisationsform immer wieder gebären muss.

In der USP geht eine reinliche Scheidung vor sich. Die revolutionäre Masse der Arbeiter drängt mit aller Konsequenz zu einer Einheitsfront mit Russland. Die Auswanderererlebnisse von ein paar Konjunktursozialisten, die nicht die Kraft hatten, den entbehrungsreichen Leidensweg des kommunistischen Aufbaus an der Seite ihrer russischen Brüder zu gehen, schied die Enttäuschten von den ringenden Kommunisten der Tat, und dies war ein reinigender Auftakt für die internationale Einigung des Proletariats. Die Erkenntnis von der Untrennbarkeit der politischen und der wirtschaftlichen Machtmittel und ihre Erfassung in den Betrieben bricht sich heute, getrieben durch die Aktionen der KAPD« (Kommunistische Arbeiterpartei Deutschlands) »in der KPD Bahn und wird sehr zu einheitlichen Parolen des Kampfes um die Aufrichtung der kommunistischen Wirtschafts- und Gesellschaftsordnung beitragen.

Die Syndikalisten« (eine parteiunabhängige, der »direkten Aktion« verschriebenen ultralinken sozialistischen Gruppe, zu der laut politischem Lagebericht der Behörde vom 12. Februar 1920 auch Vogeler übergetreten ist, »nachdem er seiner ideellen Anschauung wegen seinen Einfluss bei der KPD verloren hatte«) »gehen ihren alten konsequenten Weg und schaffen im wirtschaftlichen Kampf lebendige Sozialisten, aus deren Aktionen die Kämpfe der KPD um die politische Macht organisch wachsen. Die Anarchisten müssen immer wieder ihre Reihen von den bürgerlichen Individualisten reinigen, die nie die Hingabe an die gemeinschaftliche Arbeitsbasis aller für alle aufbringen können. Diese Individualisten werden ihre intellektuell konstruierten Ängste vor der Zentralisation der Wirtschaft überwinden müssen, um die Früchte der sozialistischen Arbeit in die entferntesten Winkel, wo Menschen leiden, tragen zu können und von dem Überfluss ferner Lebensgemeinschaften für die Besserung der eigenen Lebensverhältnisse zu empfangen. Sie werden die Ängste vor der Diktatur der Werktätigen fahren lassen aus der Erkenntnis, dass ihr reiner Sozialismus erst hinter der Erfassung allen Besitzes, jeder Arbeitskraft, hinter der Liquidierung des Bankrotts der kapitalistischen Ordnung liegen kann. Sie wissen, dass ein jeder sein Gewissen als Nutznießer der Revolution belastet, der Aktionen des Proletariats, der Parteien bekämpft, die uns diese Ziele näher bringen. Alle diese Erkenntnisse treiben heute zu einem Einheitswillen aller revolutionären Menschen.

Die freien kommunistischen Bündler haben die Aufgabe, die revolutionäre Bewegung nicht im Tortenschnitt einer Partei, sondern im organischen Zusammenhang zu sehen und in allen Parteien und Unionen zum gemeinsamen Ziel zu führen: Diktatur der Werktätigen und Räteordnung. Sie müssen sich stets in völliger Hingabe an dieses Ziel als Werkzeug des Willens und der Schöpferkraft der werktätigen Masse betrachten.

Mögen sie von der Partei als Sektierer betrachtet und bekämpft ihren entbehrungsreichen Kampfesweg für den kommunistischen Aufbau einhalten; die Ereignisse werden nicht mehr über sie hinweggehen. Denn die völlige Hingabe an die proletarische Welt des Sozialismus trägt alle Konsequenzen in sich und kennt keine Enttäuschungen mehr. Dem freien Kommunisten kann der Sozialismus nicht mehr an Parteidisziplin, an Führerkonkurrenz, an persönlicher oder an Parteidiktatur zugrunde gehen, ihm ist das diktatorische ›Sein‹ des sozialistischen Beispiels die Tat, Erfüllung, Grenze und Lösung von immer stärkeren Kräften für den Aufbau eines reinen kommunistischen Lebens.«

Die Tatsache, dass bei einer Wahl in Worpswede nur eine kommunistische Stimme gezählt wird, veranlasst die Bremer »Arbeiter-Zeitung« zu folgender »Frohbotschaft«: »Mit dem spartakistischen Worpswede ist es also aus, und der Bremer Spießer wird wieder den Mut finden, nach Worpswede und seinen Ausstellungen zu pilgern, ohne Angst zu haben, von irgendeinem Bolschewiki mit Petroleumkanne in der Hand und Blutdolch zwischen den Zähnen überfallen zu werden.« Antwort der »Genossin Marie Griesbach«: Man habe »gemäß unserer Stellung zum Parlamentarismus überhaupt nicht gewählt«, halte aber trotzdem die kommunistische Weltanschauung hoch, »so dass der Bremer Spießer sich ruhig weiter gruseln kann«.

Auf dem Barkenhoff beschließt man, der Arbeitsschule die Form eines Vereins zu geben. Am 21. September 1921 meldet deren Vorstand – Vogeler, Hundt und Käthe Wolf – die »Arbeitsschule Barkenhoff e. V.« beim Amtsgericht Lilienthal zur Eintragung an, worauf am 19. November die Bekanntgabe des neuen Vereins im »Öffentlichen Anzeiger zum Amtsblatt der Regierung zu Stade« erfolgt. Und so sieht die – von August Freiträger, Hedwig Hölken, Heinrich Vogeler, Walter Hundt, Otto Schoppmann, Marie Griesbach und Käthe Wolf unterzeichnete – Satzung aus:

§ 1. Die Arbeitsschule Barkenhoff ... ist ein gemeinnütziger Verein ohne politische Tendenz, sie soll den Arbeitsschulgedanken im Sinne Heinrich Vogelers verwirklichen unter Zugrundelegung des ... Aufsatzes »Die Arbeitsschule als Aufbauzelle der klassenlosen Gesellschaft«.

§ 2. Die Erfahrungen der Arbeitsschule Barkenhoff e. V. (Ausarbeitung von Lehrmitteln, soziologischen und pädagogischen Erkenntnissen in der Gemeinschaftsarbeit aller für alle) sollen der gesamten Schulentwicklung zugutekommen.

§ 3. Die Träger des Vereins sind in erster Linie die Arbeiter, die Lehrer des Barkenhoffs, die den Aufbau der Schule gestalten. Sie wählen aus den Arbeitenden den Betriebsrat (Vorstand), der dem schöpferischen Willen der Arbeitenden Form und Gestaltung gibt und der die Verantwortung für die gesamte Wirtschaft und für den Verkehr mit der Außenwelt trägt.

§ 4. Die aktiven Mitglieder wählen zu ihrer Vertretung den Betriebsrat:

    einen Vorsitzenden   (Rat für Finanz)
    einen Schriftwart   (Rat für Produktion)
    einen Kassenwart   (Rat für Konsum)

§ 5. Nur arbeitende Mitglieder entscheiden über Aufnahme und Ausscheidung von schaffenden Mitgliedern; Einstimmigkeit ist Bedingung. Die Mitglieder sind jederzeit zum Austritt ohne Kündigung berechtigt.

§ 6. Bei der Aufnahme als aktives Mitglied verfällt der Besitz des Eintretenden an die Arbeitsschule Barkenhoff e. V. und verbleibt auch beim Austritt des Mitgliedes in der Schule. Nur einstimmig beschlossene Ausnahmen können zur Stütze des Austretenden für den einzelnen Fall festgelegt werden.

§ 7. Von den Arbeitenden und Lehrern der Arbeitsschule Barkenhoff e. V. darf kein Gehalt beansprucht werden; das Geldverhältnis innerhalb der Arbeitsgemeinschaft ist völlig ausgeschaltet und wird nach außen durch den Betriebsrat geordnet.

§ 8. Es darf kein Schulgeld von den Eltern genommen werden.

§ 9. Es können nur Kinder aufgenommen werden, deren Eltern oder Vormünder für die Verwirklichung der neuen Schulidee im Sinne § 1. eintreten.

§ 10. Kinder besitzloser Eltern sind in allererster Linie aufzunehmen.

Die folgenden Paragraphen befassen sich mit den passiven Mitgliedern und mit dem Sitz des Vereins.

§ 15. Die Auflösung des eingetragenen Vereins Arbeitsschule Barkenhoff e. V. kann nur durch einstimmigen Beschluss der aktiven Mitglieder geschehen. Alle Rechte und Pflichten fallen in diesem Falle an den besten Vertreter des Arbeitsschulgedankens im Sinne § 1. Dies kann eine Dorfgemeinde sein, eine Schulgemeinde oder auch jede Lebensgemeinschaft, die für das Wohl des leidenden Volkes ihren eigenen Besitz und ihre ganze Arbeitskraft einstellt.

Am 3. Oktober 1922 ändert die Mitgliederversammlung den Paragraphen 4 durch folgenden Zusatz: »Der erste Vorsitzende (Rat für Finanz) hat die Gesamtvertretung des eingetragenen Vereins in allen Geschäfts und Gerichtsangelegenheiten.« Erster Vorsitzender: Heinrich Vogeler (auf zwei Jahre). Bei den Unterschriften findet man neue Namen: Severin Jansen, Max Konheim, M. Otto, Margarethe Lersch, Clara Möller, Else Kaldenbach.

Zwei Tage darauf, am 5. Oktober, ist es für Prof. Fritz Mackensen wieder einmal an der Zeit, dem »sehr geehrten Herrn Hauptmann« Steuding, den er bei seinem Besuch im Bremer Polizeipräsidium »leider« nicht angetroffen hat, Bericht zu erstatten über das, was sich in Worpswede und bei Vogeler an »Gesindel« herumtreibt.

Ist das, was er schreibt, auch geheim – was er denkt, weiß jeder. Die Mitteilung eines Herrn Alpers, »dass die Meinung verbreitet sei, die Worpsweder bildenden Künstler hätten sich in Bausch und Bogen dem Kommunismus verschrieben«, beantwortet der damals in Weimar als Direktor der dortigen Kunsthochschule residierende National-Verteidiger mit einem Brief, den er ebenso wie seine Zeilen an den »lieben Vogeler« zur Veröffentlichung freigibt. Von »den gesamten Worpsweder Künstlern« seien nur drei Anhänger der kommunistischen Idee, »und zwar Vogeler und Uphoff aggressiv, Hoetger als Mitläufer«. Dann gebe es da noch Bäumer und Störmer, ersterer »ein entgleister Student ältesten Semesters«.

»Charakteristisch für Vogeler, Bäumer und Störmer« ist Mackensen die Tatsache, »dass diese drei nach Beobachtung im Irrenhaus aus dem Militärdienst entlassen worden sind, es nachher aber verstanden haben, Mitglieder der Bremer Regierung zu werden«. Nachdem die Saat dieser drei »politischen Dilettanten schlimmster Sorte« aufgegangen sei, hätten sie sich mutig in Sicherheit gebracht. »Wenn es brenzlig wird, kneifen sie aus, und die armen Verhetzten und Betrogenen überlassen sie ihrem Schicksal.«

Eine eigene politische Überzeugung besitze Vogeler nicht: Er ist das willenlose Werkzeug seiner Frau und ihres Intimus, des obenerwähnten Bäumer. Dieser hatte sich schon vor dem Kriege in Vogelers Haus etabliert. Er wurde von Vogeler öfter hinausgeworfen, aber immer wieder auf Veranlassung der Frau in Gnaden aufgenommen.« Vogelers Schrift »Expressionismus der Liebe« enthalte »nicht einen einzigen eigenen Gedanken. Alles ist Tolstoi und anderen russischen Schriftstellern entlehnt und wird hier zur politischen Phrase und Phantasterei«.

Mackensen zitiert – sicher, weil er sich ihr voll und ganz anschließt – die Äußerung eines »Herrn aus Worpswede«, der da gesagt habe: »H. Vogeler ist unwiderrufen der bestgehasste Mann weit und breit. Wer nicht auf ihn schimpft, hält ihn für einen armen Tropf und fasst beim Nennen seines Namens mitleidig an die Stirn ... Vogeler ist rasselos als Mann wie als Künstler und wird von seinen Hausgenossen politisch zu Taten aufgepeitscht, die in ihren Folgen geradezu verbrecherisch sind.«

Immerhin billigt Mackensen seinem ehemaligen Schüler zu, dass dessen politische Unternehmungen »zweifellos einem guten Herzen« entsprungen sind. »Dein Auftreten ist im Grunde Deinem innersten Wesen zuwider. Es ist künstlich durch Suggestion Deiner Umgebung, der Du Dich nicht entziehen konntest, hervorgerufen.«

Bis jetzt habe die Bewegung, soweit sie mit Anarchie verbunden sei, dem deutschen Volk »ungeheuer« geschadet: »Das Erschießen von Offizieren, die treu ihrem Amte, die Kriegsflagge, die sie zum Siege geführt, nicht entehren lassen wollten, das Öffnen der Gefängnisse für Verbrecher, das Schließen von Gerichtsverhandlungen, das Öffnen von Proviantmagazinen, das Verteilen von Waffen an den Pöbel, die Frechheiten der Juden, die sich überall an die ersten Stellen drängen, die Anmaßungen des Juden Liebknecht, der dem deutschen Volke das Hohenzollernschloss überweist, die Herren Arbeiter- und Soldatenräte in den Autos oder hinter einer Flasche Rotspon ... – das sind die hervorragenden Leistungen der Revolution! Eine köstliche Freiheit, die jedoch nur für die vorhanden, die das Recht haben, Waffen zu tragen.«

Besonders missfallen hat M. der Tanz, mit dem in Worpswede eine Revolutionsveranstaltung beendet wurde. Die Schamröte ist ihm ins Gesicht gestiegen. »Ist das«, so fragt er, »Deine Jugenderziehung?« Der Geist der gefallenen Helden werde dereinst über sie kommen, »Wenn Ihr so ihr Andenken in dieser furchtbarsten aller Zeiten beschmutzt«.

Auf dem Barkenhoff dagegen nimmt man Mackensen amüsiert als Mann mit einem Tick und verleiht ihm »in Anerkennung des untertänigsten Bemühens um unseres Herzens Heiterkeit ... den Rang und Titel eines Hofnarren unseres königlichen Hauses«. Unterzeichner: »König Heinrich« und Bäumer, »Minister des königlichen Hauses«.

»Scharfen Einspruch gegen die kommunistische Gewaltherrschaft« erheben, wie es in einer Zeitung heißt, neben Mackensen die Worpsweder Maler Bartsch, Bertelsmann, Krummacher, Meyer, Fr. Müller und Schiestl. Sie »erklären ..., dass sie an dem Unternehmen nicht beteiligt sind«. Das »Unternehmen« ist die »kommunistische Republik Worpswede«, die Vogeler, unterstützt von Uphoff, gegründet oder zu gründen versucht habe, »offenbar von der Ansicht ausgehend, dass es im armen Deutschen Reich noch immer nicht genug Einzelstaaten gibt«. »Was mag denn eigentlich«, rätselt das Blatt, »in den früher so sanften Heinrich gefahren sein?«

Namens des Ortsausschusses von Worpswede sieht sich Dorfschulze H. Behrens sogar genötigt, mit einer Rechtfertigung an die Öffentlichkeit zu treten, um der »Verunglimpfung« der Gemeinde ein Ende zu bereiten. Wenn man nämlich »aus den verschiedensten Teilen Deutschlands« vernimmt, dass von einem Besuch Worpswedes abgeraten, »ja dringend davor gewarnt« wird, wenn es darüber hinaus geschehen kann, dass man eine Worpsweder Dame nicht in einem Bremer Logierhaus aufnimmt, als sie ihren Wohnort nennt, eine andere brave Bürgerin in einem Gasthaus der Hansestadt mitten in der Nacht aus dem Schlaf gerissen wird, um ihre Personalien anzugeben, dann »liegt Grund genug vor, gegen derartige Verdächtigungen und Belästigungen energisch einzuschreiten«.

Also stellen die Vertreter der Gemeinde Worpswede amtlich fest, dass die »überwiegende Mehrheit der Bevölkerung« mit den »Kommunisten Ostendorfs« nichts zu tun hat und ihrer politischen Anschauung und Betätigung »völlig fern« steht. Der Partei gehörten nur eine Handvoll Leute aus der hiesigen Bevölkerung an, »nebenbei kein Worpsweder Maler«. Leider nun sei es ein »weitverbreiteter« Irrtum, »wenn Worpswede als Sitz der Kommunistenpartei bezeichnet wird, vielmehr befindet sich der ... vielgenannte Bauernhof« (also Barkenhoff) »im Nachbarort Ostendorf«. Richtig, aber die Nachbarschaft ist so eng, dass dieser Flecken praktisch schon damals und erst recht für Außenstehende zu Worpswede gehört. Der Ortsausschuss gibt jedenfalls kund und zu wissen, dass sich das »ganze Leben von Worpswede und Umgegend in denselben ruhigen, gewohnten Formen wie in früheren Jahren« vollzieht.

»Meistens Ausländer« seien es, so schreibt Mackensen an Hauptmann Steuding, die in Worpswede herumliefen. »Am Montagabend fuhr ein exotisch aussehender junger Mann mit blassem, schmalem Gesicht und ... schwarzem, spitzem ... Vollbart ... hierher. Er trug eine ... blaue, dünne Bluse mit Ledergürtel, kurze Hose, schwarze Strümpfe und blauschwarze weite Tellermütze mit einer abgeschnittenen Schnur in der Mitte.« Wohin er gegangen ist, konnte Mackensen nicht fest stellen, er vermutet jedoch, »dass er sich im Barkenhoff aufhält«. »Er hatte übrigens eine schwarze Aktenmappe bei sich.« Wachsam bleibt der Professor auch in Bremen. Hier sah er gleichfalls einen »exotisch aussehenden jungen Mann ohne Hut, mit einer defekten lehmfarbigen Bluse, geflochtenem braunem Lederkoppel«. Sein Gesicht sei bartlos und »montaggrau« gewesen. Dieser Mensch nun hatte »ein Weib bei sich«.

Vogeler halte augenblicklich außerhalb christlich-revolutionäre Vorträge, »er plätschert aber im alten Fahrwasser weiter«. Wie stark der Verkehr bei ihm sei, »können Sie daran ermessen, dass wir diese Nacht 2 Uhr von jungen Burschen, etwa acht an der Zahl, herausgeklopft und nach dem Wege zu ihm gefragt wurden«. Hoetger »hängt sein Mäntelchen nach dem Wind«. Auf dem Brunnenhof werde wohl »viel tolles Zeug getrieben«.

»Vogeler hält Wandervögeln, die in großer Zahl zu ihm kommen, in seinem früheren Atelier Vorträge über seine kommunistischen Ideen«, berichtet er ein andermal nach Bremen. »Die Romantik des Barkenhoffs ... imponiert den jungen, kritiklosen Leuten ungemein.« Oder: »Heute vor acht Tagen hat Vogeler den Besuch von etwa 20 Männern gehabt, die er in seinem Hause zu Mittag bewirtete.« »Sehr als Ärgernis« werde hier besprochen, »dass in Vogelers Teich bei schönem warmem Wetter alles ohne jede Bekleidung durcheinander badet, Männer, Frauen und Kinder«. Ein junger Briefträger hat ihm dieses bestätigt, »er käme auf seinen Gängen an dem fraglichen Teich vorbei«. » Vogeler«, so Mackensen, »Setzt sich über jede Sitte hinweg.« Es sei ihm sogar erzählt worden, »er lege sich in Gegenwart seiner halbwüchsigen Töchter mit der Roten Marie ins Bett«. Nach Mackensens Meinung ist Vogeler »schwer geisteskrank«.

Die Druckkosten für 5.000 Flugblätter und 1.000 Stimmzettel für die Liste Uphoff (Parteilose Sozialisten) zur Kreistagswahl habe Vogeler aus seinem Konto bei der Deutschen Bank, Filiale Bremen, erstattet. »Vogelers Mittel«, schreibt Mackensen am 22. März 1921, »sollen noch bis etwa Mitte April reichen«.

Eine äußerst obskure Gestalt ist dem Professor auch die Person des Grafen Werner von der Schulenburg. Er ist 1,68 m groß, hat ein glattrasiertes Gesicht und »ein unangenehmes ... Lächeln in den Zügen«. Den »etwas dicken Kopf« trägt er »schief auf den Schultern«, und außerdem macht er »kurze Schritte«. Natürlich äußert er sich kommunistisch und »treibt hier ein echtes Lotterleben«. »Ohne ersichtlichen Grund« hat er einem »halbwüchsigen Jungen« 100 Zigaretten geschenkt, und dann hat er »einen jungen Mann ... zu sich kommen lassen und ihm gesagt, er müsste das Mädchen, welches er bei ihm gesehen, unbedingt haben, koste es, was es wolle«. Durch wen der Graf nach Worpswede gekommen ist, konnte Mackensen nicht erfahren, »vermutlich durch den hier wohnhaften Maler Hirsch, der früher in Vogelers Hause wohnte«.

»Groß und schlank« sind zwei andere Zugezogene, ein Ehepaar, das zuvor in Jena gelebt habe. »Der Mann hat eine nach vornüber gebeugte Haltung, glatt anliegendes schwarzes Haar und macht einen eleganten Eindruck.« Über den Zweck ihres Aufenthalts sei nichts bekannt. Die Namen der beiden Schlanken und Großen: »Dr. phil. von Hollander, geb. 29.1.92 zu Blankenburg, Schriftsteller, und seine Frau Marie Antonie, geb. Munck, geb. 11.11.91 zu Wien.« Endlich gibt es Näheres, wenn auch nichts Genaues über

Walther von Hollander zu berichten: Er arbeitet mit einer Handpresse und »hält seine Drucktätigkeit streng geheim«, wie Mackensen »einwandfrei versichert worden ist«.

Hollander, dessen Telefonseelsorge im Rundfunk später für Millionen zu einem höchst unterhaltsamen, »dem Leben abgelauschten« Hörspiel wird, kennt Vogeler »recht gut«. Auf dem Barkenhoff bleibt er freilich nur etwa drei Wochen. Das Treiben dort findet er »sehr nett«, »aber vor lauter Diskutieren kamen wir nicht zur Arbeit«. So zieht er bald weg: Seine Frau hat den Barkenhoff »nicht so gern«.

Dem Kreisrat Boehm vom Landesschutzbezirk Osterholz empfiehlt Mackensen am 2. Januar 1921 von Bonn aus, Vogelers Vorträge »näher unter die Lupe zu nehmen«. Vogeler gebe eine »so bewegliche Schilderung von den idealen Einrichtungen auf seinem Barkenhoff, dass selbst ernstliche bürgerliche Blätter ihm das größte Lob spenden«. Mackensen dagegen sieht die Sache klarer: Vogeler macht dem Publikum »blauen Dunst vor mit dem Hintergedanken, Jugend an sich zu ziehen, um sie, die ohne Selbsterkenntnis ist, für seine politischen Ideen, die nach wie vor auf den Umsturz aller bestehenden staatlichen Autorität gehen, reif zu machen«. Ergo ist er »der Jugendverderber in höchster Potenz«. Vogeler habe von der Familie Rickmers aus Amerika 500 Dollar bekommen, doch Mackensen hat gehört, dass das Geld nur bis Mitte Februar reichen wird. »Harjes wollte schon fortziehen, ist nun aber vorläufig noch geblieben, um das Geld verzehren zu helfen.« Hundt sei von Vogeler »inständigst« gebeten worden, »ihm seine Rote Marie wiederzugeben. Sie soll ihrer Niederkunft entgegensehen. Es wird also auch hier für die Fortpflanzung eifrig gesorgt«. Von Martha Vogeler weiß Mackensen, dass sie in ihrem neuen Hause, »was mit Vogelers Sachen sehr schön ausgestattet sein soll«, ein Zimmer für »ihren Heinrich« eingerichtet hat und auf »seine Rückkehr in ihre Arme« wartet, »wenn auf dem Barkenhoff alles zusammenbrechen und Vogeler, wie böse Zungen sagen, mit ruhigem Gewissen den Offenbarungseid leisten kann«.

Mackensen, erbost über die »Frechheiten der Juden«, gelüstet es, mit den ihm ebenfalls verhassten Kommunisten aufzuräumen, und zwar mit Hilfe einer Einwohnerwehr. Der »Arbeiter-Zeitung« ist die Auffassung, die der »hiesige monarchistische Kunstmaler Professor Dr. Major M.« hinsichtlich dieser Einrichtung hegt, »eigenartig«. In einer von Mackensen einberufenen Gründungsversammlung »wurde ausgeführt, dass in der Einwohnerwehr für Kommunisten und Abhängige kein Platz sei«. Deren Aufgabe ist es vielmehr laut Zeitungsbericht, »mit den hiesigen Kommunisten abzurechnen«. Anschließend, so das Blatt weiter, müssten die Bauern bereit sein, zum Kampf gegen die Arbeiterschaft nach Bremen zu marschieren. »Daraufhin forderte der kampfesfrohe Herr Maschinengewehre und Infanteriegewehre an, um seine Banden auszurüsten.« Mit welchem Erfolg, könne die Zeitung nicht beurteilen. »Da der Major jedoch das volle Vertrauen unseres Herrn Landrat genießt (weniger das der nicht so blutgierig gesinnten Bauern), erwarten wir hier bald einen monarchistischen Putsch in Form einer Parade vor S. M. dem Professor und Major.«

Die »Arbeiter-Zeitung« ist es auch, die am 22. November 1919 eine Stellungnahme Vogelers zu den Auseinandersetzungen innerhalb der KPD veröffentlicht. Sie tut es, wie sie sagt, »gern«, ohne sich jedoch mit dem Beitrag zu identifizieren. Für Vogeler ist der Kampf in der kommunistischen Partei zum größten Teil ein Kampf der »Bonzen und Führer«. Das Proletariat habe mit diesen »intellektuellen Feinheiten« wenig oder gar nichts zu tun. Zwar seien die Wege zum Ziel – Diktatur des Proletariats, Rätesystem – völlig verschieden, doch habe man bei jeder großen Aktion immer wieder den »gemeinsamen Willen der kämpfenden Masse« feststellen können. »Da fragte keiner von den Arbeitern danach: bist du Syndikalist, Anarchist, USP? Man kämpft für die Diktatur des Proletariats, und wer da persönliche Führerinteressen oder Parteiinteressen nicht hinter die Revolution selber zurückstellen kann, ist überflüssig.« Der Weg jeder Revolution gehe immer wieder über die völlige Dezentralisation zur zentralen Zusammenfassung, das »muss uns einfach bewusst klar sein«. Es sei heute stets nur eine »persönliche Eitelkeit«, wenn Führer oder Parteien die Diktatur selber ausführen möchten. »Wir aber wollen Kommunisten sein, also den Begriff der Diktatur der Arbeitenden erst einmal bei uns selber verwirklichen.« Diese Diktatur richte sich gegen »jede Machtgelüste persönlicher Meinungen«.

»Vor allem müssen wir uns darüber klar sein, dass der Bürgerkrieg keine Angelegenheit, kein Programmpunkt einer proletarischen Partei sein kann.« Bürgerkrieg sei eine bürgerliche Angelegenheit, »er kämpft offensiv gegen Menschenrechte, für die Macht des Kapitals, für die Leibeigenschaft, die Abhängigkeit, Ausbeutung des Schwächeren vom Kapital, er kämpft für neue Konjunkturen, für die Verewigung des Krieges«. Das Proletariat dagegen verteidigt das selbstbestimmende Recht des Menschen, »ist also defensiv«.

Vogeler fordert höchste Zentralisation der Verwaltung. »Diese wächst organisch aus den Räten der Kommunen, die den Konsum sowohl wie die Produktion regeln. Dass die Zentrale nur eine verwaltende Funktion des Wissens der Masse ausüben kann und somit immer den Bedürfnissen der Kommune nachkommen muss, liegt in der richtigen Erfassung des Rätesystems und der Diktatur des Proletariats verborgen.« »Immer wieder« soll man nach Ansicht Vogelers »die alles umfassenden« Parteitag-Beschlüsse der russischen KP studieren, »um zu erkennen, dass hier nirgends ein armseliger Parteistandpunkt gewahrt bleibt, sondern dass es diese ... Partei ... versteht, sich selber zu wandeln und alle revolutionären Kräfte unter der Diktatur des Proletariats der kommunistischen Ordnung, der Gemeinwirtschaft dienstbar zu machen«.

Eine Hamburger Zeitung bringt einen Artikel Vogelers über die geplante Einrichtung von sogenannten Volkshäusern, in denen der »befreiende Geist der parteilosen, klassenlosen menschlichen Gesellschaft geweckt und gepflegt« werden soll. Vogeler bezeichnet diese Häuser als »Träger des ganzen kulturellen Lebens der sich von allen intellektuellen Dogmen befreienden Welt«. Architektur, Plastik, Malerei würden hier »Ewigkeitswerte« zum Ausdruck bringen, und auch Literatur, Musik und Tanz sollen in den »Häusern des Friedens« ihr Heim finden – »falls sie noch die Kraft haben, sich von der Feld-, Wald- und Wiesenromantik impressionistischer Konjunkturstimmungen zu befreien«. Vorträge und Film sowie die Erziehung zur praktischen Wissenschaft sind weitere Aufgaben dieser überkonfessionellen Einrichtungen. »In Worpswede soll im Anschluss an die im Entstehen begriffene Arbeitsschule Barkenhoff ein Volkshaus ... errichtet werden.«

Dieser »große, weltumspannende Kulturplan« zerschlägt sich, als Hoetger sein Anwesen an einen Wunderdoktor namens Fiedler verkauft: hier, auf dem Brunnenhof, sollte das Volkshaus entstehen.

Für die mit der Überwachung der politischen Vorgänge befassten Stellen »wächst sich der Barkenhoff von Heinrich Vogeler mit seinen kommunistischen Bewohnern« zu einer Gefahr für Land und Leute aus: Zwar ist die um Vogeler versammelte »kommunistische Clique« von der Zahl her »verhältnismäßig gering« – genannt werden Hoetger, Bäumer sowie der Gartenbauarchitekt Leberecht Migge –, nichtsdestoweniger aber »außerordentlich gefährlich«, nämlich »weil sie lediglich theoretischen Kommunismus predigt und diesen zur Hauptsache unter unreifen und charakterschwachen«

Jugendlichen verbreitet. Vogeler verstehe es, die jungen Menschen aufgrund seiner Erzählungskunst »zu betören«. Der ermittelnden Behörde in Bremen erscheint er als »geistig nicht ganz normal«. Während ihm jedoch ein gewisser Idealismus zugesprochen wird, gelten die anderen führenden Köpfe als »reine Geschäftskommunisten, die ihren Anhang mit allen Mitteln ausbeuten«.

Am 8. Dezember 1920 richtet die Polizeidirektion Bremen ein mit dem Vermerk »Geheim« versehenes Schreiben an die Schutzpolizei Hannover. Inhalt: »Infolge Ablebens des Dachdeckergesellen Heinrich Meyer ist der Kronzeuge in einer gegen Heinrich Vogeler, Worpswede, schwebenden Ermittlungssache verlorengegangen. Der Sache selbst liegt folgender Tatbestand zugrunde: Meyer hat während seines Aufenthaltes in Worpswede 1917 der Ehefrau Vogelers Hilfe geleistet beim Öffnen von Kisten, welche Heinrich Vogeler ihr aus dem Felde geschickt hatte. Meyer will gesehen haben, dass diese Kisten goldenes Altargerät, welches zweifelsohne von Vogeler auf unrechtmäßige Weise im besetzten Gebiete an sich gebracht worden ist, enthielten. Meyer hat seine Wahrnehmung ... in Worpswede mitgeteilt ... Es wird gebeten, den derzeitigen Arbeitgeber ... darüber als Zeugen zu hören, ob Meyer ihm Mitteilungen über seine Wahrnehmungen in Bezug auf diesen Fall gemacht hat ...«

Aber auch der Arbeitgeber hat bereits das Zeitliche gesegnet, und den Angehörigen ist von einer solchen Angelegenheit nichts bekannt.

Tag und Nacht dabei, die »kommunistischen Cliquen« nicht aus dem Zielfernrohr zu lassen, muss den auf die rechte Ordnung bedachten Jägern der »Linken« diese – diesmal nicht von Mackensen, sondern von einem Worpsweder Kunsthändler gelieferte – Story als ein Geschenk des Himmels vorgekommen sein: Vogeler als Räuber sakraler Gegenstände – wenn das kein Strick war!

Zur »Bekämpfung der kommunistischen Zelle in Worpswede« hat man folgende Wege »ins Auge gefasst«:

»1. Bekanntgabe der in Worpswede herrschenden Zustände durch die Presse.
2. Eingreifen seitens der Behörde.
3. Gegenwirkung seitens der in Worpswede lebenden übrigen Künstler.
4. Gegenwirkung seitens der Worpsweder und Ostendorfer Bevölkerung.«

Der erste Weg sei »ohne weiteres gangbar und wird beschritten werden«, der zweite »ist mit gewissen Schwierigkeiten verbunden, da der zuständige Landrat in Osterholz nach Ansicht sämtlicher Kreise der Ortseinwohner zu schwach ist und, wie die Bewohner sich ausdrücken, nach dem Winde segelt. Eine Besserung könnte nur erreicht werden durch Eingreifen der Zentralbehörde in Berlin«. Der dritte Weg dagegen »verspricht Nutzen. Eine Abwehrbewegung der Künstlerschaft ist eingeleitet und wird unterstützt werden«. Für »nicht gangbar« wird der zuletzt genannte Weg angesehen, denn die Bauernbevölkerung sei »geistig stumpf, träge und selbstsüchtig«. »Sie steht der gesamten Künstlerschaft Worpswedes ablehnend gegenüber.«

Mitte Januar 1921 macht Steuding einen Besuch bei der Frau des früheren Bremer Bürgermeisters und Vogeler-Freundes Marcus. »Auch jetzt noch, wo er dem Kommunismus verfallen ist«, sei sie mit Vogeler befreundet, notiert Steuding. »Wenn sie auf ihrem Besitztum in Worpswede lebt, besucht Vogeler sie und erzählt ihr von seinen Plänen. Ihre Einwendungen, dass alle seine Ideen nicht durchführbar seien, fruchten bei ihm nichts. Er pflegt ihr zu erklären, mit Liebe ließe sich alles erreichen ...

Frau Bürgermeister Marcus schilderte das Leben auf dem Barkenhoff folgendermaßen: Im ersten Jahr nach der Revolution hat Vogeler sein Haus allen Parteifreunden geöffnet. Er ist daraufhin überlaufen worden von Zuchthäuslern und sonstigem Gesindel, das sich einen guten Tag machen wollte. Diese Leute haben Vogeler furchtbar ausgenutzt. Sie haben wertvolle Gegenstände entwendet und sind, sobald sie zur Arbeit herangezogen werden sollten, fortgegangen mit dem Bemerken, Arbeit könnten sie anderswo auch haben, dazu seien sie nicht auf den Barkenhoff gekommen. Seit dem Frühjahr vergangenen Jahres nehme Vogeler nur noch solche Leute auf, welche dieselbe Gesinnung hätten wie er selbst, die also ihr ganzes Hab und Gut für die gemeinschaftliche Sache zur Verfügung stellten ... Bedauerlicherweise hätten die meisten überhaupt nichts, und deshalb gehe der Betrieb auf dem Barkenhoff immer mehr zurück. Alle wertvollen und zum Teil kostbaren Gemälde seien bereits versilbert, um den Lebensunterhalt zu bestreiten. Vogeler arbeite mit seinen Gesinnungsgenossen fleißig auf dem Acker, nur verstünden die meisten Leute eben nichts von der Landwirtschaft ...

Ihr Besitztum grenze an das des Barkenhoffs. Aus diesem Grunde habe Vogeler, um noch mehr Leute beschäftigen zu können, in freundschaftlicher Weise mal bei einem Besuche gefragt, ob er nicht ein Stück von ihrem Land für seine Zwecke bekommen könne. Sie habe das abgelehnt, da sie ihr Besitztum ... als eine Art

Naturschutzpark für die Besucher Worpswedes erhalten wolle. Irgendeinen Druck, auch nur gesprächsweise, habe Vogeler nicht ausgeübt (dies war behauptet worden). Sie wüsste überhaupt gar nicht, in welcher Art er das machen könne ... Außerdem traue sie das Vogeler bei seinem Idealismus nicht zu.

Das Verhältnis zwischen Vogeler und seiner Frau ist ein reines Freundschaftsverhältnis. Zu Bäumer ist ihrer Ansicht nach das Verhältnis der Frau intimer, als es ein Freundschaftsverhältnis zulässt. Wenn sie das Ehepaar Vogeler getroffen hat, hat sie in dem Verkehr der beiden untereinander nichts bemerkt, was auf ein schlechtes Verhältnis zwischen den beiden schließen lässt. Die Kinder Vogelers sind mit dem Betriebe in ihrem Elternhause sehr wenig zufrieden. Sie haben wiederholt geäußert, dass es doch früher bei ihnen so schön gewesen wäre; diese vielen Leute im Hause gefielen ihnen gar nicht ...«

Dem Bürgerausschuss Bremen übermittelt Steuding zur Einsicht einen Bericht, der sich mit Vogeler und dem »Worpsweder Kommunismus« befasst. » Vogeler«, so heißt es darin, »schloss sich mit seiner Familie und seinem Freunde, dem Kunstmaler Uphoff, ... der Kommunistischen Partei Deutschlands (Spartakusbund), Ortsgruppe Bremen, an, jedoch stand die Politik Vogelers von Anfang an im Widerspruch zu der des Spartakusbundes, da Vogeler jede gewaltsame Einführung des Kommunismus glatt ablehnte, vielmehr einen pazifistischen Kommunismus vertrat ... Diese Auffassung brachte ihn ... in offenen Gegensatz zu seinen Freunden im Spartakusbund. Da sich einige weitere Intellektuelle aus der KPD um Vogeler scharten« (genannt werden Bäumer und Störmer) »... bedeutete der Worpsweder Kommunismus und seine Ideen bald eine Schädigung des Spartakusbundes, da ihn die Partei zunächst als eine Lähmung ihrer Aktionsfähigkeit empfand. Die KPD-Leitung begann bald darauf die Worpsweder Kommunistenführer als schwärmerische Idealisten und unberechenbare Romantiker zu bezeichnen, deren versöhnende Politik der Menschheitsliebe sie verwarf und damit Vogeler und seinem Anhang die weitere Mitgliedschaft in der Partei versagte. Trotzdem erfreute sich der Worpsweder Kommunismus noch eines regen Zuspruchs aus den Kreisen der Jugendlichen ... Vogeler selbst, als Politiker so unfähig wie nur denkbar, verfiel weiter und weiter in seine schwärmerische Veranlagung. Nicht nur, dass diese Politik den Künstler in ihm vernichtete, sie zerstörte auch den Menschen. Eheliche Verirrungen – Heinrich Vogelers Liebe zu einer sächsischen Kommunistin,

Marie Griesbach, Frau Martha Vogelers Liebe zu Ludwig Bäumer – schufen Wirrnisse auf dem Vogelerschen Besitz, dem Barkenhoff, durch die der Mensch Vogeler geistig stark litt, so dass er heute von einem früheren Bekannten als geistig gestört bezeichnet wird ...

Heinrich Vogeler, der in Vorkriegszeiten in alter Biedermeiertracht aufgetreten war, legte Gewicht darauf, seine innere Wandlung auch äußerlich zu kennzeichnen. Der Schnitt seines Anzuges erhielt eine leichte, aber unverkennbare Anlehnung an russische Moden und Trachten. Wenn er also wie Tolstoi höchst eigenhändig auf seinem etwa 12 Morgen großen Anwesen das Unkraut von den Feldern hackte, mögen ihm die Ideen gekommen sein, über die er dann am Abend mit seinem Zirkel ausführlich diskutierte. Dann pflegte man auf der Diele des Barkenhoffs auf Strohmatten sitzend zu politisieren, oder man hörte die ›Rote Marie‹ dichten. Die Klampfen ertönten zu den Weisen proletarischer Kampfeslieder. Man schwelgte im Kommunismus, liebte und koste – Expressionismus der Liebe. Zu der Gefolgschaft Vogelers gehörte u. a. eine frühere Sekretärin des bekannten Bolschewisten Karl Radek, eine spätere Geliebte des verstorbenen bremischen Kommunistenführers Johann Knief, namens Lotte Kornfeld ... Angehörige der kommunistischen Jugendorganisationen bildeten die sonntäglichen Gäste auf dem Barkenhoff, von der ›Roten Marie‹ wurden sie im Expressionismus der Sitten unterwiesen. Das Leben und Treiben auf dem Barkenhoff brachte bald genug das ganze Worpswede in Misskredit ... Einer der kommunistischen Jünger Vogelers, ein Seminarist Gronau, der einer angesehenen Bremer Familie entstammte, bereitete seinem Leben durch Selbstmord ein Ende. Das Motiv zu der Tat blieb unbekannt, vielleicht ist es in der Verwilderung der Lebensweise auf dem Barkenhoff zu suchen ...« (Laut Hundt hat Vogeler geäußert, Gronau sei Martha verfallen gewesen und habe Bäumer gehasst. Und nach der Tat habe man einen Zettel gefunden mit dem Satz: »Lieber Ludwig, entschuldige, dass ich es hier tue.«)

»Der ganze Besitz macht einen verwahrlosten Eindruck; Vogeler selbst den eines heruntergekommenen, geisteskranken Menschen... Jetzt hockt man im Barkenhoff auf selbstgeflochteten Schilfmatten, isst aus dem gemeinsamen Topf und teilt ohne Unterschied der Geschlechter ein gemeinsames Bett. Heinrich Vogeler selbst scheint die Sache satt zu haben. Seine Einsiedlerklause auf dem Barkenhoff ist fertiggestellt. Die Wände bestehen aus Lehm, das Dach aus Stroh, und wenn man boshaft sein wollte, könnte man sagen, sie gleiche einem Hottentottenkral ... Die 30 Kommunisten Worpswedes haben sich eingebildet, sie könnten ... die Welt gesunden; die Erfahrungen aber lehren, dass sie einander selbst nicht gesunden können ... Verlässt Vogeler seinen Barkenhoff, ist der Worpsweder Kommunismus erledigt, und die Künstlerkolonie Worpswedes wird aufatmen, denn gerade auf ihr lag der Worpsweder Kommunismus belastend und kompromittierend.«

»Zweifelsohne«, geifert und hetzt »Der Rote-Sand«, ein in Bremen erscheinendes »kritisches deutsches Wochenblatt«, verseuche »der kommunistische Miniaturstaat Barkenhoff« Nordwestdeutschland. »Immer und an schönen Herbsttagen pilgern zahlreiche Jungbolschewisten, männlich und weiblich, hinaus, um sich zu laben an den Errungenschaften des Kommunismus. Es lebt sich ja so schön dort in Sowjet-Barkenhoff, es wird gebadet, Männchen und Weibchen ohne lästige Wäsche im Teich, aber nicht etwa in der Zurückhaltung wie z. B. bei den sittenreinen Schweden, sondern in echter frecher Manier der bereits ziemlich vorgeschrittenen Großstadtjugend. Die ›Rote Marie‹ immer mittenmang. Sie und Vogeler leben wie die Tauben, den ganzen Tag wird geschnäbelt ... Das Erbsenschälen geht im ehemaligen Wintergarten vor sich, einer spielt die Klampfe, pfeift oder grölt, die anderen puhlen die Erbsen aus oder tun es auch nicht. Je nachdem.«

Mit äußerstem Argwohn werden ferner Leberecht Migge und seine Unternehmungen beobachtet. Der Gartenbauarchitekt und Autor des »Grünen Manifests« unterhält engen Kontakt zum Barkenhoff. Sein »Sonnenhof« stellt eine Schule dar, deren » Mustergarten ... ein geschlossenes Schulbeispiel für die siedlerische Selbstversorgung bieten soll« (»Hannoverscher Kurier«). »Migge bewies an dem ... Aufbau der Siedlung Sonnenhof die Möglichkeit einer geschlossenen kreislaufenden Wirtschaft: Mensch-Haus, Kleinvieh-Stall, Kompost-Garten ... Praktisch sich auf die tausendjährige Erfahrung chinesischer Bodenkultur stützend, legte er als theoretischen Beweis europäischer Möglichkeiten die Ergebnisse der neuen, vielversprechenden Wissenschaft von der Bodenbakteriologie vor.« (»Hamburger Echo«) Eine praktische Siedlerschule größeren Stils errichtet Migge in Moorende bei Worpswede. Sie wird u. a. von jungen Zionisten besucht, »die sich hier vorbereiten wollen für ihre Pionierarbeit in Palästina« (Hundt). In der Zeit vom 1. bis 3. Januar 1921 findet in Worpswede eine Siedlerkonferenz statt – ein Treffen von Menschen mit »absolutem siedlerischen Willen« (»Hamburger Echo«). Migges Theorie und Praxis spielen auf dieser

Tagung eine wesentliche Rolle. Zu den Referenten gehören Vogeler und Fidi Harjes. Walther von Hollander »verlas einen Essay, der mit der Kraft dichterischen Erfüllens von der Spannung sprach, die die Entfernung des Kulturwillens vom Bodenwillen hervorbringt. Folge: Zerrissenheit, Zusammensturz.« (»Hamburger Echo«)

An die Fersen von Martha Vogeler heftet sich bei ihren Gängen zum Bremer Verlag Arbeitspolitik (er hat Vogelers offenen Brief zum »Frieden unter den Menschen« herausgebracht) gleichfalls ein Spitzel, und selbst Ludwig Roselius wird beschattet. Nach einem abgehörten Telefongespräch mit Vogelers Schwägerin Philine scheint den Lauschern die Vermutung, »dass der Verkehr zwischen Roselius und Vogeler einen politischen Hintergrund haben könnte«, allerdings nicht gerechtfertigt zu sein. Roselius, so glaubt man, empfinde »lediglich ein künstlerisches Interesse für Vogeler«, wolle ihm »gern materiell helfen und ihm ein Bild abkaufen ..., zumal Vogeler ihm früher mal ein Bild geschenkt hat«.

»Es geht prachtvoll voran«, schreibt Vogeler dem kapitalistischen Freund am 10. April 1919. »Endlich werden die Intellektuellen von der großen Umwälzung ergriffen.« Für seinen »praktischen gemeinwirtschaftlichen Betrieb« sucht Vogeler jemanden, der ihm eine »tadellose Bewässerungsanlage mit Windmotor« liefern kann, »und einen Geldgeber dazu«. »Wissen Sie nicht einen Mann?« Außerdem sammelt er für »seine Bedürftigen« Arbeitszeug, und »Zwei Rucksäcke fehlen uns sehr«. »Vielleicht finden Sie bei sich irgendetwas.« Mit Geld sei ihnen nicht gedient, nur mit Produkten und Produktionsmaschinen.

Roselius schickt einstweilen einen Rucksack und eine Tasche, um weitere Sachen will er sich bemühen. Ein andermal lässt ihm der Hag-Chef – »Für Sie bin ich immer zu haben« –»noch etwas Kaffee« zugehen. Vogelers Bild »Die Flüchtlinge« würde er gern erwerben. »Ist Ihnen ein Preis von 4.000 Mark angenehm?« Vogeler ist es »recht«.

Aus der Kommunistischen Partei wachsen ihm »große Kämpfe entgegen«, die ihm jedoch »viel Freude machen« und die Kraft seines Ideals »gegenüber dem alten dogmatischen Marxismus-Ideal beweisen müssen«. Schön sei es, das Leben »und voller Zukunft und Hoffnung«. »Gespannt« ist er nach einem Besuch von Roselius auf dem Barkenhoff, wie »diese ganze hier werdende Welt« auf ihn gewirkt habe und ob er ihm helfen wolle: »Es wäre ganz wunderbar, wenn gerade Worpswede durch Dich ein Zentrum für die Bewegung der Befreiung der Menschheit würde.« Wie seine Begleiterin, die Prinzessin Reuss, hat Roselius einen »unvergleichlichen Eindruck« von der »kleinen Niederlassung« gewonnen: »Es steht etwas Erhabenes dahinter«, welches ihn bis »in das Innerste« gepackt hat und »wohl auch halten wird«. Inzwischen »sind wieder einige Hamburger Proletarierkinder zugewandert, die mit durchgebracht werden müssen«. Roselius schickt Reis, der, so Vogeler, »über viele Not« hinweghelfen werde. »Um ... von der Ausbeutung durch die Familie befreit zu werden«, wolle er seinen »letzten Besitz« von sich geben. »Ihr müsst uns dann unbedingt weiter helfen.« Arbeiten könne jeder für zwei, doch das Beschaffen von Ernährung, »das ist das Schwere«.

Für Roselius ist Vogeler ein »lieber Kerl«, dessen Taten und Person man liebt, aber auch ein Abbild des Mönches Savonarola, »der es so herzensgut meinte und aus dem blühenden Florenz eine Wüste, aus Menschen Tiere machte«. Vogeler könne als Mensch sich selbst vollenden, auch den »göttlichen Funken« in einigen wenigen anderen erwecken, »aber nicht die Menschheit in Tagen, Wochen oder Jahren zu dem bringen, welches seine Zeit haben muss. Nicht um ein Millionstel verschiebt der Zwerg Mensch als einzelner das Ganze«. Wie Wilhelm II. gar kommt er ihm vor: »Idealisten – beide aus Schwäche zu Mördern des Volkes werdend.«

Neben die Sorgen um den »lieben Kerl« treten solche um ein Kaffeereich: »Die Hamburger ... wollen der Kaffee-Hag den Hals umdrehen.« Wenn es Vogeler interessiere, werde er ihm die Akten einmal zuschicken. Dieser fragt, ob er sich an den »schönen braunen Otto Modersohn« über dem Klavier erinnern könne, »ein sehr seltenes Bild aus früher Zeit«. Ob er es haben möchte. Man sei nämlich gezwungen, »die Pferde, die Bäumer gehören«, für den Betrieb zu kaufen. »Wohl noch nie«, so Vogeler über das Modersohn-Bild, »sind die Moorbrauns in dieser Harmonie gemalt worden.« Er habe es behalten, da er es »aus den ganzen Bildern für das wertvollste hielt«, Doch Roselius winkt ab: er brauche sein Geld jetzt »dringend für die Einrichtung der Lingnostone-Fabriken«, alle Ausgaben seien gestoppt. Die Kritik an einem anderen Bild – fehlende Größe, starke seelische Zerrissenheit – wird von Vogeler akzeptiert: »Vergehen« sei in einer schlechten Zeit entstanden »und nichts wert (auch kein Geldeswert)«.

Die Dinge des Vergehens sind Vogeler nur »in ganz kurzen Momenten« seines Lebens nah, sind ihm nur ein ganz kurzer, »aber desto schmerzhafterer Verbrennungsprozess«. Leid und Resignation als Zustand kennt er nicht, »sondern nur als Werdeprozess, hinter dem die tiefsten Freuden höchster Erfüllung liegen«. »Werde ich«, fragt er, »das Vergehen je darstellen können?«

Hoetger steht ihm in »diesen Dingen« noch »sehr fern«, er verlässt sich da »viel mehr« auf den »richtigen Instinkt« des im Augenblick so sparsamen Freundes. Gern würde er ihn mal wieder auf dem Barkenhoff sehen, um ihm zu zeigen, »wie die Sache bei uns vorwärtsgeht«. »Noch nie war die Einheit in der Gemeinschaft so wie heute.« Man habe jetzt eine Lehrerin, »die ganz außerordentlich den Geist der Gemeinschaft erfasst und praktisch in den Kindern lebendig macht«. Er selbst bezieht auf dem Barkenhoff-Gelände eine »kleine Zelle«, da der Betrieb in der Arbeitsschule immer umfangreicher geworden ist und er einen ruhigen Ort für seine künstlerische Tätigkeit braucht, die er nun ganz in den Dienst »der Erziehung zum freischaffenden, parteilosen Menschentum« stellen will.

»Auf zur Tat«, schreibt er wieder einmal, womit er Roselius zur aktiven Mitarbeit in Worpswede gewinnen will. Dieser aber sieht dort den Zusammenbruch, »nicht Deiner Ideen, das wäre zu viel gesagt«, sondern den »Zusammenbruch der Möglichkeit, diese Ideen in die Praxis zu übersetzen«. Der Barkenhoff habe sich »noch niemals« von innen heraus erhalten, vielmehr ein »Scheinleben geführt«, weil ihm von außen Kapital zugegangen sei. »Du brauchst jetzt neues Kapital. Würde ich es Dir geben, so würde ich aufs Neue den Beweis, welchen Du für uns alle erbringen möchtest, hinauszögern.« Vogeler habe versucht, die Kette, welche ihn mit der Vergangenheit verbinde, zu sprengen. Jetzt stehe er selbst hilflos da, »ein Taumelnder im Labyrinth«.

Vogeler macht allerdings ganz und gar nicht den Eindruck eines »Taumelnden«: »Wir«, so schreibt er, das erste Wort unterstreichend, an Roselius, »sind nur im Kampf stark geworden.« Dessen »Genugtuung über ein Zugrundegehen der Arbeitsschulidee Barkenhoff« werden »Kraft und Reinheit um den Kampf für menschliche Erfüllung nicht schaden«. Jugendorganisationen und Universitäten forderten ihn als Sprecher an, aus Amerika kämen Lebensmittel, Mitglieder der Arbeitsschule führen zu internationalen Kongressen, und »ich selber finde ein Mandat für Schularbeit in Russland vor« – Beweise dafür, dass alles »so logisch geht«. »Wie wird es Euch erst werden, wenn ... alle Hoffnungen Eurer Konjunktur sich umwandeln in eine absolute Festigung Lenins.«

Vogeler meint damit bestimmte Vorgänge in Russland, die ihm »nur eine Reinigung, eine Kinderkrankheit des Rätesystems« sind. »Lebwohl, Ludwig«, schreibt er. »Du treibst mich aus der Zelle in die große Bewegung des kosmischen Gestaltens. Ich danke Dir, so zeigst auch Du mir neue Wege, zu denen mich Tausende von

Proletariern schon seit Monaten rufen.« Den Glauben an den »zellenmäßigen Aufbau allen kosmischen Gestaltens« werde er »nie« verlieren.

Roselius: »Wenn Du glaubst, dass mir das Zugrundegehen der Arbeitsgemeinschaft auf dem Barkenhoff eine Genugtuung ist, so irrst Du Dich völlig.« Ihm wäre es eine »ehrliche Genugtuung« gewesen, »wenn der Barkenhoff sich hätte halten können«. Aber »über Spielereien seid Ihr ... nicht hinausgekommen ... Da Ihr praktisch nichts geleistet habt, sind auch Eure Worte Schall und Rauch. Was bedeutet es jetzt, dass Dich die Jugendorganisationen rufen. Sie werden eines Tages erkennen, dass Du ein falscher Prophet bist. Denn Du bringst keine Erlösung ... keine Hilfe. Deine .... Handwerker reisen zu internationalen Kongressen. Anstatt arbeiten wollen sie also reden. Wem nützen sie ... damit? ... Würdest Du allein auf dem Barkenhoff sitzen oder mit Deiner Familie oder mit ganz wenigen Menschen, die alle arbeiten, würdest Du Deine Reisen aufgeben. Deine Propagandareden, das Belehrenwollen anderer, würdest Du Dich ganz der Scholle widmen und versuchen, dieses Paradies der Arbeit in die Tat umzusetzen, so würde ich sagen: Seht da, welch ein Mann. Er ist der Verkünder einer besseren Zeit ... Du willst ein Mandat für Schularbeit in Russland annehmen ... Sage mir bitte, auf Grund welchen Könnens, auf Grund welcher Erfahrung willst Du diese Schularbeit in Russland vornehmen? ... Du warst nicht Erzieher. Du lebtest im künstlerischen Genuss, auch wenn dieser Genuss zu vergleichen war mit dem Staunen vor den Wundern der Schöpfung Gottes. Menschen ... waren Dir Offenbarung ... Ein Pflug, ein einfacher Arbeitsgegenstand erschien Dir wie eine Offenbarung ... Über die Anschauung bist Du nur dann hinausgekommen, wenn Du zur Schöpfung kamest, indem Du das gestaltetest, was Du sahst, und in dieses Gesehene Dein inneres Leben hineinlegtest. Ohne Deine starke Anschauungskraft wärest Du kein großer Künstler geworden, hättest Du der Menschheit nichts geben können. Du willst jetzt aber in Russland auf Gebieten ... lehren, wo Du selbst noch ein Kindlein bist. Wie ein Kind hast Du Freude am Feuer. Du spielst mit dem Feuer und verbrennst wertvolles Hab und Gut.«

Nichts hält Roselius für »unwahrer und unehrlicher« als die Reise nach Russland. Er wisse wohl, dass Vogeler, subjektiv betrachtet, einer Lüge nicht fähig sei, aber »für jeden, der die Dinge objektiv betrachtet, ist es ... nichts als Lüge«. »Hast Du nicht selbst gesagt, ganz Russland schaut auf den Barkenhoff? Ist der Barkenhoff jemals eine kommunistische Schöpfung gewesen? ... Hat der Barkenhoff nicht immer nur deshalb noch fortbestanden, weil Kapitalisten Geld hineingetan haben? ... Ist es nicht eine Lüge, wenn dieser Barkenhoff den unwissenden Russen als eine Lösung des Kommunisten-Irrsals vorgespielt wird, wenn diese armen Menschen, anstatt mit der nüchternen Wirklichkeit jetzt endlich abzurechnen, aufs neue einer Fata Morgana wegen durch die Wüste gehetzt werden, damit noch mehr Frauen und Kinder krepieren?«

Er bedauert es, dass er Vogeler »so wehtun musste«. »Solltest Du mich brauchen, bin ich immer da.«

Vogeler: »Du baust die Mauern der Lüge zwischen uns auf, damit hat jede Entgegnung meinerseits keinen Sinn, und nur die Tat wird sprechen. Als Mann und ›Freund‹ hättest Du einfach die Verpflichtung gehabt, zu kommen und zu sehen: Was habt ihr geschafft.« Ein paar Tage darauf: »Deine Hilfe könnte mir nur etwas sein, wenn sie aus der inneren Erkenntnis meines ›Seins‹ Dir erwüchse. Heute wäre jede Tat von Dir für mich eine Lüge.« Nun, jede wohl nicht, denn im nächsten Brief möchte Vogeler, »dass Du uns einen tadellosen Glasschneider herausschickst, damit wir in unserer Not wenigstens unsere Frühbeete richten können«. Roselius, eben von einer Reise zurück: »Morgen schicke ich Dir den Glasschneider.« Für Vogeler ist es eine »Freude, zu sehen, wie gerade die Not die Kräfte entfaltet«. Er hofft stark, dass bis zum Herbst – 1921 – die ganze Zelle ohne ihn arbeiten kann: »Ich habe große Pläne.« Ihr Gespann fährt in Kürze nach Bremen, »dürfen wir dann den Reis und Kaffee abholen?« Einen Herr Däniken bittet er als Gegengabe für eine Radierung um Noten für die Arbeitsschule: Bach, Beethoven »oder auch moderne wie Mahler«. Bettzeug »oder etwas derartiges« fehle ebenfalls »sehr«.

»Unsere Schule wird nun legalisiert«, berichtet er nach einem Besuch im Kultusministerium. Man wolle sie »ganz frei zufrieden lassen«. Der Ärger kommt freilich noch: Auf Vogelers Antrag, die Arbeitsschule staatlich anzuerkennen, wird Landrat Becker beauftragt, zusammen mit dem Kreisschulrat eine Besichtigung der, wie es in einem vertraulichen Schreiben von Becker heißt, »sogenannten Arbeitsschule vorzunehmen«. Daran nimmt auch ein Regierungsvertreter teil. Becker: »Die Besichtigung hat das Ergebnis gehabt, dass die Unterstützung der fraglichen Schule mit staatlichen Mitteln oder gar die Anerkennung durch den Staat nicht empfohlen werden konnte.« Die »Freiheit«, die den Fall aufgreift, zitiert den amtlichen preußischen Pressedienst, in dem erklärt worden war: »Schließlich muss auch ... festgestellt werden, dass die

Siedlungsgemeinschaft Barkenhoff den bestehenden Staat grundsätzlich verneint, und kein Minister, der sich seiner Verantwortung gegenüber dem Staat und der Verfassung bewusst ist, kann seinerseits Bestrebungen auf Kosten eben des Staates unterstützen, der durch sie von innen heraus zerstört werden soll.«

Kommentar der »Freiheit«: »Nun ist es zwar lächerlich, dass eine Schul- und Siedlungsgemeinschaft, die in pädagogischer Hinsicht nichts weiter ist als eine Produktionsschule, den bestehenden Staat ›von innen heraus zerstören‹ könnte. Aber dennoch hat der Minister recht. Wie konnten die Männer und Frauen im Barkenhoff erwarten, dass der preußische Staat ... einem Schulversuch Mittel zur Verfügung stellen könnte, der sein letztes Ziel allerdings in der geistigen Befreiung der Arbeiterklasse sieht?« Der preußische Kultusminister ist übrigens ein Bruder des Landrats Becker ...

Obwohl sie in einer »solchen Not« sind, dass die für die Ernährung der 23 Personen erforderlichen Gelder fehlen, »ist der Barkenhoff noch immer nicht kaputt«. Vogeler zu Roselius: »Das ist mir manchmal ein Rätsel.« Viele möchten ihn zur Kunst zurückbringen, »das heißt nur zur Kunst, mit der sie selber Geschäfte machen«. Wenn er sie dann auf die Diele des Barkenhoffs führt und ihnen seine Malerei an den Wänden zeigt mit der Bitte um Hilfe für die Arbeitsgemeinschaft, damit »die künstlerischen Kräfte nicht als Landarbeiter für die Ernährungsbasis verbraucht werden, so sind die Menschen der alten Ordnung ohne Herz, und nur der Arbeiter wirft seinen Packen vom Rücken, gibt seinen letzten Groschen und nimmt mir den Spaten aus der Hand«.

Er schickt Roselius den Durchschlag eines Artikels, überschrieben mit »Der Bonze«. Bonzen, das sind die Parteibeamten, die für die Verbürgerlichung der revolutionären Bewegung sorgen. »Der Grund für das Misslingen der deutschen Revolution und für die Kompromisse der russischen sind die Rückfälle in die bürgerlich-mechanistische Weltanschauung.« »Bitteres Lächeln«, glaubt Vogeler, würde auf den Zügen von Marx erscheinen, »wenn er wüsste, dass es Marxisten gäbe. Er weiß, dass nicht ideale Konstruktionen aus der Vergangenheit die bewegenden Kräfte für die revolutionäre Bewegung sein können, sondern die wirtschaftlichen Verhältnisse von heute«.

Im Januar 1921 ist »Kosmisches Werden und menschliche Erfüllung«, im Jahr davor »Proletkult – Kunst und Kultur in der Kommunistischen Gesellschaft« erschienen. Die neue Kunst werde aus den primitiven Bedürfnissen erwachsen: »Der Künstler wird ... ganz und gar Gestalter der Lebensbedürfnisse des Proletariats.«

»Durch die Kommune den Sorgen des Tages enthoben, schaffe der junge Künstler »in absoluter Freiheit« die Dinge, die mit der Masse auch ihn bewegten – »keine Ausstellung treibt ihn, kein Kunsthändler verpflichtet ihn«. Er stehe »mit beiden Beinen unabhängig« im Leben. »Die Vernichtung des Kapitalismus hat die Befreiung der Kunst zur Folge.« Nirgends sei mehr Platz für bürgerliche Individualisten, für jene Künstler, »denen die Kunst nur eine milchende Kuh ist«. »Das Proletariat wird Schützer und Verwalter der Kunst.« In der Kommune möge der werdende Künstler »ruhig seinen Trieb darin betätigen, dass er seinen Genossen das Zimmer, die Fenster, die Türen recht lustig ausmalt; sein künstlerischer Spieltrieb wird ihn bald dahin bringen, die Räume dekorativ zu gestalten. Je stärker er hier neue Wege beschreitet, desto freudiger wird ihn das Proletariat vor neue Aufgaben stellen.«

Das »kosmische Werden« drängt »zu höchster Erfüllung Mensch«. Es lässt keine Kräfte untergehen, »und selbst wo in feiger Angst ein reiner Freiheitskämpfer ermordet wurde, ging sein aktiver Geist in Tausende von Menschen über. Schon hören wir den dumpfen Rhythmus der Ausgebeuteten, der Leidenden, die um die Freiheit ringen. Wir sehen sie kommen, die bestimmt sind, als Werkzeuge ewiger Gesetzmäßigkeit die letzten Konjunkturen einer konstruierten Welt des Verstandes ... zu zerstören«. Vogelers Idealmenschen wissen, dass sie die Ketten ihres Leidens sprengen können »durch die schöpferische Gestaltung einer Welt, die die Glücksmöglichkeiten eines jeden in sich schließt«.

Vogelers Urteil in der Rückblende: »Metaphysische Phantasterei.«

Für Roselius liegt der »ganze Fehler« darin, dass Vogeler, »der Aristokrat«, das Proletariat »überhaupt nicht versteht«. Roselius will das Proletariat »als solches« beseitigen, während er von Vogeler behauptet: »Du möchtest uns zu Proletariern machen, selbst aber Apostel bleiben.« Er hält seine Tätigkeit für »schädlich«, was ihn nicht hindert, ihn »persönlich zu lieben und zu schätzen, weil ich weiß, dass Du ein goldenes Herz hast und in Wirklichkeit das Gute willst«. Der Barkenhoff sei alles andere als eine Musteranstalt für Kindererziehung. Vogelers »Gedanken, Kinder vollkommen sich selbst zu überlassen und kindliches Gestammel als Richtlinien für das, was recht und gut ist, zu nehmen«, empfindet er als »durchaus ungesund«. »Befinden sich die Kinder in Not, so ist das nicht die Schuld der Intellektuellen, welche Feinde der Proletarier sind, sondern es ist nur und ausschließlich die Schuld Heinrich Vogelers, der sich an Aufgaben organisatorischer Natur heranmacht, welche er nicht lösen kann.« Roselius unterstützt ihn nur deshalb mit Lebensmitteln, »damit Du, Heinrich Vogeler, nicht ganz den Rückhalt Deinen Leuten ... gegenüber verlierst«. Er glaubt, dass der persönliche Umgang mit Vogeler die Leute zu einem »höheren Gefühl« treibt, dass sie dann ihr »besseres Ich« herauskehren. »Das macht die Reinheit Deines Herzens und Deiner Seele.« Alles das aber sei nicht stark genug, um den Zusammenhalt zu bewirken. Nach seiner Ansicht ist der Freund »Zum Scheitern verurteilt«.

Es sieht in der Tat nicht gut aus auf dem Barkenhoff: »Unsere Tiere haben nichts zu fressen«, und Vogeler »sitzt ... herum, um die 900 Mark an Zins aufzubringen, die unser Hypothekengläubiger alle halbe Jahre von uns haben muss«. Wieder einmal muss in »großzügiger Weise etwas getan werden«. Am Tag vor Heiligabend 1921 lässt Roselius für Vogelers »kleine Gemeinde« einige Sachen einpacken: Reis, Haferflocken, Kaffee »und was sich sonst noch so vorfand«. Vogeler verlebt einen »stillen Weihnachtsnachmittag« bei dem Freund, wobei, wie er findet, neue Bindungen zwischen ihnen aufkommen. Dabei schien für ihn die Diskussion schon einmal »abgeschlossen«. Er hatte sich von ihm verabschieden wollen, weil, wie er schrieb, Roselius in sich den Menschen ermorde – »das, was uns zusammenbrachte«. Dieser habe ihn von einer Täuschung befreit, »vor der mich die Arbeiter warnten«: dass der Barkenhoff eine Brücke sei zwischen Bürgertum und Proletariat. »Der Barkenhoff wird seinen vollen Besitz hingeben müssen an die Leidenden, die um die Menschenrechte kämpfen.« Er selbst werde nun zurücktreten in die »Masse der Mühseligen und Beladenen« und mit vollen Händen ausstreuen, was er erkannt habe. »Du gabst mir die Erkenntnis über die vergiftende Auswirkung des Götzen Mammon, den Du zwischen zwei Freunden aufrichtest.« Jetzt fühlt er sich frei zur »letzten Hingabe« seines Lebens für die Entrechteten. »Der Luxus Deiner Lebensführung und die Werke an den Wänden Deines Hauses, die ich mit meinem Herzblut gestaltete, werden Dir täglich entgegenschreien.« Und: »Es widerspricht allen sittlichen und religiösen Erkenntnissen, sich die Seele eines Menschen mit Gold erkaufen zu wollen.« Nun, die Gegensätze bleiben, die Freundschaft jedoch auch. Roselius betrachtet sich als »Treuhand« für Vogelers künstlerische Arbeit, »die schließlich mehr wert ist als alle Deine wirtschaftlichen Ideen zusammen genommen«.

Für diese wirbt Vogeler in verschiedenen Berliner Ministerien. Er hat sogar eine Aussprache mit Rathenau. Und das Ergebnis? »Überall sehr großes, wohlwollendes Entgegenkommen und geheucheltes Verständnis – nirgends Tat.« Helfen soll und »muss« da wieder einmal Ludwig Roselius. Der Frühling steht vor der Tür, »Tausende werden wieder wandern nach dem Barkenhoff«. Hier ist durch »egoistische, anarchistische Elemente« ein Teil der Gemeinschaft und besonders der »sozial-pädagogische Einfluss« auf die Kinder »sehr verunreinigt«. Fidi Harjes, »fanatischer Vegetarier«, dem zuliebe Vogeler sogar einmal ein paar Schweine aus einem für diesen Genossen gemalten Bild wieder herauspinselt, ist ein »Zertrümmerer« geworden, und »wir setzen alle Mittel daran, ihn loszuwerden«. Neue Leute sollen kommen und mit ihnen eine Geschäftsleitung sowie eine Genossenschaft als »äußerer Ring« der Arbeitsschule, »die im kapitalistischen Sinne ... mit der Umwelt arbeitet« und bei gemeinsamer Küche – die Verpflegung wird verrechnet – in »innige Verbindung« mit dem »inneren Kern« der Arbeitsschule tritt, um später selbst gemeinwirtschaftlich tätig sein zu können.

Vogeler vermutet, dass Roselius ob dieser Pläne »etwas lächeln« wird. »Gut, ich stecke zurück und sage, solange diesen unsicheren Kantonisten im bürgerlichen Recht noch ein Ausweg in die alte Gesellschaft gestattet wird, wird ihnen ein Schmarotzerdasein besser gefallen wie die Hingebung in Armut.« Er bittet Roselius als Freund, seinen »ständigen Kampf mit diesen ... ins Alte sich zurückorientierenden Menschen zu verstehen«. Er muss immer wieder »reinen Tisch« haben, »die Verantwortung für die Jugend ist zu groß«. Disch (»der ist nicht so ›idealistisch‹ eingestellt wie ich, sondern nüchtern«) soll R. die neuen Vorstellungen unterbreiten. Danach wird die »kleine Schulzelle« ganz gemeinwirtschaftlich »funktionieren«, hier bleibt das Geldverhältnis ausgeschaltet, »die Einzelnen müssen völlig besitzlos sein und in den einfachsten Lebensanforderungen leben, die durch den Außenring bestritten würden«.

Roselius lehnt jedoch den Organisations-Entwurf, den Disch ihm vorlegt, ab. Grund: »Die Ausführung des Programms würde dazu führen, dass Du und die Arbeitsgemeinschaft ... gegenüber ihm« (Disch) »und dem Schweizer vollkommen verschulden würdest.«

(Mit dem Schweizer ist Fritz Jordi gemeint: ein sozialistischer Drucker, der für die Kommune ein Sägegatter erstanden und bei sich in der Heimat ein verlassenes und verfallenes Dorf, Fontana Martina, gekauft hat, das er im Barkenhoff-ähnlichen Geist wiederaufbauen möchte – ein Unternehmen, bei dem ihm sowohl Vogeler als auch andere Mitglieder der Arbeitsgemeinschaft tatkräftig an Ort und Stelle helfen.)

Der Hag-Chef macht einen Gegenvorschlag, von dem aber wiederum Vogeler nichts wissen will. Zwar versteht er ihn

»vollkommen«, aber »unmöglich kannst Du von einem Freund das Letzte verlangen, dass er sich dieser ihm völlig fremden ›Ethik‹ unterwirft«. So wird also nichts aus der gemeinsamen Errichtung eines Baus, eines »Übergangswirtschaftsbeispiels«. Vogeler: »Ich sehe ein, dass Geld und Macht auf Deiner Seite sind.« Er will den »Weg der Armut und Hingabe an das Zukünftige weitergehen«. Aufklärung für den Geld- und Macht-Menschen verspricht er sich von dem Bild »Der Leidensweg der Frauen«, das Roselius für 2.000 Mark erworben hat: es wird, so hofft er, diesem in stiller Stunde »noch manches von mir sagen«. »Es ist mein Bestes.«

Eine Firma Jordi/Disch kommt zustande, sie muss jedoch, wie Vogeler zugibt, »eine Zeit der Kinderkrankheiten durchmachen ..., ehe sie etwas an den Betrieb abwirft«. Vorerst ist es die Arbeitsschule, die an Jordi »abwirft«, nämlich eine Schuld von ca. 7.000 Mark. Im Augenblick geht hier ein derartiger »Abbau von Menschen« vor sich, dass »in wenigen Wochen alles zum Teufel gehen ... kann«. Harjes packt ebenfalls (und mit ihm verschwinden Werkzeuge und eine neue Stahlwelle). »Wir haben dann nur noch vier Kinder.« In dieser Form, so Vogeler an Roselius, wäre der Betrieb grotesk. Er möchte zehn Kinder aufnehmen, was, einschließlich der Versorgung von acht Erwachsenen, einen monatlichen Kostenaufwand von 6.000 Mark erfordern würde. Weitere 5.000 Mark sind nötig, um Schulden zu bezahlen, die gleiche Summe, um verzinkte Gasröhren anzuschaffen. Höhe der Steuerlast: 8.600 Mark. »Nun weißt Du genau, wie es um den Barkenhoff steht und wirst mir sagen können, ob es einen Weg gibt, mich von diesem Druck zur freien schöpferischen Arbeit am Ganzen zu bringen.« Man sieht: die Bitten hören nimmer auf, und sei es, dass es sich um alte Konservendosen handelt, die man »dringend« fürs Einmachen braucht.

Für Eberhard (Ebo) Osthaus errichtet Vogeler in Bayern ein Siedlungshaus, »es zeigt, wie Menschen aus dem größten Luxus zu ganz primitiven, einfachen, aber ganz aus der Materie geborenen Lebensformen zurückkehren können«. Osthaus hat auf dem Barkenhoff gelebt, ziemlich einsiedlerisch allerdings: in einer Bretterhütte. Seinem Vater, dem Begründer des Folkwang-Museums, statten Vogeler und die »Rote« einmal einen gemeinsamen Besuch ab. Nach dessen Tod entwirft Vogeler für die Witwe ein Haus; Handwerker des Barkenhoffs wirken am Bau mit. Ebo selbst gestaltet den elterlichen Wohnsitz für seine Zwecke – Werkstätten, Gärtnerei, Landwirtschaft – um. »Immer wieder« sagt er Vogeler, dass er alles, was er da schaffe, »nur dem Barkenhoff« verdanke »und den schweren Erfahrungen«, die man dort machen müsse. Das Projekt in Bayern würde Roselius »interessieren«: »Hast Du Pläne?«

Durch seine Unterstützung kommt das Sägewerk auf dem Barkenhoff endlich in Gang. Wie es jetzt dort »gestaltend vorwärtsgeht«, will Vogeler ihm nicht beschreiben: »Es ist besser, Du siehst.« Ein paar Tage, so berichtet er, weilte »ein Mann von der Sowjetregierung« in der Arbeitsschule: der Vater von Sonja Marchlewska ...

»Ist das Liebe, was uns zueinander trieb und auf dunklen Wegen etwas Licht schaffte? Ich weiß es nicht ... Es ist zwischen uns etwas geworden, was eine tiefe Freundschaft werden kann oder Liebe. Ich weiß es nicht, Sonja ist vollkommen ungelöst. Auch mir ist es nicht gelungen, sie zu befreien. Aber etwas wächst in ihr. Aber was weiß ich von mir? Kann ich lieben wie junge Menschen, erfüllt sein über Tag und Nacht? Ich glaube nicht, und in mein Auge tritt der Kampf, das harte unerbittliche Sein von Tausenden, die ringend suchen. Kann eine Sonja das tragen – ich weiß es nicht. Aber auch sie wird einem Menschen entgegenwachsen, der ganz mit ihr ist.«

Zusammen mit Lieselotte Dehmel ist sie auf den Barkenhoff gekommen. Nicht zum ersten Mal: schon 1917 weilte sie mit Lieselotte, der Tochter des Schriftstellers Richard Dehmel, zu Besuch bei den Vogelers. Ihr Vater, Julian Marchlewski, ist ein aus Polen stammender Revolutionär, der jetzt, nachdem er für die sowjetische Regierung eine diplomatische Aufgabe im Fernen Osten wahrgenommen hat, in Russland an leitender Stelle im Universitätsbereich für nationale Minderheiten wirkt. Viele Jahre hat er in Deutschland verbracht: München, Berlin, Essen, und somit ist Sonja hier aufgewachsen. Im Gegensatz zu ihrem Elternhaus, »wo Probleme der Politik den Tagesablauf bestimmten, interessierte man sich bei Dehmels vornehmlich für Fragen der Kunst ... Wir zwei theaterbegeisterten jungen Mädchen bemühten uns, keine Neueinstudierung zu versäumen«. Dann geben »weltpolitische Erschütterungen, Krieg, Revolution, Verfolgung und Inhaftierung« des Vaters, »seine Befreiung durch den Sieg der russischen Revolution« sowie die Umsiedlung nach Moskau ihrem Leben »eine neue Richtung«. 1918 begegnet sie dort Lenin. »Die unerschütterliche Logik seiner Gedankengänge, die überraschend einfache Art der Darlegung bewirkten, dass selbst ein ungeschulter Zuhörer sich befähigt fühlte, an der Erörterung der kompliziertesten Fragen der aktuellen Politik teilzunehmen.« Nun lebt sie wieder in Berlin.

Es bleibt nicht bei dem einen Besuch der Kommune, doch der Boden hier ist, wie Vogeler meint, »noch nicht tragkräftig für sie; sie wird körperlich verbraucht, und ihre geistige Kraft, die dem Barkenhoff auch im Wirtschaftlichen Stütze sein könnte, wird dadurch gehemmt. In gewisser Weise ähnlich wie bei mir, nur habe ich zähere Kraft und hierin wandelbareres Wesen«. Sie beide »stehen dem nüchtern und ohne Sentimentalität gegenüber«. Sonja werde jetzt von außen mehr für den Barkenhoff leisten können als innerhalb der Zelle.

Bald darauf sind Vogeler und Sonja in Moskau. Als Paar.

Und der Barkenhoff?

»Ich beriet mich«, liest man in den Vogeler-Erinnerungen, »... mit meinen Genossen, ... mit dem alten August, dem Zimmermann, mit Clara Möller und mit Walter und Marie ... Ich machte den Vorschlag, den ganzen Besitz an die Arbeiterschaft zu verschenken und aus dem Barkenhoff ein Erholungsheim für die Kinder der politischen Gefangenen zu machen. Alle waren einverstanden.«

Von einem Geschenk wird immer die Rede bleiben, dennoch aber spielt beim juristischen Eigentümerwechsel Geld eine Rolle. Am 23. Dezember 1924 geht der Barkenhoff in den Besitz der Roten Hilfe über, einer Organisation, die sich um die Angehörigen und Kinder von gefallenen oder inhaftierten Revolutionären und auch um die Gefangenen selbst kümmert. Vogeler veräußert das Grundstück, »wie es steht und liegt«, »für einen auf 15.000 Goldmark vereinbarten Preis« an die »Quieta Erholungsstätten Gesellschaft mit beschränket Haftung«, sprich Rote Hilfe. Die Käuferin übernimmt die beiden eingetragenen Hypotheken – darunter die für Ludwig Bäumer in Höhe von 500.000 Papiermark –, »der Rest des Kaufpreises wird in bar gezahlt«. Sie übernimmt ferner das am 31. Mai 1923 beim Amtsgericht Lilienthal für »die Arbeitsschule Barkenhoff e. V.« eingetragene Nutz- und Verwaltungsrecht.

Da die Zahlung des Restbetrages – es handelt sich dabei um 12.000 RM – noch nicht erfolgt ist, verpflichtet sich die »Quieta Erholungsstätten Gesellschaft« am 5. November 1925, »diesen Betrag ... mit 4 Prozent jährlich in einvierteljährlichen, am ersten Tage eines jeden Kalenderquartals im Voraus fälligen Raten zu verzinsen. Die Rückzahlung des Restkaufgeldes erfolgt nach vorheriger halbjährlicher Kündigung, die jedoch für beide Teile bis zum 1. April 1935 mit Wirkung zum 1. Oktober 1935 ausgeschlossen ist. Zur Sicherung für die Restkaufgeldforderung von 12.000 RM bestellt die ›Quieta Erholungsstätten Gesellschaft mit beschränkter Haftung‹ hiermit Herrn Heinrich Vogeler mit dem in Worpswede belegenen

... Grundstücke Hypothek und bewilligt und beantragt die Eintragung dieser Hypothek«.

Die Deutsche Botschaft in Moskau stellt am 6. September 1932 eine Bescheinigung aus, der zufolge Vogeler in Gegenwart von Zeugen bestätigte, dass er »diese 12.000 RM nebst Zinsen ... erhalten« hat und die Tilgung der Hypothek beantragt.

»Unter starker Beteiligung der Bremer Arbeiterschaft«, so meldet das »Nordwestdeutsche Echo«, Organ der KPD, in seiner Ausgabe vom 3. Juli 1923, »wurde am vergangenen Sonntag das erste kommunistische Kinderheim in Deutschland vom Zentralkomitee der Roten Hilfe der revolutionären Arbeiterschaft übergeben. Damit hat der Barkenhoff des Genossen H. Vogeler und die Bremer Arbeiterschaft eine Aufgabe erhalten, deren Lösung ganz besonders die Arbeiterschaft zu außerordentlicher Tatkraft und Hilfsbereitschaft verpflichtet. Gilt es doch, den Ärmsten der Armen, den Waisenkindern der Revolutionäre, ein neues Heim zu geben. Dank sei dem Genossen Vogeler für seine hochherzige Bereitwilligkeit, seinen schönen Barkenhoff für diesen herrlichen Zweck zur Verfügung zu stellen. Dank den amerikanischen Genossen, die der Roten Hilfe die finanzielle Möglichkeit schufen, dies Kinderheim zu eröffnen. Mit sieben proletarischen Kindern wurde das Heim eröffnet, viele werden noch einziehen ... Die Kindergruppe Bremen überreicht dem Heim eine rote Fahne .... Möge allezeit ein guter Stern über dem Hause der jungen Genossen und Genossinnen weilen. Mögen Hammer und Sichel sich stets nur auf rotem Grunde vereinen. Nicht umsonst werden dann die Helden gefallen sein.«

Die Internationale Rote Hilfe war am 30. November 1922 gegründet worden. Vorsitzender: Julian Marchlewski.

Obwohl der Verein »Arbeitsschule Barkenhoff« nach wie vor existiert, bedeutet der von Vogeler herbeigeführte Eintritt der Hilfsorganisation für Kinder politischer Gefangener den Anfang vom Ende der Barkenhoff-Kommune (Vogeler wenig später: »Ein utopischer, kommunistischer Siedelungsversuch«). Sturmfluten zerren ja allerdings bereits vorher an diesem Eiland. »Die schweren Sorgen, die ich habe um das wirtschaftliche Sein des Hofes, sind wieder da«, schreibt Vogeler in den ersten Monaten des Inflationsjahres 1923 aus seiner Zelle, dem sogenannten Bienenhaus, an Marie. »Eine Summe von 200.000 Mark ist aufzubringen, nur für die Dinge des nächsten Lebens. Die Bank hat einen Scheck für das Überlandwerk als nicht auszahlbar zurückgewiesen, 40.000 Mark fehlen dran.

Ich habe alles in Bewegung gesetzt, um über diese Dinge hinwegzukommen. Ich habe gearbeitet, dass ich wie verbraucht mich abends hinhaue und mit größter Energie mich zusammenreißen muss, um Dir diese Zeilen zu schreiben.«

Hunderttausende sind erforderlich, damit das Haus so eingerichtet werden kann, dass den Kindern ein einwandfreies Wohnen möglich ist.

Brüchig ist aber nicht nur der wirtschaftliche, sondern auch der menschliche Boden der Kommune. Risse also nach jeder Seite. »Immer hoffte ich, Dir irgendetwas schreiben zu können, was irgendwie sich positiv gestaltet für den Barkenhoff«, heißt es in einem anderen Brief an die »Rote«. »Aber das Bild wankt noch hin und her ...« Dieses Bild hat Hundt (Vogelers »tapferer« und »harter« Gefährte, der ihm »der liebste Mensch geworden ist, an dem mein Glaube hängt«) auf einigen hundert Seiten von seinem Standpunkt aus gezeichnet. Zahlreiche Namen, die zur Geschichte des Barkenhoffs gehören – sei es, dass sie als Gäste oder als Mitglieder der Arbeitsgemeinschaft hier weilten – tauchen dort auf: August Freiträger, der alte, aber dennoch vitale Zimmermann, mit dem zu arbeiten es »eine reine Freude« ist, »wenn er auch manchmal schimpft und brummt wie ein Bär« (Vogeler), Walter Müller, der junge Maler, der die Vogeler-Tochter Bettina heiratet und Worpsweder bleibt, Julius Goldstein, ein Pianist, den Müller porträtiert, Heinrich und Margarete Lersch, Gerda Sommermeier, Ernst Blohm, Karl Lang, Martin Goldyga, Alfred Lakeit, Ernst Precht, Jan Bontjes, Friedrich Vorwerk, Clara Möller, Frau des im Januar 1919 erschossenen »Vorwärts«-Redakteurs.

Besucher sind Otto Rühle, der im März 1915 im Reichstag neben Liebknecht gegen die Kriegskredite stimmte und der Vogeler von seinen negativen Eindrücken in Sowjetrussland berichtet, worauf es zu einem erregten Gespräch zwischen den beiden kommt, ferner der China-Forscher Richard Wilhelm, Meta Kraus-Fessel, höhere Beamtin im preußischen Ministerium für Volkswohlfahrt, der Religionsphilosoph Martin Buber, dessen Sohn Rafael vorübergehend in der Kommune mitmacht. Und es erscheint Wilhelm Pieck: als Funktionär der Roten Hilfe.

Für Hundt und seine Marie sind die Tage in Worpswede jetzt gezählt. In einem Brief an das Zentralkomitee der Roten Hilfe teilen sie mit, trotz ihres Willens, »Neues gemeinsam zu gestalten«, müssten sie erkennen, dass durch die Stärke der persönlichen Gegensätze ein »einheitliches fruchtbares Arbeiten« auf dem Barkenhoff in

Frage gestellt sei. »Das«, so erklären sie, »darf nicht sein«, und deshalb hätten sie sich entschlossen, ihre Kräfte, »die hier gelähmt werden«, an anderer Stelle einzusetzen. Dabei hätte Vogeler sich »so sehr gefreut«, wenn die beiden bereit gewesen wären, »die ganze Sache« zusammen mit »Clara und den anderen« anzufassen. »Was sind dort« schreibt er am 1. Januar 1924 aus dem Kreml, Quartier Marchlewski, »auf dem Barkenhoff noch für außerordentlich große Aufgaben zu erfüllen!« »Wer«, so fragt er Hundt, »wird es tun?« Und: »Wer kennt das Wesen dieses ... Stückchen Erde besser als Du?« Der Barkenhoff beschäftige ihn täglich, »und Euer Schicksal scheint mir untrennlich damit verbunden zu sein«.

Für das Kinderheim soll »in einigen Wochen« eine Propagandaausstellung mit Werken von Vogeler stattfinden. »Würdest Du«, erkundigt er sich bei Hundt, »wohl noch Zeichnungen finden, die hierfür passen?« An Bettina hat er sich auch schon in dieser Sache gewandt. »Hier in Russland«, schreibt er Martha, »ist unser Werk bekannt.« Getragen von »Millionen«, werde es sich vollenden. Martha bittet er, mit der Trennung »auch im bürgerlich-rechtlichen Sinne« einverstanden zu sein. Inzwischen ist er nämlich Vater geworden – Jan-Jürgen heißt der Sohn –, und er möchte gern, »dass der Junge meinen Familiennamen tragen kann«. Er betrachtete dies als Dienst von ihr an seinem Leben, der ihr leichtfallen werde, »da unsere Bindungen seit zehn Jahren keine ehelichen mehr waren«. Dass Jan, bei dem er große Ähnlichkeiten mit Sonja feststellt, am 9. Oktober, Marthas Geburtstag, das Licht der Welt erblickt, nimmt er als ein »gutes Zeichen«. Jan lebt heute als Philosophie-Professor in Moskau. Die Scheidung erfolgt allerdings erst 1926, obwohl Martha gleich im Antwortbrief Entgegenkommen zeigt. Ihm liegt vor allem daran, dass sich ihre formelle Trennung in jenen freundschaftlichen Formen vollzieht, »wie wir im Grunde bisher unsere Verhältnisse in der Praxis ordneten«.

»Hier«, berichtet er nach Worpswede, »ist alles Kraft, froher Optimismus und Aufbau. Ganz langsam krabbeln sich die wirtschaftlichen Verhältnisse herauf, und für die unterdrückte deutsche Arbeiterschaft ist ein wahres Freundschaftsverhältnis entstanden, das auch sich offenbart in ... Sammlungen für die Hungernden ...« (Umgekehrt war 1921 auch in Deutschland eine Aktion großen Stils zur Linderung der in der Sowjetunion herrschenden Hungersnot angelaufen. Der zu diesem Zweck von Willi Münzenberg ins Leben gerufenen Internationalen Arbeiterhilfe gab neben Bernhard Shaw und Anatole France auch Vogeler sogleich seine

Unterstützung, womit er, wie Münzenberg später erklärte, zu den Gründern dieser Organisation gehörte.) »Was macht Ihr inzwischen? Es muss nicht rosig sein, in diesem Land zu leben, das mit aller Macht dem Untergang zutreibt.«

Rosig ist es aber auch für Vogeler in Moskau nicht. Mit 50 Rubeln pro Monat erhalte er weniger als ein Arbeiter. Malmaterial, Entbindung, Arzt, all das hätten sie ohne Marchlewskis Hilfe nicht geschafft. Er hat »seht viel zu arbeiten«. An der von Marchlewski gegründeten kommunistischen Universität der nationalen Minderheiten ist er als Leiter der Abteilung für bildende Kunst tätig. »Ganz fraglich« erscheint ihm, ob bei der Verkaufsausstellung – deren Erlös speziell für die Frühjahrsbestellung auf dem Barkenhoff verwendet werden soll – etwas herauskommt. Jedenfalls hat er »alles, auch alle Mittel« eingesetzt, um der Sache zum Erfolg zu verhelfen. »Bis tief ins russische Land hinein« fühle man, »wie die Arbeiter an diesem kleinen Werk ... hängen«. »Die bitteren Jahre« dieses »kleinen Werks«, des Barkenhoffs, »haben die Menschen dort sehr hart gemacht, und der Kampf ist noch lange nicht zu Ende, den man gegen uns vollführt«.

»Hart«, so findet Vogeler, müssen diese Menschen sein, und er hofft, dass Jan »unter dieser Härte gut gedeiht, wenn wir zurückkommen.« Dann »wird der Schulcharakter durchgebaut, und der Charakter des Erholungsheimes wird mehr verschwinden«. »Außerordentliche Mittel« seien dazu von ihm aufzubringen. Und dann, so hofft er immer noch, »würden sich auch Wege zur Zusammenarbeit« mit der Familie eröffnen. Jeder müsse nur von der gemeinsamen Idee getragen sein, für das Ganze zu schaffen – genauso wie es ihm hier gehe, »wenn man gezwungen ist, sich aus dem Nichts eine Stellung zu bauen«. Was das heißt, schildert Vogeler so: »Opfer, Opfer, Opfer.« Und er hat jetzt »alles geopfert«. Werde dieser Aufbau und diese Hingabe erkannt (»was meine Universitätsarbeit betrifft, so halten die Studenten fest zu mir«), so könne er »in ganz großem Stil« für den deutschen Kommunismus und vor allem für das Kinderheim arbeiten, »trotzdem ich nicht in die Partei gehöre«. Gelinge es nicht, »so kommen wir mit leeren Händen heim und müssen in mühseligster Arbeit neu anfangen«. Er weiß, dass ihm da »keiner hilft«. Dennoch fühlt er sich »jung und zäh und reich an Erfahrung«.

»Das heilige Russland« ist ihm jedenfalls »sehr sympathisch«. Vogeler an Julian Marchlewski: »So eine Quelle von Gesundheit nach all der westlichen Resignation und dem richtungslosen Chaos, das tut so wohl.«

Roselius teilt er mit, er sei in erster Linie Lernender. Er habe »wenig zu tun ... und viel Zeit zum Malen«. Seine »Haupteindrücke von Russland« sind folgende: »Alles ist auf das kulturelle Problem aufgebaut, selbst die Armee hat kulturelle Verpflichtungen, Schule, Aufklärung für Politik, Landwirtschaft und Industrie, Musik, Kunst usw. Der Kultusetat muss ungeheure Summen verschlingen, denn man muss bedenken, so ein Student hat hier Wohnung, Kleidung, Ernährung, Arzt, Zahnarzt, Wäsche, Material und einen Monatszuschuss von der Universität von ca. 6 Goldrubeln.« Den »neuen Menschen« in seiner »ganzen Initiative und Selbstsicherheit« sieht er aufgrund der »Riesenarbeit« einer »vollkommen neuen Erziehung« erst »nur in den Kinderschulen wachsen«. Die notwendige »Neue ökonomische Politik«, NEP, »hat das Leben auch der Kommunisten in der Ideologie angekränkelt. Das bedeutet nicht viel für die Zukunft, aber alle innenpolitischen Auseinandersetzungen sind nur hierauf zurückzuführen«.

Ruth Fischer in ihrem Buch »Stalin und der deutsche Kommunismus«: »Der Kern von Lenins Neuer ökonomischer Politik (NEP) war nicht nur die Naturalsteuer, nicht einmal die Sicherheit des Bauern, ein angemessenes Entgelt für seine Arbeit zu erhalten, sondern die Rückkehr zu einem begrenzten Marktsystem und dadurch die Schaffung einer veränderten politischen Atmosphäre im Lande.«

Vogeler erhält »wöchentlich Briefe aus Deutschland von Wissenschaftlern, Technikern, Ingenieuren, Lehrern, Arbeitern, die ... nach Russland auswandern wollen«. Allerdings werde jeder Techniker, der mit großen Ideen hierherkomme, sofort verzweifeln, »da er keine Möglichkeit sieht, zuzupacken«. »Überall« lägen große Werte brach. Bedingt durch jahrhundertelange Knechtung, besitze nur eine »kleine revolutionäre Oberschicht« Gestaltungswillen, das Volk selbst sei »zu passiv«.

Lenins Tod habe auf die parteilose Arbeiterschaft »seltsam« gewirkt. »Immer wieder hörte man: Lenin ist tot, seine Kraft kann nur durch Tausende von unseren Kräften ersetzt werden, und die Partei bekam einen Zuwachs wie nie; in Moskau waren es in den ersten Tagen 12.000.« Vogeler empfindet es als einen »großen Verlust«, dass in diesem Moment Trotzki, »das Gewissen der Partei«, krank ist und wohl auf längere Zeit in Tiflis zur Kur weilen muss. »Die Bürokratie liebt ihn nicht, aber die Masse und die Jugend.«

Den Organisationsrahmen der Partei bezeichnet er als »genial«, er löse »reines Entzücken« und »größte schöpferische Kraft« aus.

Der entzückte Russland-Schüler nimmt an, dass er bis zum Herbst (1924) bleibt, da sich im Sommer Gelegenheit biete, Russland bis nach Asien hinein kennenzulernen. Er will dann »nur künstlerisch arbeiten und mit großem Material heimkommen«.

Es wird eine Rückkehr ohne Wiedersehn: keine »Rote« mehr, kein »tapferer« Hundt. Die »gestaltende Kraft des Hofes« hat diesen inzwischen verlassen, um in einer anderen Ecke des Landkreises auf eigener Scholle zu siedeln.

War für ihn und Marie die Situation unerträglich geworden, so konnte die Rote Hilfe mit der Lage auf dem Barkenhoff zufrieden sein: die R. H. habe sich, meldet am 14. September 1923 das »Nordwestdeutsche Echo«, »mit der dort bestehenden Arbeitsschule, die die Unterhaltung des Kinderheims zu ihren wichtigsten Aufgaben zählt, über die wirtschaftliche Grundlegung der Neuschöpfung geeinigt«. Damit sei die Gewähr gegeben, dass die revolutionäre Arbeiterklasse »mit Vertrauen auf die künftige Weiterentwicklung dieser Institution blicken darf«.

9. Mai 1925: Sitzung der »Arbeitsschule Barkenhoff e.V.«. Anwesend sind sämtliche Mitglieder: August Freiträger, Gustav Menzel, Otto Gäbel, Jakob Schlör, Karl Ellrich, Helmut Schinkel, Martin Krause, Gottlieb Sämann, Paula Lucas, Liesbeth Menzel, Wally Noll, Dora König, Heinrich Vogeler. Auf der Tagesordnung: Änderung der Satzung. Paragraph 4 beispielsweise (»Die aktiven Mitglieder wählen zu ihrer Vertretung den Betriebsrat: einen Vorsitzenden, einen Schriftwart, einen Kassenwart«) erhält nunmehr folgende Fassung: »Die aktiven Mitglieder wählen zu ihrer Vertretung den Betriebsrat, bestehend aus drei Mitgliedern, von denen einer als Verwalter von der ›Quieta Erholungsstätten Gesellschaft mit beschränkter Haftung‹ bestellt wird. Den Anweisungen des Verwalters, die er in Gemeinschaft mit den beiden anderen Mitgliedern des Betriebsrates vorzubereiten hat, ist Folge zu leisten. Dem Betriebsrat wird das Kuratorium des Kinderheimes beigeordnet, das bei Differenzen im Betriebsrat oder über seine Beschlüsse zu entscheiden hat. Die Zusammensetzung des Kuratoriums erfolgt durch die ›Quieta Erholungsstätten Gesellschaft mit beschränkter Haftung‹.«

Dem Paragraphen 7 – »Von den Arbeitenden und Lehrern der Arbeitsschule Barkenhoff e. V. darf kein Gehalt beansprucht werden; das Geldverhältnis innerhalb der Arbeitsgemeinschaft ist völlig ausgeschaltet und wird nach außen durch den Betriebsrat geordnet« – fügen die Mitglieder noch diese »Deklaration« an: »Neben Unterkunft und Verpflegung wird für jedes einzelne, schaffende Mitglied vom Kuratorium ein Betrag festgesetzt, den das Mitglied zur Befriedigung spezieller Bedürfnisse verwenden kann.«

Die Paragraphen 1, 2, 8, 9, 10, 11, 12, 13, 14 bleiben in der alten Form bestehen. Gestrichen wird im Paragraphen 15 die Vorschrift, wonach die Auflösung des Vereins nur durch »einstimmigen Beschluss« möglich ist: jetzt genügt eine »dreiviertel Mehrheit«.

Ein sehr aktueller Paragraph, denn nur wenige Wochen darauf, am 17. Juli 1925, beschließt die Versammlung »mit allen Stimmen gegen August Freiträger« die Auflösung des Vereins »Arbeitsschule Barkenhoff«. Anwesend sind Paula Lucas, Martin Krause, Gottlieb Sämann, August Freiträger, Liesbeth Menzel, Dora König, Helmut Schinkel, Wally Noll – nicht jedoch Heinrich Vogeler.

Seine Zeit in Worpswede ist zu Ende. Wer ihn in den nächsten Jahren hier trifft, erblickt einen Besucher. Einst Besitzer, ist er nunmehr (im Krankenzimmer nächtigender) Gast des Barkenhoffs, auf dem sich, so die Rote Hilfe, »die Kinder der Besten unserer Klasse, die noch immer hinter den Kerkermauern der Republik auf ihre Befreiung warten«, »tummeln«. Das Haus und seine proletarische Frohschar wärmt allerdings nicht jedem das Herz – wie etwa der früheren Lenin-Sekretärin Herta Stassowa, die jetzt in der Roten Hilfe tätig ist und hierherkommt, um sich das Heim anzusehen, oder später Alois Lindner, einem aus dem Zuchthaus Straubing entlassenen Schlachter und ehemaligen Arbeiterrat, der in Reaktion auf die Ermordung von Bayerns sozialistischem Ministerpräsidenten Eisner durch den Grafen Anton von Arco auf Valley ebenfalls zur Waffe griff und im Landtag das sozialdemokratische Kabinettsmitglied Ehrhart Auer bei dessen Gedenkrede auf den umgebrachten Regierungschef mit einem Schuss niederstreckte. Andere fasst der »Menschheit ganzer Jammer« an angesichts dessen, was sie auf dem Barkenhoff lesen und hören:

> In dem Rattern der Maschinen schuftet der Prolet
> Er dient dem Kapitale von morgens früh bis spät.

Und weiter:

> Zur Schule gehn die Kinder; sie lernen dies und das
> Man schlägt sie auf den Hintern, da wissen sie etwas.

»Unglückselige Jugend, deren Denken von Anbeginn vergiftet ist«, wehklagt man entsetzt. »Gewiss, diese jungen Menschen hat das

Schicksal ihrer Eltern, die Opfer ihrer Überzeugungen wurden, schon früh hellhörig gemacht; sie haben die Not in einem Alter kennengelernt, in der die Kinder des Bürgertums noch nicht ahnen, dass es überhaupt soziales Elend gibt« (»8-Uhr-Abendblatt«, Berlin, 23. April 1926).

Wie diese Welt der »früh Hellhörigen« aussieht, schildert das »Barkenhoff-Abendlied« – eine Art proletarisches »Der Mond ist aufgegangen«. Es stammt von einem Lehrer – eben jenem Helmut Schinkel, der das letzte Kapitel der Arbeitsschule mitgeprägt hat. Der Text:

> Hinterm Weyerberg schaut der Mond hervor,
> und der Nebel steigt aus dem Teufelsmoor.
> Wieder ist ein Tag vollbracht,
> und nun heißt es: Gute Nacht.
> Gute Nacht.
>
> Mütterlein zu Hause, vier Treppen hoch,
> an der Nähmaschine sitzt sie noch.
> Hat an mich den ganzen Tag gedacht,
> Mütterlein, jetzt gute Nacht.
> Gute Nacht.
>
> Hinter Mauern und Eisengittern schwer
> geht ein Vater ruhlos hin und her,
> und er denkt, was wohl sein Kindchen macht,
> und er wünscht ihm gute Nacht.
> Gute Nacht.
>
> Doch die Arbeit, die hat niemals Ruh,
> und die Hämmer dröhnen immerzu.
> In Fabrik, im Werk und Schacht
> wächst die Freiheit über Nacht.
> Über Nacht!

Nicht fürs Einschlafen gedacht ist dagegen der Sprechchor »Wir klagen an«, laut Angabe der Roten Hilfe von Kindern des Barkenhoffs selbst verfasst. Er wird bei der Einweihungsfeier für das renovierte Heim im Juli 1926 vorgetragen:

> Unsere Väter sitzen im Zuchthaus.
> Unsere Väter vergossen ihr Blut unter roten Fahnen.

Unsere Väter kämpften für die Freiheit!
Ihr habt sie geschlagen, gequält, erschossen, gehängt.
Ihr nahmt uns den Vater.
Ihr fragt nicht, ob wir hungern,
Ob wir in Fetzen und Lumpen gehen.
Es rührt Euch nicht, wenn kleine Kinder immer wieder fragen:
»Wo ist mein Vater?«
Ihr grinst, wenn unsere Mütter schluchzend zusammenbrechen.
Heute noch könnt Ihr uns verhöhnen,
Wenn wir vor Wut mit den Zähnen knirschen.
Doch einst wird die Stunde des Gerichts
Für Euch alle kommen, die Ihr schuldig seid.
Zittert vor dem roten Richter!

»Vom ersten bis zum fünfzehnten Transport«, so steht es in einem Bericht der Roten Hilfe, »waren auf dem Barkenhoff 230 Knaben und 190 Mädchen, von denen die Väter in revolutionären Kämpfen, 146 als Erschlagene und 277 als Gefangene in den Gefängnissen und Zuchthäusern der deutschen Republik, der Familie geraubt waren.« Moskauer Pioniere schicken Grüße der Solidarität: »Wir, die junge Oktober-Generation, wissen nicht, wie unsere Väter unter der Knute des Zarismus gelebt haben; aber ihr empfindet gewiss jetzt noch die Unterdrückung der bürgerlichen Ordnung hart.«

Körperlich jedenfalls sind sie durch ihre Klasse gekennzeichnet: Unterernährung, Bleichsucht, Rückgratverkrümmung: mit diesen Symptomen der »kommenden Proletarierkrankheit« treffen sie im Heim ein. Wenn sie es verlassen, hat sich ihr Zustand, wie ärztlich bestätigt wird, zumeist wesentlich gebessert; verschwunden ist auch »ihr scheues, gedrücktes Wesen, ihre oft vollständige Abwesenheit«. »Liebe Genossin Ella«, schreiben sie nach ihrer Rückkehr in den Hinterhof. »Es vergeht kein Tag, an welchem nicht der Barkenhoff erwähnt wird ... Es war wirklich schön im Barkenhoff.«

Bei der »lieben Genossin« handelt es sich um die – in der Nachfolge von Paula Lucas – Heimleiterin und spätere Frau des Bremer Bürgermeisters Adolf Ehlers, der um diese Zeit gleichfalls für die Rote Hilfe arbeitet: zunächst in Nordwestdeutschland, dann als Propagandaleiter des Zentralkomitees der R. H. in Berlin. In Thüringen setzt er die erste öffentliche Haus- und Straßensammlung für die Rote Hilfe durch, womit er den Weg freimacht für gleiche Aktionen in den anderen Ländern. Ist die Hilfe auch eine rote, so erscheint sie den bürgerlichen Kreisen doch durch die Namen im Kuratorium dieser Organisation akzeptabel. Dort findet man neben Heinrich Vogeler und Wilhelm Pieck Berühmtheiten wie Max Brod, Martin Buher, Albert Einstein, Emil Felden, Samuel Fischer, Eduard Fuchs, Gustav Gründgens, Walter Hasenclever, Kurt Hiller, Georg Kaiser, Gustav Kiepenheuer, Egon Erwin Kisch, Annette Kalb, Käthe Kollwitz, Heinrich und Thomas Mann, Max Reinhard, Hans J. Rehfisch, Hugo Simon, Ernst Toller, Heinrich Zille. Von Unternehmen wie Henkel, Chlorodont und Bremer Firmen kommen große Spenden, Barlach stiftet den Erlös eines Bildes. »Natürlich«, so Ella Ehlers, »wurden die Kinder im Heim kritisch erzogen: Was ist dies für eine Gesellschaft, in der ihr lebt, warum sind die Väter erschossen, gefallen oder im Gefängnis. Wir haben ihnen selbstverständlich gesagt, dass sie nicht als Verbrecher dort sitzen, sondern wegen einer Idee.« Für einen Teil der Worpsweder touristischen Öffentlichkeit allerdings sind die blaubeblusten und rotbeschlipsten jugendlichen Barkenhoff-Genossen wenn nicht Kinder von ganzen, so doch von halben Verbrechern, und deshalb bleibt man sonntags lieber zu Hause.

»Zusammenfassend ist zu sagen, dass das Äußere des Kinderheims ›Barkenhoff‹ einen mustergültigen Eindruck macht. Andererseits ist aber die Gefahr der politischen Verhetzung der Kinder nicht zu unterschätzen. Es dürfte keinem Zweifel unterliegen, und das hat auch die Rote Hilfe klar erkannt, dass ein großer Teil der Kinder, die für 8-10 Wochen auf dem ›Barkenhoff‹ zur Erholung weilen, die dort gewonnenen Eindrücke in sich aufnehmen und sich später zu Vorkämpfern des kommunistischen Gedankens entwickeln.«

So schließt ein unter dem Datum vom 8. September 1926 und mit dem Vermerk »geheim« abgefasster Bericht der Polizeidirektion Bremen über das Worpsweder Arbeiterkinderheim. »Verschiedene Zwischenfälle«, heißt es in der detaillierten Schilderung, »veranlassten ... den zuständigen Landrat, am 2.2.25 das Kinderheim zu schließen. In der Begründung dieser Verfügung wurde angeführt, dass als einwandfrei festgestellt anzusehen sei, dass die auf dem ›Barkenhoff‹ zur Erholung untergebrachten Kinder andauernd und nachteilig in der Richtung beeinflusst würden, dass sie zum Hass gegen den gegenwärtigen Staat und die jetzige Staatsform sowie zu deren Umsturz erzogen werden ... Nachdem durch Vermittlung von kommunistischen Abgeordneten dem Landrat die Zusicherung gegeben war, dass das Personal, insbesondere der verantwortliche Leiter, gewechselt würden, und dass in Zukunft eine derartig starke politische Beeinflussung ... unterbleiben würde, wurde ... die Wiedereröffnung des Kinderheims gestattet ... Es gelang der Roten Hilfe, die notwendigen Mittel aufzubringen, um das Heim vollständig renovieren zu lassen. Vogeler, der jetzt in Russland lebt, verbrachte in diesem Jahre seinen Urlaub in Worpswede und beteiligte sich durch Ausmalung der Diele an den Renovierungsarbeiten ... Soweit festgestellt werden konnte, wird den Kindern ... kein schulmäßiger Unterricht erteilt. Jedoch muss als festgestellt angesehen werden, dass die Aufsichtspersonen die Kinder in der kommunistischen Ideenwelt erziehen ... Die Wände der Diele, die von Vogeler ausgemalt sind, zeigen dem Besucher gleich auf den ersten Blick, in welchem Sinne die im Heim weilenden Kinder erzogen werden.«

Was dem Besucher da entgegenleuchtet, ist eines roten Geistes Kind: Wandgemälde, denen, die Rote Hilfe sagt es, die »Weltanschauung der proletarischen Befreiung« zugrunde liegt. Aus solch einer geschlossenen Einheit der Weltanschauung seien auch die auf der Bibel fußenden großen Werke der mittelalterlichen christlichen Kunst hervorgegangen. »Die Bibel Vogelers«, verkündet die Rote Hilfe, »ist das ungeschriebene Epos der Befreiung der Arbeiter und unterdrückten Völker.« Der Polizeimensch berichtet, mit welch malerischen Bibelsprüchen Vogeler die Wände geschmückt hat: »Auf der Rückseite der Diele, rechts und links von dem Kamin, befinden sich zwei große Gemälde, von denen das eine die Erstürmung der Gefängnisse durch das Proletariat darstellt, während das andere Bild das Herauskommen der revolutionären Gefangenen aus den Gefängnissen und das Wiedersehen mit ihren Angehörigen zeigt. Weiter hat Vogeler auf beiden Seiten der Eingangstür einige Wandmalereien geschaffen, die im expressionistischen Stile geschaffen sind. Dem Beschauer dieser Bilder zeigt das Bild am weitesten rechts einen Gerichtssaal, in dem die Göttin Justitia mit verbundenen Augen und mit einer schwarz-weiß-roten Hakenkreuzbinde versehen, eintritt. In der linken Hand hält sie die Waage der Gerechtigkeit und in der rechten ihr Schwert, sie urteilt über Leben und Tod. Geführt wird die Göttin Justitia von einer Gestalt in bürgerlicher Kleidung, die die Bourgeoisie und den Kapitalismus darstellen soll. Hinter dem Richtertisch sitzen die Gerichtspersonen. Aus der ganzen Darstellung ist zu erkennen, dass es sich bei diesen nicht um freie Richter, sondern vom Kapitalismus abhängige Richter handelt. Vor dem Richtertisch steht der Angeklagte, bewacht von einem Polizeibeamten. Aus den Gebärden und der

Haltung des Angeklagten ergibt sich, dass dieser sich mit scharfen Worten gegen die sogenannte Klassenjustiz wendet. Auf der linken Seite des Bildes, in unmittelbarer Nähe des Angeklagten, ist folgende Inschrift zu lesen:

> Es gibt keine Gerechtigkeit vor dem Gesetz, keine Unabhängigkeit der Richter.

Das nächste Bild zeigt einen proletarischen Klassenkämpfer im Gefängnis. Der Tod tritt ein, in der Hand eine Sanduhr, und verkündet dem Gefangenen, dass seine Uhr abgelaufen ist, dass ein Todesurteil gegen ihn gefällt ist. Oben und unten befinden sich auf dieser Darstellung folgende Inschriften:

> Die Klassensolidarität muss die Gewalt des Justizterrors brechen. – Der Kapitalismus kennt nur Gesetz und Richter gegen die Arbeiter.

Auf der anderen Seite des Eingangs sieht der Beschauer zunächst auf einen Gefängnishof, auf dem die Arbeiter unter Bewachung der Gefängniswärter ihren Rundgang machen. Aus dem Bild ist zu ersehen, dass die Gefangenen nicht miteinander sprechen oder sich sonst wie verständigen dürfen. Etwas seitwärts davon hat Vogeler das Elend einer Proletarierfamilie bildlich dargestellt. Die Mitglieder der Familie, die um einen Tisch herumsitzen, auf dem die Speisen fehlen, und man nur einen leeren Teller sieht, zeigen einen verhärmten und verbitterten Ausdruck. Für die beiden Säuglinge, die die Mutter auf dem Schoß hat, ist keine Milch da. Der gefangene Vater sieht dieses Bild des Elends. Er findet seinen Trost in der Tätigkeit der Roten Hilfe, die, wie das letzte Bild zeigt, durch einen Genossen und eine Genossin, die die Treppe zu seiner Dachwohnung heraufkommen, in Gestalt von Kleidung und Lebensmitteln Hilfe bringt. Über den beiden letzten Bildern sind folgende Worte zu lesen:

> Die Rote Hilfe ist das Band der Solidarität, welches die gesamte Arbeiterschaft der Erde mit den gefangenen Klassengenossen verbindet.

Auf der gegenüberliegenden Seite befinden sich weitere Wandmalereien Vogelers, die zum Teil älteren Ursprungs sind und keinen politischen Einschlag zeigen. Zu erwähnen bleibt noch ein Gemälde, das darstellt, wie sich die kommunistische Jugend resp. die Mitglieder des Jung-Spartakusbundes auf einer Anhöhe um ihre rote Fahne geschart haben.«

Noch ein anderer Raum enthüllt dem amtlichen Späher, was für eine Gesinnung hier herrscht: das Büro. Sobald man dieses nämlich betritt, »fällt der Blick auf ein Bild Lenins«.

Die in diesem Sommer im Speiseraum des Kinderheims gemalten Bilder, welche »die revolutionäre Gewalttätigkeit verherrlichen, staatliche Einrichtungen, wie die Rechtspflege und den Strafvollzug, verächtlich machen und damit auf die Kinder aufreizend ... wirken müssen« sowie die als propagandistische Beeinflussung der Kinder eingestufte Einweihungsfeier des renovierten Heimes nimmt Landrat Becker am 10. November 1926 zum Anlass, an den Zentralvorstand der Roten Hilfe das Ersuchen zu richten, »sich binnen zwei Wochen darüber zu erklären, ob er bereit ist, die Gewähr dafür zu übernehmen, dass politische Veranstaltungen, wie sie im Juli vorgekommen sind, künftig auf dem Barkenhoff nicht wieder stattfinden, und die Vogelerschen Bilder, soweit sie beanstandet werden müssen, binnen angemessener Frist zu entfernen. Zu beanstanden sind die beiden Bilder seitlich des Kamins (Gefängnisturm und Gefangenenbefreiung), die Erschießungsszene, ferner ... das Bild, auf dem die Gerichtsverhandlung, die Gefängniszelle und der Gefängnishof dargestellt sind, ferner die auf diesen Bildern angebrachten Bandaufschriften«.

»Man muss sich«, schreiben namens des Kuratoriums der Roten Hilfe u. a. der Kunsthistoriker Eduard Fuchs, der Journalist Egon Erwin Kisch und der Zeichner Prof. Heinrich Zille, »im ganzen Umfange darüber klar sein, was die behördliche Forderung auf Entfernung des künstlerischen Wandschmuckes im Kinderheim Barkenhoff für die künstlerische und ›geistige Freiheit‹ in der deutschen Republik bedeutet ... Hier wird einem Künstler von Weltruf, einem Manne von idealster Lebenseinstellung, einer menschlichen Erscheinung, der durch ihre sittliche Größe von jeher eine allgemeine Bewunderung im Inland wie im Ausland zuteilwurde, von einer deutschen Behörde das Ansinnen gestellt, einen Teil seiner Bilder, d. h. also Dokumente der großen Kunst, einer hohen sittlichen Kultur und des stärksten sozialen Verantwortlichkeitsgefühls, wieder von den Wänden zu kratzen, zu vernichten und durch solche Darstellungen zu ersetzen, die, sagen wir, dem politischen Geschmack des betreffenden Herrn Landrats bzw. des Herrn Regierungspräsidenten entsprechen. Ein solches Ansinnen der krassesten Bilderstürmerei ist fürwahr nichts geringeres als beschämende Kulturbarbarei.«

Als »Abwehrmittel gegen die behördlichen Störversuche unserer Kinderfürsorgearbeit« legt die Rote Hilfe eine Schrift vor, die den amtlichen Angriff auf das Heim und die Fresken sowie die Versuche, das Unheil abzuwenden, anhand von dokumentarischem Material schildert. Bearbeitet ist dieser »Appell an die ›Partei der anständigen Menschen‹« – er erscheint unter dem Titel »Polizeiterror gegen Kind und Kunst« und mit einer Vogeler-Karikatur des Landrats, der seinem Gendarm den Befehl zur Attacke gibt – von Meta Kraus-Fessel, die alle Hebel in Bewegung gesetzt hat, um diesem »Deutschland vor aller Welt herabsetzenden Kulturbankrott« zu verhindern. So begibt sie sich zu Landrat Becker, der ihr erklärt, die Kinder auf dem Barkenhoff seien vorzüglich körperlich gepflegt und pädagogisch beeinflusst, die Leiterin sei hervorragend, nur müsse man eben eine Erklärung haben, dass politische Bestätigung von der Art, wie man sie bei der Einweihungsfeier mit dem Sprechchor »Wir klagen an« praktiziert habe, in Zukunft nicht mehr vorkommen würden. Becker verlangt, »ein junges Gemüt neutral zu halten«, sagt aber selbst: »Wir wissen, dass vier Fünftel dieser Kinder Kommunisten sind aufgrund ihres bisherigen Lebens, ihrer Erziehung und ihrer Erlebnisse.« Darauf, »dass in einem proletarischen Kinderheim keine Christusbilder an den Wänden hängen und Kirchenlieder gesungen werden«, hatten die neuen Barkenhoff-Besitzer bereits vorher hingewiesen.

Becker ist bereit, für die Entfernung der Bilder – Die Rote Hilfe: »Das bedeutet Vernichtung, da sie auf die Wand gemalt sind« – eine Frist bis zum 1. Januar 1927 einzuräumen, »insbesondere, da ... Vogeler, der das Urheberrecht an den Bildern besitzt, erst Anfang Dezember von einer Auslandsreise zurückkehrt«. Warten will auch der für Worpswede zuständige Regierungspräsident in Stade, Dr. Rose, aber nicht mehr: »Er erklärte, diese Bilder müssten weg.«

Der Schöpfer dessen, was da »weg muss«, meldet sich mit einem Brief aus Moskau, in dem er gegen die »schiefe Ausdeutung« der Bilder durch Landrat Becker »als freischaffender Künstler« protestiert und sich dabei auf die Reichsverfassung stützt. »Der tatsächliche Inhalt der Bilder ist der: Sie veranschaulichen das Leben der Väter und Angehörigen jener Kinder, die in dem Heim zeitweilig untergebracht sind, und sie sollen die Gedanken der Kinder zu ihren leidenden allernächsten Menschen, die sie jahrelang, vielleicht zeitlebens nicht wiedersehen, tragen.

Beanstandet sind die Bilder:
1. Gefängnisturm und Gefangenenbefreiung. Diese historischen Bilder aus der russischen Gefangenenbefreiung treffen die Sehnsüchte aller Kinder, die an ihre leidenden Eltern denken. Der Empfang des freigewordenen Vaters durch Mutter und Kinder ist eine so einfache menschliche Szene, in der das roheste Gemüt

schwerlich eine Verächtlichmachung oder aufreizende Propaganda nachweisen kann.
2. Die Erschießung der Matrosen, eine historische Begebenheit aus Berlin 1919. Hier soll den Kindern das Andenken an die ermordeten Väter erhalten und erinnert werden, eine tiefmenschliche Angelegenheit. Nur die Gefühle der Mitschuld können die Angst vor diesen traurigen historischen Tatsachen erklärlich machen.
3. Das Bild von der Gerichtsverhandlung. Gerade mit diesem Bilde ist im Besonderen die Macht des Kapitals und das Einsetzen der Richterschaft für die kapitalistische Ordnung verherrlicht...
4. Die Gefängniszelle und
5. der Gefängnishof. Eine Gefängniszelle, in die der Tod als Erlöser eintritt, soll eine Staatseinrichtung verächtlich machen, soll aufreizend propagandistisch wirken!

Dann der Gefängnishof! Jahre, vielleicht das ganze Leben sind diese Staatseinrichtungen das Heim der Väter der Barkenhoff-Kinder. Es gehört schon eine Gemütsroheit sondergleichen dazu, den Kindern diese Gedankenwelt vernichten zu wollen. Gerade diese Bilder eignen sich als erste in einem Heim, das jene Kinder beherbergt, deren Ernährer in den Gefängnissen schmachten.

Als Künstler und Urheber muss ich auf das Entschiedenste protestieren, dass die beanstandeten Bilder entfernt werden. Die Bilder zeigen mit ihren Bandaufschriften ... das Antlitz unserer Zeit.

Der Zweck der Vernichtung ist der Vorstoß gegen jene Kunst und jene Künstler, die sich nicht in das groteske Lügengewebe der Diktatur des Kapitals verstricken lassen wollen. Der Beamte weiß, dass die Entfernung der auf die Mauer gemalten Bilder Vernichtung der Bilder bedeutet, aber das ist der wahre Sinn der Forderung, Künstler, die in den Reihen des Proletariats stehen, Künstler, die ihr Schaffen in den Dienst der Enterbten stellen, jeder Lebens- und Schaffensmöglichkeit zu berauben. Diesem brutalen Missbrauch der Machtmittel gilt mein Protest.«

Die Berufskollegen und deutschen Künstler warnt er: »Habt acht. Die Attacke des Regierungspräsidenten Dr. Rose ist der Auftakt der schwärzesten Reaktion gegen die sogenannten freien Künste. Wenn Ihr diesen Vorstoß sanktioniert, so ist auch bei Euch Tür und Tor geöffnet für die Schnüffelnase der Bürokratie.«

Sie sanktionieren ihn nicht. Es erheben »schärfsten Protest gegen jeden Versuch, die Bilder zu beseitigen« u. a. Lion Feuchtwanger, George Grosz, Hermann Hesse, Alfred Kerr, Gustav

Kiepenheuer, Heinrich Mann (der einige Zeit in Worpswede gelebt hat und Vogeler persönlich kennt), Käthe Kollwitz, Max Pechstein und Carl Zuckmayer. »Diese Bilder«, schreibt Thomas Mann (auch er Worpswede-Besucher), »versinnlichen mit großer Inbrunst, welche sogar durch die unzulänglichen Reproduktionen fühlbar wird, einen Mythos, dem man aus eigenem Glauben nicht anzuhängen braucht, um ihn religiös zu respektieren und ihm das Recht auf seinen Platz im heutigen Geistes- und Glaubensleben anzuerkennen, den Mythos von der Erlösung der Welt, ›der unterdrückten Klassen und Völker‹ durch die proletarische Revolution. Da die Grundzüge dieses Mythos den Kindern, welche in dem Heim Aufnahme und anerkannt sorgsame und wohltuende Pflege finden, wenigstens gefühlsweise von Haus aus bekannt sind, so ist die Gefahr, dass durch die Anschauung dieser Malereien ihr Verhältnis zum Bestehenden irgendwie verändert werden könnte, sehr gering zu veranschlagen. Umso mehr aber ist die Zumutung der Behörde an den Künstler zu missbilligen, die dahin geht, er möge die unter voller künstlerischer Hingabe und aus ideellem Glauben gestalteten Bilder wieder vernichten, um an ihre Stelle Produkte von genehmerer Ideologie zu setzen.«

Schriftsteller Franz Carl Endres: »Würde es etwa einem protestantischen Regierungspräsidenten einfallen, in einem katholischen Kinderheim die Heiligenbilder zu entfernen?«

Friedrich Wolf: »Im Namen der Kunst, im Namen jeder Lehre, die in Wort und Bild vor dem Gesetz der Republik frei sein soll, protestiere ich gegen diesen grotesken Gewaltakt.«

Berliner Tageblatt: »Es muss aufs schärfste gegen diesen weder pädagogisch noch künstlerisch zu begründenden Eingriff protestiert werden.«

Berliner Volkszeitung: »... kann man nur hoffen, dass die Regierung unverzüglich das blamable Vorgehen ihrer untergeordneten Stellen ... korrigiert.«

Fränkische Tagespost: »Das fehlte noch, dass sich der Amtseifer solcher Herren auf Gegenstände stürzt, von denen sie erstens nichts verstehen und die ihnen zweitens auch bei einigem künstlerischen Verständnis aus politischen Gründen unsympathisch sind.«

Leipziger Volkszeitung: »... ein ganz ungeheuerliches Verlangen, einen Künstler wie Vogeler zur Vernichtung seiner Kunstwerke unter der erpresserischen Drohung, sonst das soziale Werk vom Barkenhoff zu zerstören, zwingen zu wollen ... Bezeichnend ist, dass man Vogeler vorgeschlagen hat, doch die Bilder durch solche, die mehr in ihrem Inhalt den Anschauungen der Regierung entsprächen, zu ersetzen. Das Ungeheuerliche des ganzen Vorganges wird durch eine solche Einstellung fast komisch.«

Welt am Abend: »Wir protestieren und protestieren. Wir werden uns nicht beruhigen. Wir kuschen nicht und lassen uns am allerwenigsten durch Drohungen einschüchtern. Diese Bilder werden bleiben, wie sie Heinrich Vogeler, Worpswede, gemalt hat.«

Das Tagebuch: »Wird der preußische Innenminister den verkürzten Regierungspräsidenten zur Ordnung rufen?«

Die Frau im Staate: »Banausenstreich.«

Letzte Politik: »Ja, zum Teufel, leben wir im zaristischen Russland oder gar noch im kaiserlichen Deutschland? Die geistigen Nagetiere sind mächtig an der Arbeit.«

Hessisch-demokratische Wochenschrift: »Gerade als Richter halte ich mich für verpflichtet, meine Ansicht dahin auszusprechen, dass es mir unerfindlich ist, wie man die rechtliche Zulässigkeit des geplanten Attentats begründen will. Derartige ... Methoden gehören in die Ära Metternich, aber nicht in ein Regime, das sich auf der Verfassung von Weimar aufbaut – oder aufbauen sollte.«

Widerspruch kommt aber auch aus Worpswede selbst, von dortigen Künstlern, was »in diesen Kreisen«, wie die »Arbeiter-Zeitung« kommentiert, wirklich ein bisschen Mut erfordere. Grund: Die Polizei erteile über jeden, der einmal Beziehungen zum Barkenhoff unterhalten habe, eine »hundsmiserable Auskunft«. »So musste«, erzählt das rote Blatt, »vor gar nicht langer Zeit ein namhafter Worpsweder Künstler in monatelangen Bemühungen nachweisen, dass er nie auf dem Barkenhoff gelebt hat, sonst wäre ihm ein wertvoller Auftrag aus Amerika aus der Nase gegangen.«

Da die »Gefahr der Schließung des Barkenhoffs« im März 1927 noch immer »nur vorübergehend gebannt, aber nicht beseitigt« ist, fordern die Genossen: »Augen auf!« Das Proletariat werde sich »mit seinem breiten Rücken« schützend vor die Fresken stellen und jedem die »Faust unter die Nase halten«, der es wagen sollte, »diese, unsere Bilder anzutasten«. (»Arbeiter-Zeitung«)

Man wagt es auch noch am 12. April. An diesem Tag nämlich verlangt die Konferenz der Roten Hilfe, Bezirk Nordwest, von der preußischen Regierung die »sofortige Zurückziehung der vom Regierungspräsidenten in Stade und vom Landrat in Osterholz gegen das Kinderheim Barkenhoff ... getroffenen Maßnahmen«.

Vogeler: »Für die Rettung der Bilder setzte sich vor allem Eduard Fuchs ein.« Er ist Verfasser zahlreicher Werke zur Sittengeschichte, die freilich nach dem Urteil des betulich frommen

Großen Herder, Ausgabe 1932, »nicht ganz über dem Gegenstand stehen«. »Selbst die Regierung«, sagt Vogeler in seinen »Erinnerungen«, »behandelte den Kunstgelehrten trotz seiner Sympathien für den Kommunismus mit Achtung.« Fuchs und Vogeler dringen bis zu dem zuständigen Staatssekretär vor. Sie finden ihn in »Gesellschaft seiner Armbrustspanner: Polizei, Kirche, Justiz«. Der Vertreter der Polizei gibt sich jedoch ganz verständig: er setzt sich »in erster Linie für die Erhaltung der Bilder, die die Befreiung aus den Gefängnissen darstellen, ein«. Für ihn sind diese Motive »rein menschliche Angelegenheiten, die alle Menschen immer bewegen werden, welcher politischen Richtung sie auch angehören«. Fuchs kämpft »mit aller Schärfe«. Er sagt: »Die Bilder haben historischen Wert. Man darf sie auf keinen Fall vernichten.« Der Staatssekretär endlich: »Es bleibt nur der Weg, die Bilder zu erhalten, wenn man sie verdeckt. Ich bitte Sie, damit einverstanden zu sein, dass die beanstandeten Bilder mit verschließbaren Vorhängen versehen und so den Blicken der Kinder entzogen werden. Im Falle Ihres Einverständnisses werden wir das Kinderheim nicht schließen lassen.«

Sie sind einverstanden.

Doch die Affäre hat ihre – verhängnisvolle – Fortsetzung. Was 1927 durch den massiven Druck einer fassungslosen Öffentlichkeit mehr schlecht als recht verhindert wird, geht im Jahr des braunen Unheils, 1939, kurz und bündig über die Bühne. Nicht etwa, dass wieder ein Landrat oder Regierungspräsident zum Angriff auf ideologisch entartete Kunst bläst – nein, es handelt sich ganz schlicht und einfach um einen im Zuge von Umbaumaßnahmen gefassten Entschluss. Der Barkenhoff, wieder einmal in neuem Besitz, soll auf Wunsch des Eigentümers umgestaltet werden. Die angestrebten Änderungen lassen sich aber nur verwirklichen, wenn die Fresken verschwinden. Nun, dann müssen sie eben verschwinden. Das findet auch der Architekt. Für ihn ist dies eine Sache, die »nicht so weh« tun wird, weil er, wie er später aussagt, den Wandmalereien keinen besonderen Wert zumisst. Vertragliche Hinderungsgründe für eine Zerstörung gibt es nicht.

Sie hat es einmal gegeben, als nämlich die Rote Hilfe 1933 das Heim an den in Worpswede wohnhaften Gartenarchitekten Max Karl Schwarz mit der Verpflichtung verkauft, »dass die im Erdgeschoß des ... Hauses befindlichen, vom früheren Grundstückseigentümer, Heinrich Vogeler, hergestellten Malereien möglichst erhalten bleiben«. Darüber hinaus wird vereinbart, dass, »um den besonderen Charakter des Barkenhoffs zu wahren«, »die

Verkäuferin das Recht hat, den Kauf gegen dieselbe Kaufsumme und Abgeltung aller wertsteigernden Investierungen rückgängig zu machen und die Rückauflassung des Grundstücks zu verlangen, wenn das Grundstück rechtsgerichteten Organisationen zur Verfügung gestellt wird«.

Nun, das geschieht nicht, wenngleich der nach dem Rezept des anthroposophischen Heilslehrers Rudolf Steiner ackernde Agrarier Schwarz einen Mann mit seinem biologisch-dynamisch erzeugten Gemüse beliefert, der zu den Todfeinden der Roten gehört: Adolf Hitler. (Vogeler über die Anthroposophie, deren jugendliche Anhänger ebenfalls zum Barkenhoff pilgerten: »Der alte Geist in neuen Schläuchen. Vorsicht! Sehr gefährlich für das Proletariat!«)

Wie gesagt: Besitzer und Architekt sehen freie Bahn: die Maurer können anrücken. Allerdings: einen totalen Kahlschlag soll es nach dem Willen des Architekten nicht geben: die Fresken ohne, wie es im Polizeibericht von 1925 heißt, »politischen Einschlag« will er abtragen und damit retten. Doch dann kommt so etwas wie eine Kristallnacht auf dem Barkenhoff: Der Sohn des Hausmeisters, ein Hitlerjunge, macht sich an die – nach wie vor den Blicken entzogenen – Malereien heran und zertrümmert, zerklopft, zerkratzt sie – alle. Die »gewaltigen Visionen der Arbeit, des Mühens und des Kampfes«, »Dokumente der großen Kunst«, »mit großer Inbrunst« gemalten Bilder: jetzt nur noch Stein und Staub. Schlussszene im letzten Akt eines Trauerspiels. Dass er sich so abgespielt hat, ist die Aussage jenes Mannes, dem es »nicht weh« tat, die Fresken des ihm persönlich eng verbundenen, jetzt allerdings sehr fernen Heinrich Vogeler zu vernichten ...

Der Sohn des damaligen Käufers hat allerdings eine andere, von seinem Vater überlieferte Version in Erinnerung: Danach wurden die Wandgemälde bei der Umgestaltung des Hauses entweder von der Gestapo selbst oder auf deren Anordnung vernichtet. Aber auch er verweist bei der Frage nach dem Hergang der Zerstörung auf den seinerzeit mit dem Umbau befassten Architekten ...

Es ist indessen nicht das einzige Mal, dass man Wandmalereien von Vogeler in Schutt verwandelt: Dr. Hans Liebau, Autor einer an der Philosophischen Fakultät der MartinLuther-Universität Halle-Wittenberg eingereichten Dissertation über Vogeler, schreibt – »nach mündlichen Berichten von Frau Sonja Marchlewska-Vogeler« –, dass die »größere Anzahl« Fresken, die Vogeler in Moskau im zentralen Verwaltungsgebäude der Roten Hilfe schuf und die »neben Porträts hervorragender Revolutionäre vor allem die Arbeit der MOPR« (Rote Hilfe) »zum Gegenstand hatten«, später »abgeschlagen« worden seien. Entwürfe oder Fotos von diesen Malereien existierten nicht.

Für Liebau sind die Barkenhoff-Fresken zusammen mit den Komplexgemälden Vogelers bedeutsamste Arbeiten, »da die erstmalige Darstellung eines proletarischen Inhalts ein entscheidender Faktor für die Herausbildung des sozialistischen Realismus in der bildenden Kunst ist«. Zum Begriff Komplexbild schreibt Liebau: »Die Aufgabe, die sich der Künstler ... stellte, war vor allem eine politisch-agitatorische, denn der formale Aufbau dieser Gemälde resultiert vorwiegend aus dem Bemühen heraus, die zu propagierenden Ideen und Ereignisse, Errungenschaften und Ziele des Proletariats in möglichst umfassendem Maße sinnfällig zu machen. Ausgehend von der propagandistischen Funktion, die seine Bilder ausüben sollten, kam Vogeler zur komplexen Darstellung politisch bedeutsamer und aktueller Themen. Der materialistischen Dialektik entsprechend versuchte er, in seinen Komplexgemälden durch die Wiedergabe verschiedener wichtiger Seiten eines gesellschaftlichen Problems auf charakteristische Wechselbeziehungen, innere Zusammenhänge und Bedingtheiten hinzuweisen. Infolgedessen wirken Vogelers Komplextafeln über die politische Situation in der Periode der Weimarer Republik ... wie eine materialistisch-dialektische Reportage dieser Zeit mit propagandistischem Ziel und seine Komplexbilder vom ökonomischen Aufbau der Sowjetrepubliken wie die weitgespannte Illustrierung und Propagierung eines Volkswirtschaftsplanes, der alle wichtigen Seiten des ökonomischen Aufbaues ... enthält.«

Eines dieser Komplexbilder heißt »Karl Liebknecht – der weiße Terror geht über die ganze Welt«. Liebau: »Um das erschlagene, blutige Haupt Karl Liebknechts, das als Symbol der gemordeten Freiheitskämpfer drehend inmitten der vielsonnigen Bildkomposition schwebt, tobt der weiße Terror der imperialistischen Welt. Kaleidoskopartig schilderte Vogeler die sadistischen Grausamkeiten in den polnischen Gefängnissen, chinesische Freiheitskämpfer, die den Mordkampagnen der Imperialisten zum Opfer fallen, vermummte Gestalten des faschistischen Ku-Klux-Klan, die einen revolutionären Gewerkschaftler lynchen, die grausame Kolonialjustiz der Engländer in Indien, schreckliche Auspeitschung revolutionärer Proletarier in den Gefängnissen Horthy-Ungarns, bessarabische Bauern, die die rumänische Reaktion erdrosselt in einen Fluss warf, eine kleine Ein-Mann-Zelle für politische Häftlinge, ein deutsches Klassengericht, vor dem der angeklagte Revolutionär zum Ankläger wird, und in Frankreich stehen sich demonstrierende Arbeiter und farbige Truppen gegenüber, die die Reaktion gegen Demonstranten einsetzt. Auf der linken Bildseite schildert der Künstler die bulgarischen Henker bei ihrem grausigen Werk – sekundiert von dem Popen, der der Exekution beiwohnt. In der unteren linken Tafelseite ist zu sehen, wie die Berliner Sicherheitspolizei rücksichtslos auf demonstrierende Arbeiter und Arbeiterinnen einschlägt. Rechts davon befindet sich in einer Zelle ein politischer Gefangener, dessen Ausdruck und Gebärde verrät, dass er seine Kräfte zu einer revolutionären Tat sammelt und nicht ruhen wird, bis jene Hakenkreuzler und Stahlhelmleute, die noch höhnisch grinsend im Kaffee Vaterland unter Hindenburgs Porträt sich amüsieren können, von der Arbeiterfaust hinweggefegt sind. Vogeler wiederholt diese drohende Gebärde mit einem trotzig emporgereckten Arm mit geballter Faust, die symbolhaft die untere Bildhälfte beherrscht und die Kraft anzeigt, die dem weißen Terror ein Ende setzen wird.«

Dieses Bild wird zusammen mit anderen Komplexgemälden – darunter eine Darstellung der Rote-Hilfe-Tätigkeit mit Szenen aus dem Worpsweder Heim – in einer Ausstellung auf dem Barkenhoff gezeigt. Vogeler ist, wie eine Zeitung schreibt, »heimatlos geworden innerhalb der bürgerlichen Worpsweder Künstlerkreise. Noch kann man in den ... Ausstellungen Worpswedes seine alten Radierungen und Bilder sehen. Auch gelingt es ihm noch, allenfalls einige untendenziöse Bilder (Landschaften usw.) in den bürgerlichen Ausstellungen unterzubringen, seine künstlerisch bedeutendsten, proletarisch orientierten Zeichnungen und Gemälde aber werden boykottiert«.

Eine erste Ausstellung der Komplexbilder hat im Karl-Liebknecht-Haus in Berlin stattgefunden. »Dann erhielt ich durch die Partei die Aufgabe, im Ruhrgebiet und in Thüringen an Hand der Bilder Vorträge über Sowjetrussland zu halten.« Als ihm der vom Barkenhoff her bekannte Architekt Herbert Richter den Vorschlag unterbreitet, die Gemälde »farbig ganz groß, ca. zwei bis drei Meter hoch auf die Leinwand zu projizieren«, macht er sich an die Arbeit und überträgt auf die von den Bildern hergestellten Negativplatten mit Hilfe einer Lupe die Farben. Mit diesen Komplexbild-Diapositiven und einem Projektionsapparat geht er erneut auf Reisen. So spricht er in Hannover, Emden, Geestemünde und auch in Bremen.

Bei dieser Veranstaltung im November 1927 ist das Bürgertum »sehr stark vertreten«, und ebenso kommen aus den Künstlerkreisen »viele Freunde Vogelers aus früherer Zeit« (»Arbeiter-Zeitung«). Wenn sich auch manche Genossen gewünscht hätten, dass der Vortrag über das neue Russland »noch etwas politischer« ausgefallen wäre, so sieht man doch die Rest- und Selbstlosigkeit, mit der Vogeler seine Kunst »in den Dienst unserer Sache« stellt, was »für die revolutionäre Bewegung von große Bedeutung ist«.

Liebau weist auf die Parallelen hin, die sich in den Komplexbildern Vogelers und den Wandmalerein des Mexikaners Diego Rivera finden: »frappante Ähnlichkeiten sowohl inhaltlicher als auch formaler Art«. Die Verwandtschaft der beiden »liegt auf der Hand«: ihnen »ging es vor allem um die agitatorische Wirksamkeit der Kunst, wobei sich das erzählerische Moment in der inhaltlichen Häufung und Überhäufung oft ohne Rücksicht auf bildnerische Gesetzmäßigkeiten durchsetzt«. »Kompromisslos« wenden sie sich mit ihren Werken »an die Masse der Ausgebeuteten und Unterdrückten«. Dennoch ist »nicht zu übersehen, dass Vogeler, selbst wenn er die Möglichkeit bekommen hätte, seine Komplexbilder auf große Wände zu übertragen, nicht die künstlerische Kraft und Vitalität besaß, wie sein großer mexikanischer Kollege«. Liebau hat »keinerlei Hinweise dafür finden können«, »ob und wieweit Vogeler über die revolutionäre Kunst Mexikos orientiert war und eventuell aus ihr Anregungen zog«. Ebenso sei nicht festzustellen gewesen, ob Rivera die Komplexbilder »in irgendeiner Form« zu Gesicht bekommen habe. Liebau: »Wahrscheinlich ist es nicht.«

Wahrscheinlich ist es doch. Die beiden Maler kennen sich nämlich. Zusammen mit Vogeler weilt Rivera einmal auf dem Barkenhoff – Ella Ehlers kann sich daran erinnern. Zumindest die – inzwischen hinter Schloss und Riegel befindlichen – Fresken hat Rivera also gesehen. Der rote Mexikaner war vom sowjetischen Volkskommissariat eingeladen worden, zur Zehnjahresfeier der Oktoberrevolution nach Moskau zu kommen. Rivera steht als Ehrengast vor dem Kreml, als das Mutterland des Proletariats mit einer Parade den Sieg von Hammer und Sichel feiert. Er kehrt im folgenden Jahr in seine Heimat zurück. Irgendwann während dieses Europa-Aufenthaltes 1927/28 ist es wohl, als Rivera Worpswede den Besuch abstattet.

»Liebe Martha«, schreibt Vogeler am 10. Dezember 1926 aus der Sowjetunion. »Ich komme in einiger Zeit nach Deutschland. Auf längere Zeit will ich mich dann einrichten und mir die letzten Möbelreste vom Barkenhoff kommen lassen. Dann würde ich auch den großen Arbeitstisch haben müssen. Wir haben leider noch immer keine Wohnung, da das Aufbringen der Mittel, um eine ständige Wohnung in Berlin zu bekommen, sehr schwierig ist, aber ich möchte mit allen Mitteln endlich mal einen Hafen haben, vor allem auch für unseren Jan. Wie seid ihr denn nun in den Winter hereingekommen? Sonja war die Tour in Zentralasien im hohen Gebirge doch etwas viel geworden, aber jetzt geht es ihr gut.«

Die beiden wohnen schon vor der zweiten Russlandreise in Berlin, aber der Aufenthalt in ihrem Lichterfelder Atelier ist gegen Ende des Jahres 1926 »nicht mehr gemütlich«. Sonja: »Da erreichte mich ein Brief aus der Sowjetunion: ein Jugendfreund, Maurice Leiteisen, schlug vor, ihn auf einer Reise, die ihn durch zentralasiatische Gebiete führen sollte, zu begleiten ... Wir sagten zu.« Unterwegs stellt Vogeler sich die Frage, ob er Heimweh hat. »Heimweh? Wo war ich denn? Kannte ich dieses Gefühl noch? Gewiss kam es mit· manchmal in den Sinn, aber in ganz anderer Form, wie ich es sonst nicht gekannt hatte. Nicht verbunden mit meinem früheren Besitz, in dem 25 Jahre intensiver Arbeit steckte, als ich den Heideboden hinter dem Pflug aus seinem Urzustand geweckt und fruchtbar gemacht hatte. Jetzt kam mich plötzlich dieses Heimatgefühl in irgendeinem kleinen Nest seltsamer Lehmbauten in Zentralasien an. Heimat, ja: an diesem Platz bleiben, erlernen, wie diese Menschen hier ihr Leben änderten, wie sie sich befreiten von der Sklaverei unter den Beys und Emiren, und wie sie es anfingen, den Neubau der Gesellschaft zu gestalten.«

In dem Buch »Reise durch Russland« schildert Vogeler diese »Geburt des neuen Menschen« in der Sowjetunion. Danach gibt es »wohl kein Land, in dem die heitere Schöpferkraft so losgelöst und direkt zu einem Nationalgefühl geworden ist, wie hier in Russland«. »Das kulturelle Leben ... ist so intensiv, dass der russische Arbeiter keine Zeit hat für oberflächliche Genüsse und für die Kneipe« – anders als in Deutschland, »wo man an schwarz-rot-goldenen und an schwarz-weiß-roten Festtagen ganze Städte in Besoffenheit wanken und johlend sich betäuben sieht«. Während hier die Polizisten »geistig kastrierte Werkzeuge der herrschenden Klasse« sind, besitzen die russischen den »Charakter freier Menschen«. »Mitten im Gewoge der Straßenmündung steht der rote Polizist, hier mit Humor eine Situation lösend, dort mit dem hochgehobenen rotlackierten Polizeiknüppel dem Verkehr Halt gebietend für eine zum Museum wandernde Kindergruppe; weiter mit seiner Pfeife ein vorübersausendes Auto zur Kontrolle auf der Stelle zum Stillstand bringend, so bewegt sich der Sowjetpolizist nicht wie eine exakt funktionierende Maschine, sondern wie ein am Verkehrswesen beteiligter Dirigent, der den Großstadtrhythmus ordnet und in erster Linie seine erzieherische Tätigkeit auf das Publikum ausübt.«

»Der Begriff ›Volk‹, dem in der kapitalistischen Welt seine letzte Zersetzung widerfuhr, geht in der kommunistischen Gesellschaft seiner wahren Erfüllung entgegen.« »Auf Grund der marxistischen Analyse, aus der tausendjährigen Erfahrung der menschlichen Geschichte, aus dem Zersetzungsprozess der bürgerlichen Gesellschaft wuchsen Lenin die Waffen zu, das System der alten Gesellschaft zu vernichten, den ideologischen Überbau dieser sich selbst zerfressenden Klassengesellschaft zu zerschlagen, den kranken Körper von den Parasiten zu befreien und skrupellos die gesamte Materie des russischen Besitzes und alle Arbeitskraft zu erfassen ... Sein klarer weltpolitischer Sinn furcht heute die Gehirne der Sklaven des internationalen Kapitals auf und legt die Saat für die Befreiung der besitzlosen Arbeiter und Bauern der ganzen Welt.«

Nach ihrer Rückkehr aus Russland finden die Vogelers »endlich« in Berlin eine annehmbare Bleibe: »ein ganz kleines winziges Häuschen« in Britz. Zum 1. Mai können sie »diese primitive Notwohnung« in Lichterfelde verlassen. Sie müssen »mit jeder Mark« rechnen, und deshalb wollen sie einen Sessel, der ihnen von Worpswede hergeschickt wird, auch lieber in Berlin überziehen lassen, weil die Stoffe hier billiger sind. Vogeler hat Sorge genug, dass der Umzug sie nicht in Schwierigkeiten bringt. Bisher sind sie immer nur »um ein Haar« durchgekommen. Einen Urlaub, den sie zusammen mit Jan an der See verbringen, müssen sie abbrechen: sie haben einfach kein Geld mehr.

Das ist auch der Grund, weshalb eine Reise nach Worpswede »so leicht« nicht möglich ist. Es erfordert die größten Anstrengungen, um die »allerknappsten Lebensnotwendigkeiten« zu verdienen. Ein Kuchen von Martha und den Kindern ist daher eine wirklich willkommene Gabe. Wegen der »sehr, sehr schlechten wirtschaftlichen Verhältnisse« nimmt V. eine Stelle bei dem Architekten Richter an. Richter hatte, wie bei Sonja Marchlewska nachzulesen ist, »ein Reklamebüro eröffnet, das für Handelsfirmen Plakate anfertigte. Er wusste die schwierige ökonomische Lage vieler Künstler auszunutzen und sie in sein Geschäft einzubeziehen. Den Brotlosen war ein regelmäßiges Einkommen, der ›Firma‹ gute Plakatkunst gesichert. Mining ließ sich überreden, für Richters ›Atelier‹ zu arbeiten. Aber ich wusste, wie sehr er unter diesem Ausweg litt«.

Vogeler sagt selbst, dass es »wahnsinnige Arbeit« gibt. Er muss morgens um acht aus dem Haus und kommt abends erst zwischen zehn und zwölf Uhr zurück.

Vogeler bleibt übrigens nicht in Britz. Er zieht später zu der ebenfalls in Berlin wohnenden Ursula Dehmel, der Schwiegertochter des Schriftstellers. Ella und Adolf Ehlers treffen ihn an diesem Tag an einer Straßenbahnhaltestelle, »wie immer« im blauen Rollkragenpullover. Er hat eine »dreistöckige« Apfelsinenkiste bei sich, in der seine Habe verstaut ist.

Einmal braucht er eigene Radierungen für eine Tombola. »Wollt Ihr mir die zum Selbstkostenpreis drucken lassen?« fragt er seine alte Familie.

In ihrem Buch »Eine Welle im Meer« berichtet Sonja Marchlewska, mit welchen Leuten sie in den Berliner Jahren in Berührung kommen. Mit dem Schriftsteller und bayerischen Räte-Revolutionär Erich Mühsam beispielsweise (»Die Einigung der Proletarier kann nach dem herrlichen Beispiel des russischen Volkes nur auf einer Grundlage geschehen, auf der der Räterepublik«), der später im KZ Oranienburg erhängt aufgefunden wird, oder mit der hochangesehenen Kommunistin und Rote-Hilfe-Chefin Clara Zetkin. Sonja erlebt an Vogeler eine »harmonische Ruhe«, der sich selbst die »hitzigsten Gemüter« fügen.

Liebau zitiert in seiner Dissertation den Entwurf einer Protestresolution, die Vogeler zur Verteidigung von Johannes R. Becher verfasst hat. Gegen den Autor von »Levsit oder Der gerechte Krieg«, »Der Bankier reitet über das Schlachtfeld«, »Die hungrige Stadt« hat, so kann man in der »Arbeiter-Zeitung« nachlesen, Oberreichsanwalt Werner Hochverratsanklage vor dem Reichsgericht erhoben, in die das gesamte dichterische Schaffen dieses Autors von 1924 bis 1927 einbezogen ist. Vogeler weiß, wovon er redet, wenn er schreibt: »Aufgewühlt durch den Kampf der Reaktion und ihrer Werkzeuge gegen Kunst und jene Künstler, die die Wirklichkeiten des Lebens als Wahrheitskämpfer analysieren, die Zersetzung der Gesellschaft darstellen und in scharfer künstlerischer Form die Kampfmittel der Ausbeuterklassen in das Licht der Erkenntnis stellen – protestiert der Reichswirtschaftsverband bildender Künstler Deutschlands ... gegen den Hochverratsprozess, der den Dichter Johannes R. Becher erfassen soll. Die freie deutsche Künstlerschaft erkennt, dass durch diese Literaturprozesse gegen die Freiheit des künstlerischen Schaffens auch die Korruption in das geistige Leben unserer ganzen Kunst getragen wird. Vor allem sehen wir, dass man ... einen Mann stumm machen will, der sich eine festgefügte Weltanschauung erkämpft hat und verteidigt. Die freie Künstlerschaft sieht hierin den Versuch, eine Zwangsjacke zu konstruieren, die auch unseren Stand für eine käufliche Gesinnung und Weltanschauungswechsel der herrschenden Klasse gefügig machen soll.« Im Reichswirtschaftsverband bildender Künstler ist Vogeler zeitweise stark engagiert. Er versucht, »die Forderungen der kommunistischen Fraktion nach besseren Ausstellungsmöglichkeiten ... sowie allgemeiner Fürsorge durchzusetzen« (Liebau).

Und dann: »Heinrich Vogeler aus der KPD hinausgeworfen.«
So liest man am 18. Oktober 1929 in der »Bremer Volkszeitung«. Das Blatt schreibt: »Mit dem Ausschluss Vogelers aus der KPD verlieren die Kommunisten einen Propagandisten der reinen kommunistischen Idee, der ihnen viele Sympathien im Kreise der Intellektuellen und Künstler erworben hatte.« Vogeler sei nicht als Politiker, sondern als »idealistischer Schwärmer« zum Kommunismus gekommen, »nicht etwa zum marxistischen Kommunismus, sondern zu einem primitiven Agrarkommunismus, dessen Ideal er etwa in dem gottergebenen Gemeinschaftsleben der Reisbauern im mittelalterlichen China sah. Maschinen und Fabrikschlote waren für ihn ein Greuel; er hätte am liebsten die Welt zurückrevidiert in die maschinenlose Zeit eines freien Urkommunismus, wo reine Menschenliebe als oberstes Gesetz herrschen sollte. Von solchen Gedanken beseelt, stellte der ›reine Tor‹ Vogeler der seinem Einfluss und seinem Renommee misstrauenden kommunistischen Partei auch sein Worpsweder Besitztum, den berühmten Barkenhoff, zur Verfügung, auf dem zunächst allerlei agrarreformerische Experimente gemacht wurden, bis die Rote Hilfe, in deren Dienst Vogeler sich ganz stellte, ein Kinderheim daraus machte ... Die Rote Hilfe wirft nun den ureigennützigen Stifter des Heims hinaus, den Barkenhoff gibt sie ihm aber nicht zurück. Die kommunistische Partei wirft ihren sympathischsten ›Sowjetparadies‹-Propagandisten hinaus; sie beweist damit nur einmal mehr, dass für Idealisten und Künstler in ihren Reihen kein Platz ist. In solcher Tragikomik endet die kommunistische Periode im vielgestaltigen Lebenslauf des Künstlers Heinrich Vogeler. Die Brutalität seines doppelten Hinauswurfs scheint ihn jedoch nicht gleichgültig zu lassen, denn in einem Rundschreiben an den Reichskongress der Roten Hilfe wehrt sich Vogeler gegen seinen Ausschluss, natürlich vergebens, denn er unterschätzte die

Brutalität der kommunistischen Bonzokratie. Dieses Vogelersche Rundschreiben enthält u. a. den bezeichnenden Satz: ›Der kommunistische Parlamentarier lernt es, im Parlament den Kampf gegen die bürgerliche Gesellschaft mit den demagogischsten Mitteln zu führen. Recht so! Mobilisiert aber der intellektuelle Parlamentarier dieselben Kampfmittel im Bruderkampf diesseits der Barrikade, so bedeutet das den Verlust des Vertrauens der Masse und die völlige Zerstörung des Weges zur Einheitsfront des Proletariats.‹ Der reine Idealist Vogeler, der für sich die Konsequenz der Ehrlichkeit und Anständigkeit auf persönlichem Gebiet zog, versteht nicht, dass diese Konsequenz auch in der Politik durchgeführt werden muss. Wer den kommunistischen Parlamentariern im Parlament die demagogischsten Mittel zugesteht – also vor allem gegen die Sozialdemokratie und die große deutsche Arbeiterbewegung –, der kann dann auch nicht klagen, wenn sie von denselben Leuten, die er deswegen lobt, gegen ihn angewandt werden.«

»Was ist an dieser Notiz wahr?« schreibt die Rote Hilfe in einer Stellungnahme, die am 26. Oktober in der »Arbeiter-Zeitung« erscheint. Wahr ist, dass Heinrich Vogeler aus der (von Thälmann geführten) KPD »ausgeschlossen« wurde, und zwar deshalb, »weil er sich mit den Feinden der KPD solidarisierte, erlaubte, dass die Leute um Brandler ihre arbeiterfeindlichen Pläne gegen die revolutionäre Klassenpartei in seiner Wohnung schmiedeten«.

Brandler stand zusammen mit Thalheimer Anfang der zwanziger Jahre an der Spitze der KPD, verlor dann jedoch seinen Einfluss und bildete eine eigene Gruppe, die auch eine Zeitschrift herausgab.

Für die Rote Hilfe liegt der »Vorzug der KPD gegenüber allen anderen Parteien« darin, »dass sie nicht aus Rücksichten auf Personen Handlungen duldet, die der revolutionären Klassenpolitik zuwiderlaufen. Ob Führer, Künstler oder Intellektueller, wer bewusst der Arbeit der Partei in ihrer Mehrheit eine organisierte Front entgegenstellt oder sie schafft, stellt sich außerhalb der Partei. Dieses Grundgesetz der bolschewistischen Partei macht auch vor Heinrich Vogeler nicht halt«.

Wenn dieser in »anerkennenswerter Weise sein früheres Besitztum, den Barkenhoff, zur Errichtung eines Kinderheimes überließ, wenn er auch sonst ein eifriger Mitarbeiter innerhalb der Roten Hilfe ist, so besagt das noch nicht, dass er für alle Zeiten in der Spitze der Organisation sitzen muss. Durch seine Stellung zu den innerparteilichen Auseinandersetzungen in der Roten Hilfe, durch seine unentwegte Unterstützung der Organisationsschädlinge, die durch einstimmigen Beschluss der Delegierten des Reichskongresses aus der Führung der Organisation herausbleiben, durch Unterstützung des fraktionellen Kampfes gegen die Beschlüsse der Mehrheit der Rote-Hilfe-Mitglieder hat Genosse Vogeler seine Funktion im Zentralvorstand erschüttert ...«

Nach einer Erklärung, die »Genosse Vogeler«, der unentwegte »Organisationsschädling«, der »Bremer Volkszeitung« zugehen lässt, ist er vor dem 3. Reichskongress der Roten Hilfe Deutschland »als Feind der Roten Hilfe öffentlich gebrandmarkt worden«, obwohl jeder im Apparat der Roten Hilfe wisse, »dass ich meiner Pflicht als Roter Helfer bis zum letzten Tage nachgekommen bin, ebenso auch als Mitglied des Zentralvorstandes«. Er will seiner Pflicht der Roten Hilfe gegenüber dadurch weiter nachkommen, dass er die »vielen Tausende von werktätigen und sympathisierenden Intellektuellen«, die durch die »irrsinnigen Spaltungsmaßnahmen« des Zentralvorstandes von der Roten Hilfe »abgesplittert« worden seien, im Hilfsverein für die Angehörigen politischer Gefangener sammelt, um sie der Roten Hilfe zu einem geeigneten Zeitpunkt wieder zuführen zu können – nämlich dann, wenn an ihrer Spitze Leute stehen, die begreifen, »dass eine Organisation wie die Rote Hilfe ohne Rücksicht auf das Bekenntnis zu dieser oder jener ›Linie‹ alles umfassen muss, was bereit ist, den Opfern des revolutionären Klassenkampfes zu helfen«.

Was seinen Hinauswurf aus der KPD betrifft, so betont er, dass er dennoch dem Kommunismus treu bleiben und »weiterhin mit meinen politischen Freunden in der KPD-Opposition gegen einen Kurs kämpfen« werde, »der die Kommunistische Partei von den Massen isoliert«. Im Übrigen verwahrt er sich gegen die Behauptung der Zeitung, er sei ein idealistischer Schwärmer, dessen Ideal etwa in dem gottergebenen Gemeinschaftsleben der Reisbauern im mittelalterlichen China bestehe: »Ich habe durch die Tat bewiesen, dass ich weder ein Maschinenstürmer noch ein Schwärmer bin (siehe meine verbotenen Bilder im Barkenhoff). Durch die Lebenserfahrung auf dem ›utopischen Barkenhoff‹ fand ich den Weg zur Masse und zum Marxismus. Der feste Glaube an das Werk Lenins und seine Auffassung über die Einheitsfront des Proletariats zum Kampf für seine Klassenziele und zur Durchführung der siegreichen Revolution brachte mich in Opposition zu der Abenteurerpolitik und gegen die revolutionäre Phraseologie der Bürokratie der heutigen Führung der KPD.«

Im »vieldiskutierten Konflikt Heinrich Vogelers mit der kommunistischen Parteizentrale bzw. mit dem Vorstand der Roten

Hilfe« (»Bremer Volkszeitung«) meldet sich auch deren Vorsitzender Wilhelm Pieck zu Wort. Vogeler habe in seiner Zuschrift an die Zeitung – »die in dem Brandler-Organ ›Gegen den Strom‹ abgedruckt wird« – behauptet, er sei vor dem Reichskongress öffentlich gebrandmarkt worden. »Es dürfte Heinrich Vogeler ziemlich schwer fallen, den Beweis dafür anzutreten. Die Brandlerianer haben in ihrem Organ selbst mitgeteilt, dass sich die Leitung der Roten Hilfe Deutschland noch kurz vor dem Kongress bemüht habe, Vogeler zu einem loyalen Verhalten gegenüber der Roten Hilfe zu veranlassen, um damit seine Wiederwahl in den Zentralvorstand ... zu ermöglichen. Die Antwort darauf gab Vogeler mit seiner Erklärung auf dem Kongress, in der er die Rote Hilfe beschimpfte. Erst daraufhin hat der Kongress erklärt, dass er zu Heinrich Vogeler kein Vertrauen mehr habe, worauf Vogeler den Kongress verlassen hat. Ein Ausschluss Vogelers aus der Roten Hilfe ist bisher nicht erfolgt.«

Dessen Versicherung, dass er trotz seiner Entfernung aus der KPD dem Kommunismus treu bleiben will, ist für Pieck nichts weiter als ein »Gaukelspiel gegenüber klassenbewussten Arbeitern«. Das bringe Vogeler auch zum Ausdruck, »indem er für die von den Brandlerianern aufgezogene Organisation zum Kampf gegen die Rote Hilfe Deutschlands arbeitet«. Auch »alles andere Gerede« Vogelers solle nur die »bewusste Schädigung« der Roten Hilfe »bemänteln« (»Arbeiter-Zeitung« vom 25. November 1929).

Zu dem »Gerede« des »Schädlings« gehört die in einem Brief an den bei der Anthroposophie gelandeten Hundt geäußerte Überzeugung, »die deutsche Arbeiterschaft ist gesund und wird die Partei gesunden«. »Kennst Du?«, fragt daraufhin seine Ex-Geliebte, »die deutsche Arbeiterschaft so genau?« Vor einigen Wochen habe sie ihn im Zug zwischen Bremen und Bremerhaven gegenüber ebenfalls gesunder Arbeiterschaft verteidigt. Es seien Kommunisten gewesen, und neben vielen anderen hätten sie auch Vogeler »in die Wurst hacken« wollen, weil »ihr wieder die Parteieinheit zerstörtet«.

Marie, vor zehn Jahren noch eine sozialistische Flammenwerferin, heute eine Steiner-Jüngerin, die in der »geliebten Landwirtschaft« biologisch-dynamische Präparate anrührt, wähnt Vogeler »auf einem toten Gleis«. Sie behauptet, dass er die »Arbeiterschaft im Grunde nicht kennt«. »Du kennst einzelne, ja, das sind feine Kerle, aber hast Du schon durch Jahre im Fabriksaal mit Tausenden gestanden?« Sie könnte, »wenn es nicht so ernst wäre«, manchmal über ihn lachen: »Was hast Du über Marxismus gesprochen, als Du nichts davon verstandest; dann hast Du ihn umworben wie eine heimliche Geliebte, und als sie sich endlich ergab, da möchtest Du sie nicht wieder fallen lassen, trotzdem sie eigentlich nichts taugt.«

Nun, sie findet selbst, dass dies ein bisschen hart ausgedrückt ist, denn der »Marxismus taugt schon was« – als Denkschule, wie sie meint, »aber man muss nicht dabei stehenbleiben«. Wenn sie sich gegen ihn wende, so ja nicht, »weil ich ihn nicht kenne, sondern weil ich ihn sehr gut kenne«. Sie können nicht auf einen Nenner kommen, die nur noch rothaarige, aber nicht mehr rote Marie und ihr, wie sie meint, auf »totem Gleis« dahinrollender Liebster von einst.

Das gleiche gilt für Hundt, der in Vogeler eine »opferbereite Seele« erblickt. Vogelers Antwort: »Ich bin nicht opferbereit ..., sondern nur konsequent.« Was, so wirft er – und ja nicht nur ihm – dem »immer aufgeschlossener den Anregungen Rudolf Steiners« folgenden Bauern vor, nutzen geistige Erkenntnisse, wenn sie »nicht die Kraft haben, in Tat umzuschlagen ..., das alte System zu zerstören und den Sozialismus aufzubauen?« Vogeler über das, was der frühere Mit-Kommunarde ihm vorsetzt: »Fernste Unwirklichkeiten.« Dennoch will er weiter um ihn »ringen«.

Der von Partei und Roter Hilfe Geschmähte sieht sich und das Proletariat vor dem »letzten, dem schwersten Leidensweg«. »Gelingt es uns nicht«, so warnt und beschwört er in einem von der Zeitschrift »Entscheidung« im Herbst 1930 abgedruckten Brief, »in einem halben Jahr die arbeitenden Massen zur Einheit zu bringen, so ist die völlige Versklavung aller arbeitenden Kräfte sicher.«

Sicher scheint ihm aber auch, dass es nur eine Möglichkeit gibt, wieder Boden unter die Füße zu bekommen: nämlich die Aussöhnung der kommunistischen Oppositionellen mit der Partei. Auch unter den Intellektuellen könne doch keiner mehr einen anderen Ausweg sehen als jenen, »den die Partei weist«. Vogeler: Man sollte die »Streitaxt begraben«. Schließlich hätten »beide Teile« ihre Anschauung geändert. Spaltung ist ihm in dieser Zeit eine »widersinnige Sache«, es gilt, »alle Kräfte« zu sammeln.

Das Los renitenter russischer Genossen ist es, das ihn zu diesen Erkenntnissen geführt hat. Was er von diesen Leuten, die aus dem Fahrwasser der Partei ausgeschert sind, »so hört«, gibt ihm keinen Anlass, eine Zersplitterung in Kauf zu nehmen. Nur langsam und durch schwere Arbeit haben die Abweichler es geschafft, wieder Halt zu finden. Aber auch er selbst hat »tief auskosten« müssen, »wie bitter es ist, ohne ... Basis zu arbeiten«. Er hat »bis zum

Umfallen« geschuftet, sogar die Nächte hindurch. Inzwischen sind die Voraussetzungen erfüllt, die vorhanden sein müssen, um hier wirken zu können: Er ist in der russischen Bauarbeiter-Gewerkschaft »und auch sonst wieder organisiert«.

Vogeler weilt also im roten Mutterland der Revolution. Friedrich Lengnik, ein bekannter Bolschewik und Ingenieur, hatte ihm in Berlin den Vorschlag gemacht, sein Können dem sogenannten Standardisierungskomitee zur Verfügung zu stellen. Sonja: »Der Plan erschien Mining um so verlockender, als er mit der Aussicht verbunden war, im Auftrag des Komitees die Sowjetunion zu bereisen, das Land gründlich kennenzulernen und nach Herzenslust malen zu können.«

Lengnik ist damit beauftragt, »den Aufbau zahlloser Neusiedlungen in dem Riesenland durch Typenbauten zu erleichtern. Zu diesem Zweck war unter seiner Leitung ein Standardisierungskomitee ins Leben gerufen worden, dem die Aufgabe zufiel, die charakteristischen Baustile in den verschiedenen Republiken und autonomen Gebieten zu ermitteln, um unter Berücksichtigung der bodenständigen Architektur ... Standardtypen auszuarbeiten. Man war bemüht, die Erfahrungen westlicher Länder zu verwerten«. Und Erfahrungen, was »bodenständige Architektur« angeht, besitzt ja auch Vogeler.

Er nimmt das Angebot an. Auch jetzt, 1931, geht es ihnen immer noch »sehr, sehr dreckig«. Die Sache seines Arbeitgebers Richter ist, so dünkt ihm, »aussichtslos auf Strand geraten«. Vogeler an Tochter Marieluise: »Die Auseinandersetzungen sind schlimm!«

Im Herbst ist er aus dem Steppengebiet zurück »und an der Arbeit in Moskau«, wo er »viel« für Partei und Gewerkschaft leistet. Er hat gesehen, wie die Menschen »aus diesem Lande, dessen Wildgrasmeer den Kosakenpferden zugute kam, eine unermessliche Kornkammer gemacht haben«. Und es stehen auch schon » die neuen Städte mit ihren agrartechnischen Hochschulen und den mächtigen Maschinenwerkstätten, den Klubs mit Theatern, Leseräumen, Bibliotheken und vielen Räumen für Kurse«. Mächtige Elevatoren erheben sich an den Bahnen »weit über die Riesenflächen«. Aber das »schönste Erlebnis« ist dort für ihn der »Arbeitstaumel, dieser ungeheure Frohsinn, der Gesang zur Arbeit und beim Heimkehren bis tief in die Nacht«. Stark beeindruckt hat ihn weiter die »unendliche Vermehrung« des Volkes: »Fast jede dritte Frau sieht man schwanger gehen.« »Könnte«, bedauert Vogeler, »unsere Arbeiterschaft immer an Ort und Stelle sehen, was für Kräfte in der Masse ruhen, damit sie die eigenen Kräfte weckt, um sich zu befreien.« Er ist »sehr froh« über alles, was er sieht. »Geist ist die Erkenntnis der organischen Kräfte der Natur. Hier fühlt man, dass die Masse die Trägerin des neuen Geistigen ist.«

Im handschriftlichen Nachlass Vogelers, so berichtet Liebau, gibt es Entwürfe von Bauten, die er im Auftrag des Komitees anfertigte. Er entwickelte Pläne »für verschiedenartige landwirtschaftliche Gebäude, insbesondere für mechanisierte Viehställe, entwarf Kolchos- und Jugendschulen und machte Vorschläge für die Anlage von Silos, Geflügelzuchtfarmen, Bienenzuchtstationen und Molkereibetrieben«. Mitte 1932 geht er nach Taschkent. Sein Arbeitsfeld hier: die Baumwollkultur.

Bei den Feiern der Oktoberrevolution ist auch Vogeler in den Reihen der Massen zu finden. Der Marsch beginnt um acht und endet erst um zwei Uhr auf dem Roten Platz: für den 58-jährigen Gewerkschaftler eine »ziemlich anstrengende« Sache, da er eine schwere Fahne zu tragen hat. »Trotz der vielen Bekannten« fühlt er sich »so verflucht einsam«. Die Arbeit ist ihm die »einzige Rettung« vor diesem »kalten Grau«. Vielleicht, so grübelt er, liegt das daran, dass seine Kräfte »nach der künstlerischen Seite noch besser ausgenutzt werden könnten als auf dieser organisatorischen«. Gelegenheit, sich Neues in Moskau anzusehen, hat er bisher kaum gefunden: der »Einsatz aller Kräfte« lässt ihm dazu keine Zeit.

Höchstes Lob gilt, wie bei seinem ersten Aufenthalt, auch diesmal wieder der Partei: Sie ist, so resümiert er im folgenden Jahr, die »klare, zielbewusste, durch nichts zu beirrende,... an allen Erfahrungen lernende« Führung. Was das Volk betrifft, so ist noch »viel zu tun, um die Qualität der Arbeit und den politischen Sinn und damit die Aktivität« der »im technischen Sinne unkultivierten Masse« zu heben. »Unendliche Kleinarbeit« muss geleistet werden, »um den Rahmen zu erfüllen, auf dem sich der zweite Fünfjahresplan aufbauen wird«.

Er selbst beschäftigt sich »eigentümlicherweise« damit, die Pläne für landwirtschaftliche Bauten, die hier »in ganz großem Stil« entstehen, zu kontrollieren. Er hat sich in seine Tätigkeit »sehr eingelebt«. Baumittel sind in der Hauptsache »Erde und Lehm – kein Eisen, kein Beton, wenig Steine, wenig Holz«. Als seine Aufgabe in der »sogenannten gesellschaftlichen Arbeit« sieht er an, »diesen Intellektuellen den alten Boden, auf dem ihre Illusionen wachsen, zu vernichten«. »Diese Intellektuellen« – das sind »jene ausländischen Spezialisten«, »die hier in großen Massen arbeiten und deren Anschauungen von der bürgerlichen idealistischen Weltanschauung ausgehen«. Sie machen sich »mit der Logik an die Welt heran, die sie umgibt und können damit wohl einen Teil der Wahrheit entdecken, aber drin stehen in der Bewegung und den Weg zum Ziel klar erkennen und die Gesetze der Bewegung und ihre Ursachen, dann die Umstellung auf neue Aufgaben – das können sie mit der Logik nicht erfassen, und da steckt bei diesen Elementen die Gefahr des Umfallens in Negation und Pessimismus«.

Vogeler will den »Elementen« mit Hilfe der Geschichte der Menschen, in der für ihn die Kunstgeschichte eines der »wahrsten Dokumente« ist, die »Wirklichkeit der Entwicklung« vor Augen führen, und zwar anhand der überkommenen Werte der vergangenen und jetzigen Zeit, mit der Methode des dialektischen Materialismus und im engsten Zusammenhang mit den Produktionsverhältnissen der jeweiligen Gesellschaft. »So, nur so«, glaubt er, kann man die Sache angeben. Täglich stellen ihm diese Leute ihre »Angriffspunkte unbewusst offen zur Schau«, und darauf wird er sein Bemühen stützen, sie für die »gesellschaftliche Arbeit« stärker zu aktivieren.

Man hat den ausländischen Spezialisten hergeholt, damit er sein technisches Wissen an die Massen weitervermittelt, »eine Tätigkeit mit absolut politischer Auswirkung«, »denn nun arbeitet er schon mit daran, das ›Sein‹ der Menschen zu verändern«. Doch das allein reicht noch nicht, »gleichzeitig muss eine ungeheure Kulturarbeit geleistet werden, damit der primitive Mensch« den »Rahmen ausfüllen«, das »Haus bewohnen«, die »Technik an der Arbeitsstelle« voll ausnutzen kann. Der westeuropäische Arbeiter, an der Maschine großgeworden, werde diese Sorgen nicht kennen. Seine Hauptaufgabe sei es jetzt, »alle Kräfte im Proletariat zusammenzufassen, klassenbewusst zu machen, damit es unter der Führung der KPD den entscheidenden Schlag ausführen kann«: die Eroberung der Macht. Vogeler blickt mit ungutem Gefühl gen Westen, »denn die faschistische Gefahr verlangt eine verfluchte Aufmerksamkeit«. In Karikaturen, die 1933 – mit Versen von Johannes R. Becher – unter dem Titel »Das Dritte Reich« erscheinen und einem gleichnamigen Komplexbild-Entwurf setzt er sich künstlerisch-agitatorisch mit dem deutschen Faschismus auseinander.

Und denkt er an Worpswede –

Früher, als Twen, hatte er es einmal als »Villenkolonie« abqualifiziert. Heute dünkt es ihm ähnlich steril: »wie ein Altertumsmuseum unter einer Glasglocke«.

Für Martha bleibt ihr geschiedener Mann ein dauerndes Geschäft: immer wieder schickt sie ihm Radierungen zum Signieren. Einmal bittet er sie, falls vorhanden, Fotos oder Drucke von Federzeichnungen zu senden: »Hier wird eine Ausstellung meiner Bilder gemacht, aber man will ... eine Übersicht über meine vergangene Entwicklung haben.« Das ist 1932. Drei Jahre darauf, im Sommer 1935, findet im zentralen Kulturpark im »Pavillon der Ausländischen Arbeiter« eine weitere Ausstellung statt: hauptsächlich Aquarelle, Ergebnisse seiner Karelien- und Usbekistanreisen. Es handelt sich um meist kleine Arbeiten: nördliche karelische Föhren, Baumwollfelder. Jozsef Lengyel (ungarischer Erzähler, »Die Attraktionen des Herrn Tórkedy«), der die Ausstellung organisiert, wird vor allem durch das »Wunder des Details« erfasst. Da ist das Bild einer einzigen Baumwollblüte. Vogeler selbst hilft bei den Vorbereitungsarbeiten mit: »rüstig, munter« geht er mit der Leiter herum und hängt seine Bilder, »was die Holzwände des Pavillons nicht schwer machten«. In »schönen, visuell starken Erzählungen« berichtet er von seinen letzten Reisen und seinen »Erinnerungen an den Himmel, an Wolken und Landschaft von Ceylon«. Lengyel hat ihn, wie er sagt, »geehrt, folglich geliebt«. Vogeler bleibt für ihn »die den ganzen Menschen durchleuchtende clarté«.

»Versteht Ihr denn wirklich nicht, dass dieser Weg ein Weg der schwersten, entbehrungsreichsten Arbeit ist? Dabei ein Weg des erbittertsten Kampfes, oder glaubt Ihr wirklich, dass nach Ergreifung der Macht durch das Proletariat alles in Butter ist und die alte Klasse der Besitzenden sich ›geistig‹ und vielleicht sogar in der Praxis auf Sozialismus umstellen wird? Nein, nie wird sie das, im Gegenteil«: In einer Zeit, die jeden einzelnen zur Erreichung des gesellschaftlichen Ziels zunehmend beansprucht und die gezwungenermaßen ständig neue Entbehrungen bringt, »sind alle reaktionären Kräfte im geheimen am Werk, um den sozialistischen Aufbau zu unterminieren«. Aber die Partei wird und »muss« mit »grausiger Schärfe« diese Elemente »ausrotten«. Vogeler: »Hier kann es keine Sentimentalitäten geben.«

Die da nicht begreifen, sind Walter Hundt und Leute seiner Gesinnung. Ihnen versucht Vogeler klarzumachen, dass man ein Volk von Arbeitern und Bauern, das in der kulturellen Entwicklung »mindestens 100 Jahre« hinter dem Westen zurückliegt, »nicht nach dem Maßstab Eurer hochkapitalistischen Länder einschätzen kann. Der größte Teil der sozialistischen Sowjetrepubliken besteht aus Völkern, »deren Kulturstand ungefähr der Zeit entspricht, als die Germanen zuerst mit den Römern zusammenstießen«. »Könnte der Sozialismus sie in diesem Urzustand lassen – Völker, die teilweise an Krankheiten und Hunger zugrunde gehen? Sollte man ... keine Ärzte schicken, keine Lehrer? Keine Schulen bauen, ihre geringe Produktion nicht heben ..., die Bodenreichtümer ihres Landes nicht erschließen, ihnen ... keine Kraftquellen bauen?« »Wer«, so fragt Vogeler, »zahlt das, wer muss auch diese Mittel für die vielen Defizitländer aufbringen?« Antwort: »Der russische Bauer und Arbeiter muss es tun.« »Ihr könnt Euch aus der Perspektive der westlichen Kultur keine Vorstellung machen, welch ungeheure, übermenschliche Anstrengungen, welche Hingabe dazu gehört, diese in der bisherigen Welt nie dagewesenen Aufgaben zu erfüllen.« Schaffen kann das nur die »Schöpferkraft des Proletariats ... auf dem festen Grunde der Erkenntnis«. »Da Ihr«, folgert Vogeler, »diese marxistische Erkenntnis nicht habt, so müsst Ihr schon schlapp machen nur bei dem Gedanken an die Möglichkeit dieser außerordentlichen Forderung des Menschen an sich selbst.«

Gegen das, was hier geschieht, ist ihm der Aufbau des Sozialismus in einem westlichen Land ein »Kinderspiel«: Syndikate, Warenhäuser, Einkaufsgenossenschaften, Konsumvereine sind vorhanden. »Nur wird eine untergehende Bourgeoisie in ihrem Todeskampf in Ludendorffscher Art möglichst viel von diesen Produktionsmitteln vernichten, ehe die Arbeiterschaft den Sozialismus aufbauen kann, so wie sie heute schon begonnen hat, durch den Faschismus alle Wurzeln einer höheren Kultur in Schule und Wissenschaft auszurotten.« Zeit zu philosophieren ist jetzt nicht. Nun gilt es, »aus der Nacht der begeisterten Dummheit« herauszutreten in das »Licht der Morgenröte«.

Vogeler, obwohl einer der »ganz alten«, steht »immer wieder vor ganz neuen Stufen der Entwicklung«. Neue Erkenntnisse auf dem Gebiet der Forschung – »bei mir ist es die Kunstgeschichte« – werden in ihm »lebendig und treiben zu gesteigerter Tätigkeit«. Seine Tage sind jedoch mitunter überschattet: Krankheit »und andere Dinge« behindern ihn. Durch eine »erstklassige Behandlung« kommt er aber wieder »ganz hoch«, so dass er in der Lage ist, »einen großen künstlerischen Auftrag für die Jubiläumsausstellung (1937) der Schwerindustrie, der mich auf sechs Monate in die Wälder Kareliens bringt, auszuführen«. Er geht »mit großer Freude« an die Arbeit: eine Serie von Bildern aus der Holzindustrie.

Überall bei seinem Aufenthalt in Karelien erfährt er, »wie stark die Stalinsche Sorge für den Menschen bei den Arbeitern und Bauern dieses Landes verwurzelt ist«, doch er fühlt auch, »welch tiefer Lebensverbundenheit mit diesen Menschen wir Künstler bedürfen, um zu einem sozialistischen Realismus gelangen zu können und zu einem der Stalinschen Epoche würdigen monumental-heroischen-künstlerischen Ausdruck, der den schaffenden Kräften des sozialistischen Aufbaues ein dauerndes Denkmal setzt«.

Äußerungen dieser Art können allerdings nach Meinung einer in den zwanziger Jahren mit Vogeler gut bekannten Person sowohl vom Inhalt als auch vom Stil her »unmöglich von Heinrich Vogeler stammen«.

Liebau: »Zwischen ... vielen und weiten Reisen kehrte Heinrich Vogeler immer wieder ... nach Moskau zurück. Hier übernahm er die verschiedensten Aufträge. So übersetzte er zum Beispiel für die deutsche Kolonie in Engelsstadt Schulbücher, illustrierte Kinderbücher und schrieb für die Zeitschrift ›Internationale Literatur‹, die unter der Redaktion von Johannes R. Becher stand, Reiseschilderungen, einen Artikel über Frans Masereel und eine Studie über die Gotik. Auch in der literarischen Monatsschrift ›Das Wort‹, die in Moskau unter der Herausgeberschaft von Bert Brecht, Lion Feuchtwanger und Willi Bredel erschien, veröffentlichte er verschiedene Beiträge.«

Mit Deutschland, schreibt er am 20. Mai 1936 an den ihm freundschaftlich verbundenen Bernhard Sievers, habe er seit Jahren »gar keine Verbindung«. Indirekt höre er allerdings manchmal etwas, da seine älteste Tochter, die Frau eines »sehr bekannten Schriftstellers«, in Paris lebe, wenngleich sie natürlich auch nicht mehr zurückkehren könne, »da der Mann einer der ersten war, der ausgebürgert wurde«. Mit dem »sehr bekannten Schriftsteller« ist Gustav Regler gemeint (»Wasser, Brot und blaue Bohnen«), von Thomas Mann im selben Jahr unter die »jüngeren Talente« eingeordnet. Im Spanischen Bürgerkrieg kämpft er auf Seiten der Roten und lernt bei dieser Gelegenheit auch Hemingway kennen. Einmal besuchen Regler und Marieluise Vogeler in Moskau. Klaus Mann empfindet seinen »begabten Freund Gustav Regler« um diese Zeit noch als »derart kommunistisch, dass einem vor so viel militantem Glaubenseifer etwas ängstlich zumute wird«.

Moskau 72, Uliza Seraphimowka 2

Liebe Martha, liebe Kinder und Kindeskinder!
Ich beantworte Euren langen Brief so spät, da es mir nicht gut ging. Der Moskauer Winter ist immer schwer für mich. Aber alles ist gut jetzt. Außerdem habe ich bald vier Wochen Erholungsurlaub im Süden (ohne Bezahlung). Ich freue mich sehr auf die ruhige Zeit am Schwarzen Meer. In den letzten Jahren arbeitete ich im Kaukasus und in Transkaukasien für das Völkermuseum in Moskau. Äußerst interessante Arbeit bei den verschiedenen Völkern des Südens. Und jetzt habe ich gerade wieder einen großen Auftrag bekommen für die Jubiläumsausstellung im kommenden Jahr. Eine Weinernte im Süden, auf der ich die Arbeit der Frauen und den Reichtum der Weinernte darzustellen habe. Im Monat Mai wird hier eine persönliche Ausstellung meiner Arbeiten vom Verband organisiert. Sie wollen auch vor allem die alten Radierungen ausstellen. Deshalb bitte ich Euch, die Sendung von Radierungen, die Ihr mir senden wolltet, um eine Kollektion zu vergrößern für die Ausstellung. Das Staatsmuseum (nach Puschkin benannt) besitzt zwar fast alle meine Radierungen, aber öffentlich ausgestellt waren sie noch nicht. Vor allem fehlte mir auch die vollständige Kollektion »An den Frühling«. Die Blätter »Krieg, Geburt und Werden« habe ich noch. Dank für Eure Grüße. Es macht mich froh, dass Ihr an mich denkt

Herzlichst Mining

22. März 1941

Die Ausstellung wird am 26. Mai in den Räumen des Moskauer Verbandes Sowjetischer Künstler durch Wilhelm Pieck eröffnet. Die in den vergangenen Jahren entstandenen Arbeiten lassen nach Auffassung von Liebau »klar erkennen«, dass Vogeler seine Kunst »nicht mehr so kämpferisch in den Dienst der Weltanschauung und der politischen Ziele des Sozialismus stellte«. Seinen Spätwerken fehle der »revolutionäre Atem«. Auch das Ringen mit künstlerischen Problemen habe nachgelassen.

Der »nicht mehr so kämpferische« Vogeler: laut Liebau ein Mann, »der auch unter dem Berija-Terror zu leiden hatte«.

Jung, »noch im Aufblühen begriffen« – so erlebt ihn Ilse Fogarasi, künstlerische Leiterin des deutschsprachigen Theaters in Odessa. Sie kennt ihn von einer Tätigkeit, die bis dahin im Werk-Katalog Vogelers noch fehlte: als Gestalter von Puppen. Als sie ihm 1938 das Angebot unterbreitet, für das staatliche Kolchos-Theater in Odessa diese Arbeit zu übernehmen, denkt er einen Augenblick nach, »dann stellte er, charakteristisch für ihn, die höchst aktive Frage: Wie macht man das? Und sofort begann er, mit eingeweichtem Papier Versuche zu machen«. Es entstehen »herrliche Masken und Gestalten, voller Eigenart und Leben, so dass Freunde Vogelers in Moskau der Meinung Ausdruck gaben, die Quintessenz seines arbeitsreichen und schöpferischen Lebens kristallisiere sich in diesen kleinen Meisterwerken realistischer Gestaltungskraft«.

Aber auch für das »große« Theater wirkt er in Odessa: Man überträgt ihm die Bühnengestaltung von Wangenheims antifaschistischem Stück »Der Friedensstörer«. Gustav von Wangenheim ist der Drehbuchautor eines Films, für den Vogeler zusammen mit Theo Otto die Architektur besorgt hatte. Es handelte sich dabei um einen Streifen über das Leben des bulgarischen Kommunistenführers Georgi Dimitroff. Weiter stellt Vogeler in Odessa szenische Entwürfe zu Shakespeares »Was ihr wollt« her – Skizzen, die, wie Ilse Fogarasi findet, zu seinen »einfallsreichsten Arbeiten« zählen. »In diesen Entwürfen klingt es wirklich von jener Musik, für die in diesem Stück volles Maß gefordert wird. Während der Probenarbeit saß Vogeler fast ständig an seinem Arbeitstisch auf der Galerie, zeichnete und malte, restlos verbunden mit dem Werk des Dichters und der Arbeit der Schauspieler. Jenes Illyrien, das er für dieses Spiel zauberte, blieb allen, die es gesehen haben, unvergesslich.«

Es bleibt unvergesslich, aber es bleibt nicht erhalten: Deutsche Bomber zerstören die Dekorationen, ebenso die Puppen, ebenso die Entwürfe. Den Krieg, der sie herbringt, lässt Hitler im Morgengrauen des 22. Juni 1941 beginnen.

»Am Tage nach dem Überfall«, berichtet Erich Weinen, Herausgeber der Vogeler-Erinnerungen, »meldete sich der alte, aber kräftige und tatfrische Mann in der poetischen Hauptverwaltung der Roten Armee, um für den großen Verteidigungskampf mit eingesetzt zu werden. Fast täglich begegnete ich ihm nun in den Redaktionsräumen der Propagandaabteilung, wo er unermüdlich Zeichnungen für Flugblätter erfand und ausführte.«

»Unaussprechlich traurig« ist für Roselius, inzwischen Ehrendoktor der Universität Münster und Königl. Bulgarischer Generalkonsul, »die Sache mit Heinrich Vogeler«. Hundt hat ihm aus Russland geschrieben, dass bei ihnen an der Front Propaganda mit dem Namen Vogeler getrieben werde, um die deutschen Soldaten zum Überlaufen aufzufordern. Roselius: »Er glaubt jetzt nicht anders handeln zu können, als auf dem gegangenen Weg weiterzugehen. Er unterliegt einer völligen Verkrampfung. Es ist ein Jammer für den Namen und auch für die deutsche Kunst. Es müssen so viele sterben, weshalb ist er nicht rechtzeitig gestorben?«

Weder Roselius noch er, so erklärt Hundt später, hätten wissen können, dass Vogeler ein paar tausend Kilometer von Moskau entfernt »seinem Sterben entgegenging« und dass sein Name »missbraucht wurde«.

Vogeler ist, wie viele andere, beim Herannahen der Deutschen evakuiert worden. Als er Moskau verlässt, empfindet er dies, überliefert sein Herausgeber, wie eine Desertion.

Ein Dorf in Kasachstan ist es, in dem er nun lebt.

Weinert: »In seinen Briefen klagte er schmerzlich darüber, dass er nicht mehr für die Front arbeiten könne und sich kaltgestellt vorkomme.«

Solch einen Brief erhält auch der ebenfalls seit Jahren in der Sowjetunion ansässige deutsche Schriftsteller Theodor Plivier (»Des Kaisers Kulis«), mit dessen Familie Vogeler freundschaftlich verkehrte.

»Wir sind hier in einem Tal. Gar nicht streng bewacht, da wir ja auch alle treue Ergebene des Sowjetregimes sind. Natürlich ist die Nahrung nicht zum allerbesten, aber manchmal hilft die Natur nach. Das aber ist nicht mein Kummer. Ich wünschte mir nur, dass die Partei doch noch für mich Verwendung hätte. Könntet Ihr für mich nicht ein Wort einlegen dort in Moskau? Ihr wisst, dass ich zu allem bereit bin. Meine Gesundheit ist nicht zum Besten. Das Schlucken macht mir schon Schwierigkeiten. Schickt besser keine Pakete mehr.«

Vogeler stirbt, 69 Jahre alt, am 14. Juni 1942.

»Immer«, schreibt Ilse Fogarasi, habe er gehofft, noch einmal in seine »von ihm nie vergessene deutsche Heimat« zurückkehren zu können.

Im Juni 1955 besucht Alfred Kurella, Schriftsteller (»Ich lebe in Moskau«) und hoher Kulturfunktionär in der DDR, Martha Vogeler in Worpswede – eine Begegnung, die, wie er 1971 in einem Brief mitteilt, »auf deren Wunsch« stattfand. Für Kurella ist es »ein reiner Routinebesuch«. Er hat Martha bis dahin nicht gekannt. »Da sie aber wissen musste, dass ich mit Heinrich Vogeler und seiner zweiten Frau ... durch alte Freundschaft verbunden war, sah ich keinen Grund, ihre Einladung nicht anzunehmen.« Die »alte Freundschaft« bildete sich in den dreißiger Jahren, als auch Kurella in der Sowjetunion wohnte und wirkte (und aus der er erst 1954 wieder zurückkehrte). Wie Vogeler war er jedoch schon vorher in Russland gewesen, so nach der Oktoberrevolution. Während dieser Zeit stand er sogar in persönlichem Kontakt mit Lenin. Jetzt, 1955, weilt er anlässlich einer Vogeler-Ausstellung »aus Beständen unserer Sammlungen« in Bremen; er hält hier in der Galerie Jördens »den einführenden Vortrag«. »Damals konnte ich Frau Martha bereits Näheres über die Übergabe des in der Sowjetunion verbliebenen künstlerischen Nachlasses von H. V. an die Regierung der DDR und über dessen Pflege in unserer Republik mitteilen.«

Außerdem benutzt er die Gelegenheit, »um die falschen und verleumderischen Darstellungen« von Vogelers »Evakuierung nach Mittelasien und seines Todes dort entgegenzutreten, die im Westen von interessierter Seite in Umlauf gebracht waren«.

Gemeint sind jene Versionen, wonach Vogelers Verschickung und Ende sich unter sehr erbärmlichen Umständen vollzogen ...

Sollentuna (Schweden), den 24.1.1972
Sehr geehrter Herr E.,
Bezugnehmend auf Ihren Brief ... möchte ich Ihnen folgendes mitteilen: Ich kam im Juli 1923 als Leiter und Lehrer des Kinderheims der Roten Hilfe nach Worpswede, war seit 1921 in der KPD tätig gewesen und sah als junger kommunistischer Lehrer in der Tätigkeit im Kinderheim ... eine Möglichkeit, deutschen Arbeiterkindern, die in den Unruhen nach 1918 ihre Eltern verloren hatten, zu helfen und im Sinne meiner damaligen Vorstellungen von sozialistischer Pädagogik zu arbeiten. Herbst 1923 – April 1924 war ich als Lehrer in Thüringen und ging dann wieder zum Barkenhoff zurück. Heinrich Vogeler lernte ich erst 1924 nach seiner Rückkehr aus der SU kennen. Vor seiner endgültigen Übersiedlung nach Russland gab H. V. meiner ersten Frau Clara [Möller] und mir eine Kiste mit seinem Archiv zur Aufbewahrung im Keller unserer Wohnung in Berlin-Neukölln. Durch einen Rohrbruch gegen Kriegsende wurde dieses Material, Skizzen und Tagebücher, so schwer beschädigt, dass H. V.'s Witwe Sonja es als wertlos erklärte und vernichten ließ. Ich war damals nicht in Berlin. Ich war 1929 aus der KPD wegen meiner oppositionellen Tätigkeit ausgeschlossen worden, wurde im November 1933 wegen der Tätigkeit in der Widerstandsbewegung von der Gestapo gesucht und musste nach Dänemark, später nach Schweden fliehen. Gesondert von diesem Archiv erhielten wir ein Oktavheft mit Tagebuchnotizen aus der Zeit der Krise in der Ehe H.

V.'s mit Sonja zur Aufbewahrung, das ich noch besitze. Es enthält so persönlich intime Aufzeichnungen, dass ich es mit Rücksicht auf die Witwe und den Sohn nicht ganz zur Veröffentlichung geben möchte, so kritisch ich auch zu beiden eingestellt bin.

Die Darstellung der tragischen Persönlichkeit und des künstlerischen Schaffens Heinrich Vogelers ist in West und Ost widerspruchsvoll. Mit der reichsten Periode seiner Tätigkeit als Künstler und seiner menschlichen Haltung ist H. V. in demokratischen und humanistischen Traditionen verwurzelt. In der SU war er offenbar resigniert und vereinsamt. über seine Evakuierung ... und sein tragisches Ende in irgendeinem Steppenort habe ich einen Bericht, der sich auf Schilderungen von Augenzeugen stützt. Ich ... nehme ... nicht an, dass seine Leiche an einen anderen Ort übergeführt worden wäre ... Zofia Marchlewska ist in »Eine Welle im Meer« höchst subjektiv, auch in der Beurteilung ihres Verhältnisses zu H. V. Auf S. 134 deutet sie etwas Selbsterkenntnis an, wo sie H. V. zitiert, sie hätte eine Art, ihm die Pistole auf die Brust zu setzen, die ihn erschüttere. Dieser Satz entspricht H. V.'s Aufzeichnungen in den genannten Tagebuchblättern. Sonjas und ihrer Mutter Einfluss hat das tragische Schicksal verhängnisvoll geprägt ...

Mit freundlichen Grüßen
Ernst Behm

[Dem Autor nach wie vor ein Rätsel: Wer war er wirklich, dieser Heinrich Vogeler?]

Quellenverzeichnis

Neben den im Text genannten Zeitungen und Zeitschriften wurden folgende Quellen benutzt:
Ludwig Bäumer: Das jüngste Gericht, Verlag der Wochenschrif
 Die Aktion, Berlin
 Das Wesen des Kommunismus, Paul Steegemann Verlag,
 Sammlung Die Silbergäule, Hannover
Margarete Buber-Neumann: Von Potsdam nach Moskau, Deutsche
 Verlags-Anstalt, Stuttgart
Ruth Fischer: Stalin und der deutsche Kommunismus, Verlag der
 Frankfurter Hefte
Babette Gross: Willi Münzenberg, Deutsche Verlags-Anstalt,
 Stuttgart
Hundert Jahre deutsches Arbeiterlied, eine Dokumentation, herausgegeben von der Deutschen Akademie der Künste zu Berlin und vom VEB Deutsche Schallplatten
Walter Hundt: Heinrich Vogeler, Worpswede und die Arbeitsschule Barkenhoff (beim Verfasser in Ohlenstedt, Landkreis Osterholz, und im Staatsarchiv Bremen)
Alfred Kantorowicz: Exil in Frankreich, Carl Schünemann Verlag,
 Bremen
Katalog der Deutschen Akademie der Künste, herausgegeben zu der vom 5. bis 30. November 1954 veranstalteten Ausstellung »Heinrich Vogeler – Werke seiner letzten Jahre«
Peter Kuckuk: Revolution und Räterepublik in Bremen, Suhrkamp Verlag, Frankfurt/Main
Hans Liebau: Die Barkenhoff-Fresken und Komplexbilder Heinrich Vogelers im Rahmen seines Lebens und Werkes – Dissertation, eingereicht an der Philosophischen Fakultät der Martin-Luther-Universität Halle-Wittenberg
Klaus Mann: Der Wendepunkt, S. Fischer Verlag, Frankfurt/Main
Thomas Mann: Briefe 1889–1936, S. Fischer Verlag, Frankfurt/
 Main
Zofia Marchlewska: Eine Welle im Meer, Erinnerungen an Heinrich Vogeler und Zeitgenossen, Buchverlag Der Morgen, Berlin
Otto Modersohn, Kunsthalle Bremen

Otto Modersohn-Paula Modersohn und Worpswede – Briefe, Tagebücher, Dokumente, Stimmen der Freunde
Paula Modersohn-Becker/Otto Modersohn, Anton Lonnemann, Selm
Polizeiterror gegen Kind und Kunst, Dokumente zur Geschichte der sozialen Republik Deutschland, bearbeitet von Meta Kraus-Fessel, Mopr Verlag, Berlin
Fritz J. Raddatz: Werk, Leben und Ende des Erich Mühsam, »Frankfurter Heft«, 26. Jahrgang, Heft 5, 1971
Gustav Regler: Das Ohr des Malchus, Kiepenheuer & Witsch, Köln
Rainer Maria Rilke: Briefe aus den Jahren 1892–1904, Insel Verlag zu Leipzig
Tagebücher aus der Frühzeit, Insel Verlag zu Leipzig
Sämtliche Werke, 5. Band, Insel Verlag, Frankfurt/Main
Worpswede, Carl Schünemann Verlag, Bremen
Ludwig Roselius: Briefe, Kommissionsverlag Leuwer, Bremen
Ilsemarie von Scheven: Arzt, Kunstsammler, Sozialist – Dr. Emil Löhnberg, 1871–1926, »Westfalenspiegel«, Heft 9, September 1971
Hans F. Secker: Diego Rivera, Verlag der Kunst, Dresden
Carl Emil Uphoff: Bernhard Hoetger, Verlag von Klinkhardt & Biermann, Leipzig
Heinrich Vogeler: Das neue Leben, Ein Kommunistisches Manifest, Paul Steegemann Verlag, Sammlung Die Silbergäule, Hannover
Die Arbeitsschule als Aufbauzelle der klassenlosen menschlichen Gesellschaft, Konrad Hanf Verlag, Hamburg
Die Freiheit der Liebe in der kommunistischen Gesellschaft, Konrad Hanf Verlag, Hamburg
Dir – Gedichte, Insel Verlag, Leipzig
Ein offener Brief zum Frieden unter den Menschen, Verlag Arbeiterpolitik, Bremen
Erinnerungen, herausgegeben von Brich Weinert, Rütten & Loening, Berlin
Expressionismus, Konrad Hanf Verlag, Hamburg
Expressionismus der Liebe. Paul Steegemann Verlag, Sammlung Die Silbergäule, Hannover
Friede, Angelsachsen-Verlag, Bremen
Kosmisches Werden und menschliche Erfüllung, Kommunistischer Kulturverlag der Kopf- und Handarbeiter Deutschlands, Anton Willaschek & Co., G.m.b.H., Hamburg

Proletkult – Kunst und Kultur in der kommunistischen Gesellschaft, Paul Steegemann Verlag, Sammlung Die Silbergäule, Hannover

Reise durch Rußland, Carl Reißner Verlag, Dresden

Siedlungsweise und Arbeitsschule, Paul Steegemann Verlag, Sammlung Die Silbergäule, Hannover

Hermann Weber: Von Rosa Luxemburg bis Walter Ulbricht, Beilage zur Wochenzeitung »Das Parlament«, 29. Juli 1959, Herausgeber: Bundeszentrale für Heimatdienst, Bonn

Ferner wurde Material des Amtsgerichts Lilienthal, des Archivs der Böttcherstraße in Bremen, der Senatsregistratur in Bremen, der Staatsarchive Bremen und Stade sowie des Worpsweder Archivs verwendet. Briefe und sonstige Dokumente stellten außerdem zur Verfügung Ella und Adolf Ehlers, Bremen, Marie und Walter Hundt, Ohlenstedt, Landkreis Osterholz, Christian Modersohn, Fischerhude. Auskünfte gaben weiter Olga Bontjes van Beek, Fischerhude, Ernst Behm, Sollentuna (Schweden), Rafael Buher, Haifa (Israel), Minna und Carl Fahrenberg, Bremen, Walther von Hollander, Niendorf-Stecknitz, Prof. Alfred Kurella, Berlin (Ost), Jozsef Lengyel, Budapest, Rosa Meyer-Leviné, London, Bettina Müller, Worpswede, Walter Müller, Worpswede, Haus-Herman Rief, Worpswede, Rudolf Richter, Worpswede, Fritz Schmidt, Fischerhude, Ilsemarie von Scheven, Hamm, Martha Vogeler, Worpswede.

Der Autor

David Erlay in der Zeit, als er sein erstes Vogeler-Buch schrieb

David Erlay ist im westfälischen Lippstadt aufgewachsen. Als junger Journalist kam er nach Bremen, wo er lange blieb, immer aber in Worpswede wohnte. Neben seinen Arbeiten zu Heinrich Vogeler und zur Geschichte Worpswedes schrieb er belletristische Texte, u. a. »Muttertag«, »Worpswede, ein Kommen und Gehen«. Außerdem erschienen der Gender-Roman »Die Hügel des Vatikans« (dieser unter dem Pseudonym Marion Conas), die literarischen Lageberichte »Zeige, wer du bist«, »Zustände, Zustände«, der weitere Gender-Roman »Hinterm Weyerberg schaut der Mond hervor« sowie die Novelle »Der Park immerhin duftete«.

Ebenfalls aus dem Kellner Verlag

Bernd Stenzig
**Heinrich Vogeler &
der Expressionismus**
248 Seiten | 17 x 24 cm |
Hardcover |
ISBN 978-3-95651-260-5 |
ca. 100 farbige Abbildungen|
24,90 Euro

Während der Begriff Expressionismus in der Kunst eine Strömung bezeichnet, die man auf den Zeitraum von etwa 1905 bis 1925 begrenzt, muss Heinrich Vogeler noch in den 1930er Jahren in der Sowjetunion erkennen, dass er mit seiner Simultanmalerei – den in diesem Buch vollständig wiedergegebenen Komplexbildern – »an expressionistischen Formen hängengeblieben« ist. In der Tat ist die Form dieser Darstellungen ein Überbleibsel seines Expressionismus der Nachkriegsjahre.

Dieses Buch beginnt dort, wo Vogeler sich gezwungen sieht, sozusagen gegen den Rest der Welt Einspruch zu erheben – bei seinem Friedensappell an den deutschen Kaiser im Januar 1918. Ein reich bebildertes Buch über den Lebensweg und die Kunst des Heinrich Vogeler nach seinem Abschied vom Bürgertum.

St.-Pauli-Deich 3 • 28199 Bremen
Tel. 0421-77866
buchkellner@kellnerverlag.de
www.kellnerverlag.de

Ebenfalls aus dem Kellner Verlag

David Erlay
Kaiser und Kaisen
Bremer Geschichte(n)
144 Seiten | 12,5 x 20 cm | Softcover | 20 Fotos |
ISBN 978-3-95651-190-5 | **12,90 Euro**

Sechs Episoden Bremer Geschichte aus den vergangenen zwei Jahrhunderten. Nach dem letzten Weltkrieg ist es Bürgermeister Wilhelm Kaisen, welcher einen wilden Streik in der Hansestadt eindämmt und damit Bremens Ruf als Welthafen retten kann. Auch der Anwalt der Giftmörderin Gesche Gottfried kommt in diesem Buch zu Wort.
Diese und andere Geschehnisse rücken durch David Erlays bildhafte und detaillierte Darstellung wieder oder gar neu ins Bewusstsein. Ergänzt mit 20 historischen Fotografien.

St.-Pauli-Deich 3 • 28199 Bremen
Tel. 0421-77866
buchkellner@kellnerverlag.de
www.kellnerverlag.de

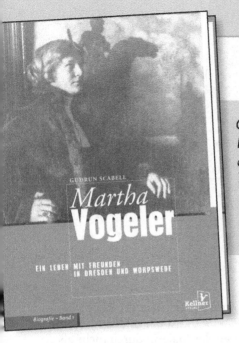

Gudrun Scabell
Martha Vogeler
ca. 300 Seiten | 17 x 24 cm |
Hardcover |
zahlreiche unveröffentlichte
Abbildungen |
24,90 Euro

Diese reich bebilderte Monografie leitet die LeserInnen durch das Leben Martha Vogelers. Es ist eine chronologische und gut recherchierte Darstellung ihres Lebens unter Einbeziehung und Nutzung verschiedenster Quellen und Archive.
Es werden umfassende Einblicke in ihre Ehe mit Heinrich Vogeler sowie in ihr Leben mit ihren Freunden in Dresden und auf dem Barkenhoff gegeben. Diese Publikation ist der erste Band und erschien zu ihrem Geburtstag im Oktober 2020 und einer ihr gewidmeten Ausstellung im Haus im Schluh in Worpswede.

Christine Krause
Die Bilderwelt der Malerin Lisel Oppel
304 Seiten | Hardcover |
17 x 24 cm |
ISBN 978-3-95651-083-0 |
über 350 farbige und teilweise unveröffentlichte Abbildungen |
22,00 Euro

Dieses zweite Buch von Christine Krause, über die Worpsweder Malerin Lisel Oppel (1897–1960), ist ein Bildband. Hier wird das künstlerisches Schaffen der Malerin durch mehr als 350 farbige Abbildungen, größtenteils von unveröffentlichten Werken, anschaulich dargestellt. Zusammen mit privaten Fotos und erläuterndem Text, entsteht so ein lebendiges Gesamtbild von ihrem Leben und ihren Werken.

St.-Pauli-Deich 3 • 28199 Bremen
Tel. 0421-77866
buchkellner@kellnerverlag.de
www.kellnerverlag.de